ULRIKE POLLER UND WOLFGANG TODT

RHEINSCHLEIFEN

22 PREMIUM-RUNDWEGE AM ROMANTISCHEN RHEIN

Beeindruckende Flusspanoramen, historische Gemäuer, schmale Weinbergspfade - und Geschichte(n) auf Schritt und Tritt: Das Rheintal fasziniert Wanderer immer wieder aufs Neue. Neben den Premium-Fernwegen Rheinsteig und Rheinburgenweg locken zwischen Bingen und Bonn inzwischen mehr als 20 Prädikats-Rundwanderwege. Als Halb- und Tagestouren locken sie zu neuen spannenden Entdeckungen links und rechts des Rheins. Ulrike Poller und Wolfgang Todt stellen die schönsten Rundwanderungen in einem der romantischsten Täler Deutschlands vor.

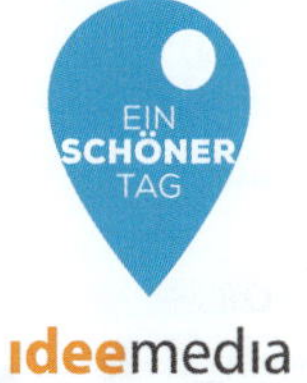

ideemedia

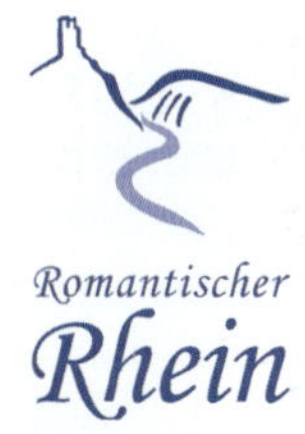

Inhalt

QR-Code
Mit App: Tour laden ▶ S. 5
Ohne App: Startpunkt ▶ S. 170
scan to go®

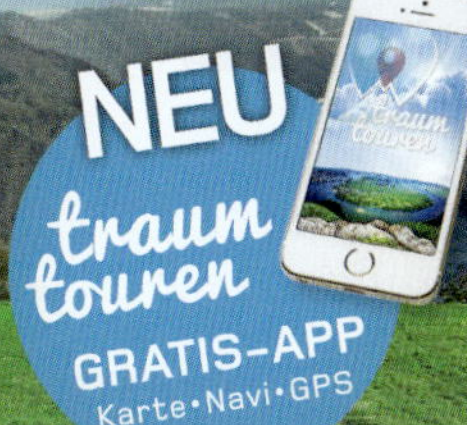

Download der .gpx-Daten unter www.wander-touren.com

Edgar-Reitz-Blick

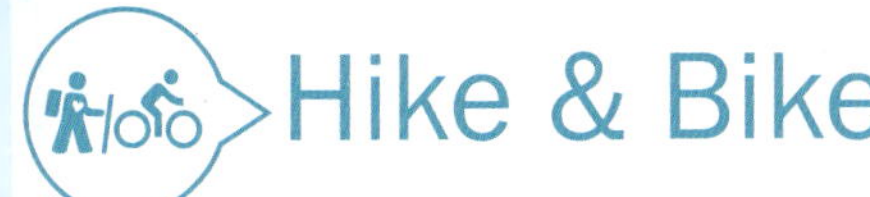

Hike & Bike

Kostenlos die App traumtouren nutzen

Lesen, laden, losgehen: So einfach war es noch nie, die beschriebenen Routen auf dem Smartphone anzuzeigen. Laden Sie dazu bei Apple iTunes (für iPhones und iPads) oder im Google Play Store (für Android-Geräte) die kostenlose Basisversion der App **traumtouren**.*

1. Öffnen Sie die App. Im Buch finden Sie in jedem Kapitel einen QR-Code. Scannen Sie den Code aus der geöffneten App heraus.
2. Automatisch wird die entsprechende Tour auf der Kartengrundlage von Google Maps angezeigt. Beim Laden ist dazu eine Mobilfunk- (hier fallen evtl. Kosten an) oder WLAN-Verbindung notwendig.
3. Unterwegs können Sie jederzeit Ihre aktuelle Position verfolgen und (bei bestehender Mobilfunkverbindung) zusätzliche Informationen, Tipps und Fotos abrufen.

Bitte beachten Sie: Das Scannen der QR-Codes klappt am besten mit Smartphones, die über eine Autofocus-Funktion verfügen. Alternativ zum Scannen können Sie in der App den TourCode eingeben.

Wichtig: Scannen Sie den TourCode versehentlich nicht direkt aus der App **traumtouren** (sondern über einen normalen QR-Scanner), öffnet sich nur die Karte mit dem Startpunkt der Tour. Via Google Maps können Sie sich dann dorthin navigieren lassen. Je nach Mobilfunk-Vertrag können für die Datenübertragung (besonders im Ausland) Kosten anfallen.

*Die Basisversion von „traumtouren“ ist gratis und enthält als Bonus weitere fünf Wander- und Radtouren. Bitte beachten Sie die gesonderten Nutzungsbedingungen. Es besteht kein Anspruch auf Verfügbarkeit. Die App ist nicht Bestandteil des Buchkaufs.

Lesen. Laden. Losgehen.

traum touren

Zeichen im Buch

Wanderweg

Zuwege

Einfach

Mittel

Schwer

Sehr schwer

Erläuterung zur Schwierigkeit unter: www.schoeneres-wandern.de/html/erklarung.html

Parkplatz

(1) Besonderer Streckenpunkt

QR-Code (▶ Anleitung auf Seite 172)

- **Wegformat**

Fester Belag | Harter Belag | Natur Belag

Telefonnummer

Internet-Adresse

Öffnungszeiten/Termine*

Start/Ziel

Streckenpunkt

Tourist-Info

Einkehren

Übernachten

Bahn

Bus

Taxi

Entdecken

Kindertipp

Burg

Hundetipp

- **Höhenangaben:** Bezogen auf NN
- **Entfernungsangaben:** Beschriebene Hauptstrecke inkl. empfohlener Abstecher (ca.)
- **GPS-Daten:** Kürzeste Strecke
- **Zeitangaben:** Mittleres Wandertempo (reine Gehzeit, ohne Pausen)
- **Koordinatenangaben der POIs:** Wir geben UTM-Koordinaten der Zone 32 U WGS 84 an. Dieses System nutzen u.a. alle offiziellen Karten der Landesvermessungsämter. Für die Pkw-Navigationsgeräte geben wir für die Park-/Startplätze die geografischen Koordinaten in Breite/Länge (hddd°mm'ss.s) an. Diese können von den meisten gängigen AutoNavis verwendet werden. In den Outdoor GPS-Geräten sowie auf PCs und mobilen Geräten können die Koordinatensysteme entsprechend eingestellt werden.
- **Kalorienberechnung:** Für jede Etappe wird der Kalorienverbrauch angegeben. Dieser wird unter Berücksichtigung von Entfernung, Aufstieg, Zeit, Geschlecht, Alter, Gewicht und Körpergröße für zwei Beispielpersonen berechnet (Mann: 50 Jahre, 175 cm, 70 kg; Frau: 50 Jahre, 165 cm, 60 kg). Ihre persönliche Berechnung können Sie unter www.schoeneres-wandern.de durchführen. Die Kalorienberechnung ist für Mittelgebirgstouren optimiert.

* *Öffnungszeiten sind saisonabhängig. Bitte telefonisch erfragen.*

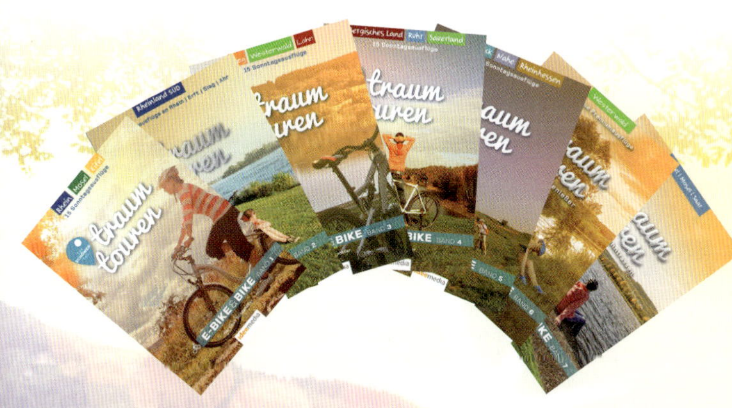
traum touren
E-BIKE & BIKE

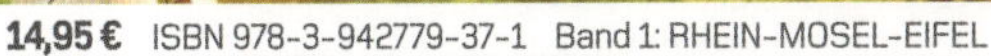

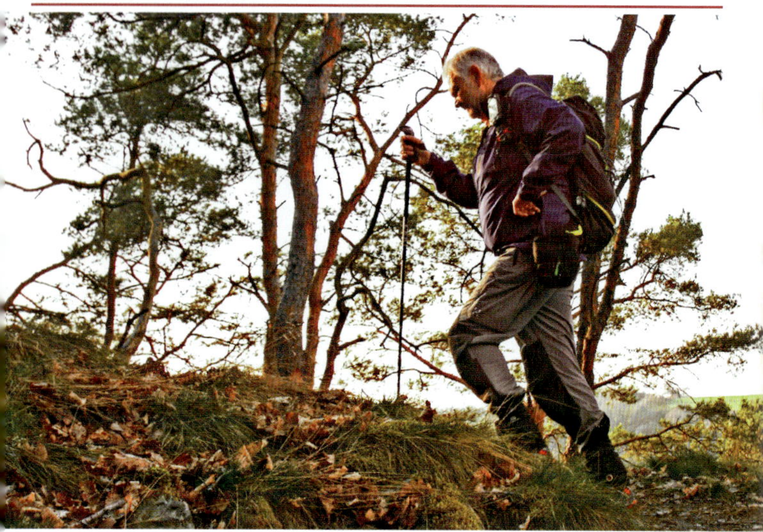

Alle in diesem Buch vorgestellten Wege dürfen den Titel „Premiumweg" tragen.

Wer gerne zu Fuß unterwegs ist, dem macht Wandern überall Spaß. Tatsächlich überall? Das mag vor einem halben Jahrhundert noch der Fall gewesen sein. Seither aber hat die Siedlungs- und Verkehrsdichte in Deutschland rapide zugenommen. Aus stillen Naturwegen in Wald und Flur wurden vielfach Straßen, und asphaltierte Wirtschaftswege, Pfade und Aussichten wuchsen zu. Wer auf eigene Faust loszieht, muss schon Glück haben, wenn er ohne Enttäuschungen über die Runden kommt.

Der Forschungsschwerpunkt „Natur und Wandern" an der Universität Marburg unter Leitung von Dr. Rainer Brämer ging der Frage nach, was genau der moderne Wandergast eigentlich da draußen sucht. Das Ergebnis dieser „Profilstudien Wandern" stellt fast alle zuvor verbreiteten Klischees von stramm marschierenden Kilometerfressern auf den Kopf.
Mit Abstand vorherrschend ist der Genusswanderer, der in schöner, erlebnisreicher Landschaft den Ausgleich zur Hektik eines zunehmend technisch geprägten Alltags sucht.

Dementsprechend sollen Wanderwege Wald und Feld möglichst naturnah durchmessen, mit weiten Aussichten und/oder klaren Gewässern überraschen, die natürlichen und kulturellen Besonderheiten der Region erschließen sowie Verkehr und Asphalt so weit wie möglich meiden. Ferner müssen sie

Was Premiumwege auszeichnet

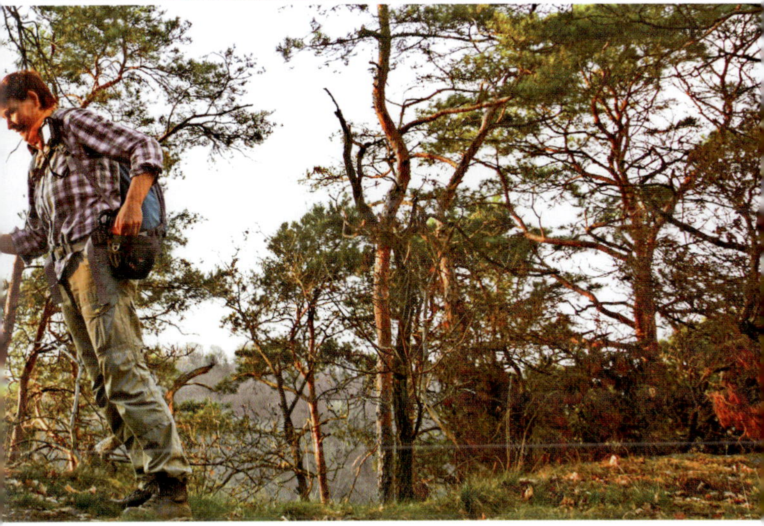

reich an Abwechslung sowie arm an Lärm und langweiligen Durststrecken sein. Auch idyllische Rastplätze und ländliche Gasthäuser erhöhen den Wandergenuss. Schließlich haben Wandermarkierungen und Wegweiser stets aktuell zu sein und so dicht aufeinanderzufolgen, dass sich auch Unkundige ohne Karten und GPS-Training nicht verlaufen können.

Die Wanderforscher, mittlerweile im unabhängigen „Deutschen Wanderinstitut" angesiedelt, haben unter der Bezeichnung „Deutsches Wandersiegel" 34 Kriterien für optimale Wandererlebnisse zusammengestellt. Ein Wanderweg, der diese nach einer detaillierten, regelmäßig wiederholten Überprüfung in hohem Maße erfüllt, darf den geschützten Titel „Premiumweg" führen. Diese Auszeichnung stellt gewissermaßen eine Garantie für höchsten Wandergenuss dar.

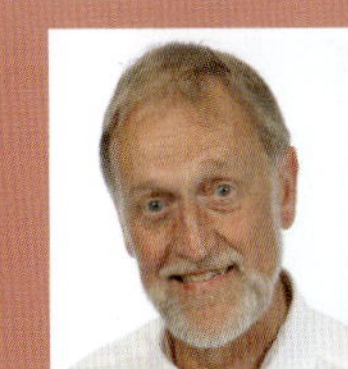

Dr. Rainer Brämer forscht als Pionier seit mehr als zwei Jahrzehnten über Wandern und Naturerlebnis, war in Theorie und Praxis maßgeblich an der Gestaltung von Premiumwegen beteiligt und ist Redakteur der Webseiten ⓘ www.wanderforschung.de und ⓘ www.natursoziologie.de

1 Rauenthaler Spange

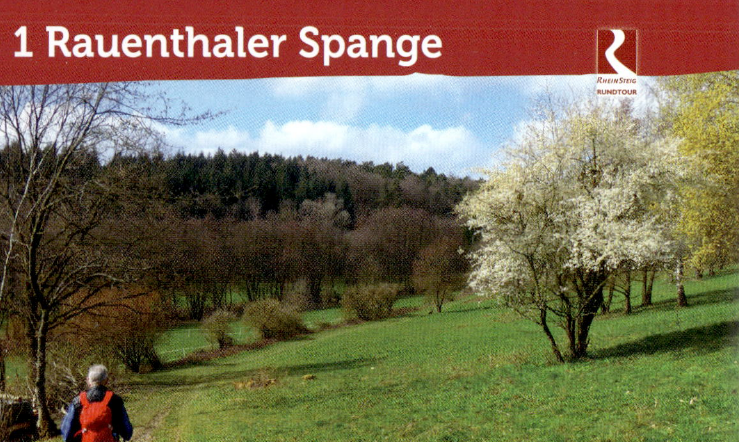

- **Start/Ziel:** Grillhütte Rauenthal
- **Gesamtlänge:** 8.7 km
- **Gesamtzeit:** 2 Std. 45 Min.
- **Kalorien:** ♀ 602 ♂ 707
- **Tour Download**: RSX3T15

- **Anfahrt:** Vom Rheintal auf der B42 zum Abzweig der B260 Richtung Schlangenbad. Nach Martinsthal auf die K641 Richtung Rauenthal abbiegen. Dort der Beschilderung zum Sportplatz folgen.

12 % | 38 % | 50 %

scan to go®

- **Parken:**
  - Grillhütte Rauenthal
    N50° 04' 21.8'' • E8° 06' 04.9''
  - Sportplatz Rauenthal
    N50° 04' 16.9'' • E8° 06' 14.9''

- **Wegpunkte:**
  P1: Grillhütte Rauenthal
  32 U 435685 5547116
  P2: Treffen Rheinsteig
  32 U 435324 5547136
  P3: Abzweig Zuweg Rauenthal
  32 U 436179 5545757
  P4: Trennung Rheinsteig
  32 U 435731 5545276
  P5: Bubenhäuser Höhe
  32 U 436058 5544718
  P6: Ortsmitte Rauenthal
  32 U 436313 5545758

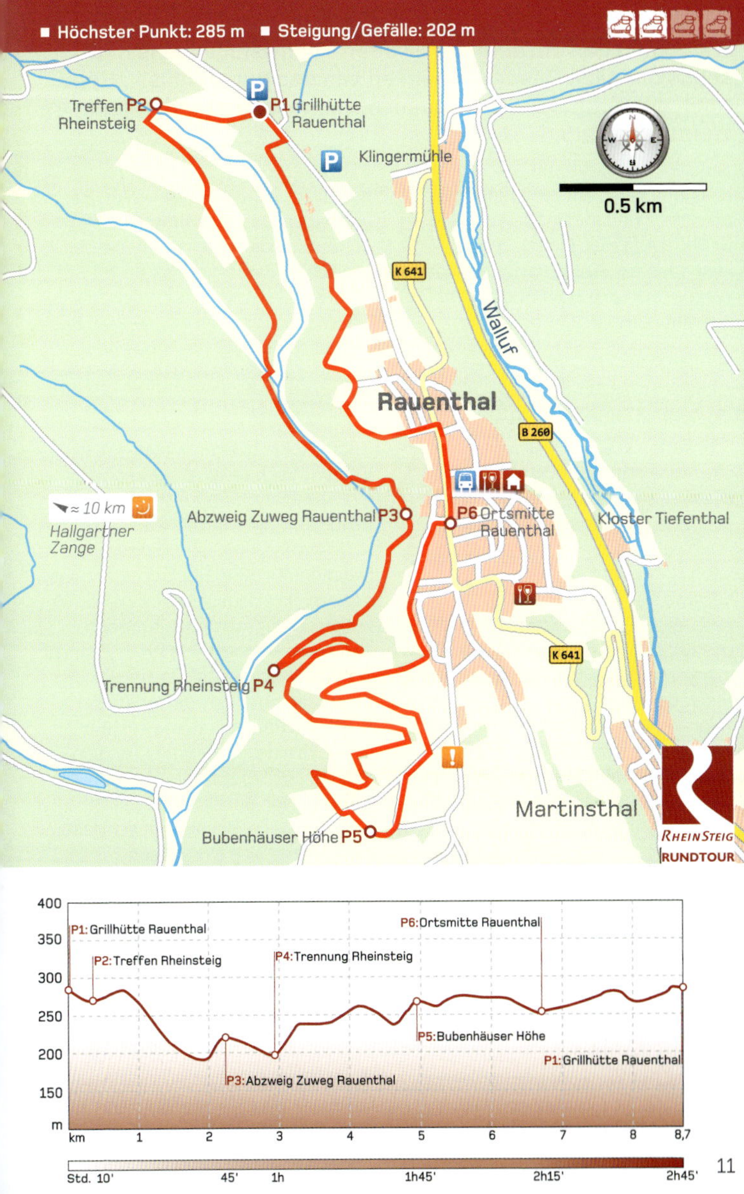

■ Höchster Punkt: 285 m ■ Steigung/Gefälle: 202 m
Treffen P2 Rheinsteig
P1 Grillhütte Rauenthal
Klingermühle
0.5 km
K 641
Walluf
Rauenthal
B 260
≈ 10 km
Hallgartner Zange
Abzweig Zuweg Rauenthal P3
P6 Ortsmitte Rauenthal
Kloster Tiefenthal
K 641
Trennung Rheinsteig P4
Martinsthal
Bubenhäuser Höhe P5
RheinSteig
RUNDTOUR
400
350
300
250
200
150
m
P1: Grillhütte Rauenthal
P2: Treffen Rheinsteig
P4: Trennung Rheinsteig
P6: Ortsmitte Rauenthal
P5: Bubenhäuser Höhe
P3: Abzweig Zuweg Rauenthal
P1: Grillhütte Rauenthal
km 1 2 3 4 5 6 7 8 8,7
Std. 10' 45' 1h 1h45' 2h15' 2h45'

Die Rauenthaler Spange verbindet ruhige, entspannende Waldpassagen entlang des Großen Buchwaldgrabens mit sensationellen Panoramablicken von der Bubenhäuser Höhe. Nach der Tour locken in Rauenthal schöne Winzerhöfe zur Weinverkostung.

Los geht es direkt am Wanderparkplatz neben der Rauenthaler Grillhütte **(1)**. Ist dieser belegt, kann man ca. 300 m vorher auf den Wanderparkplatz am Sportplatz ausweichen.

Da wir die Tour gegen den Uhrzeigersinn absolvieren, wenden wir uns von der Grillhütte dem abwärts führenden Weg zu. Der bringt uns, über eine mit wenigen markanten Bäumen bestandene Wiese, ins Tal des leise plätschernden Großen Buchwaldgrabens. Dort stoßen wir nach **0.4 km** auf den Rheinsteig **(2)**, der uns nun knapp 3 km begleiten wird. Wir wenden uns links dem bequemen Waldweg zu und queren den munteren Bach. Bei der folgenden Passage haben wir den idyllischen Talgrund bestens im Blick, während es zunächst ohne große Höhendifferenz südwärts geht. Dann rückt der Wald etwas dichter an den Weg und es geht sanft bergan.

Auf der Kuppe wechseln wir auf eine Wiese, in deren Mitte, an einer Weggabelung, eine Bank nebst Tisch zum Verweilen in der Stille der Natur einlädt.

Wir folgen den Logos links und wandern durch eine junge Streuobstbaumallee gemütlich abwärts. Bald umfängt uns wieder Wald, der zunächst von Nadelbäumen dominiert ist. Je weiter wir ins Tal absteigen, umso mehr durchmischen sich die Baumarten, bis der typische Taunus-Mischwald die Szene prägt. Ab und an tritt der felsige Untergrund in den Böschungen ans Tageslicht, sattgrüne Moospolster setzen zu jeder Jahreszeit schöne Akzente.

Nach **1.5 km** queren wir an einem kleinen Waldsee einen Nebenbach. Ein Rastplatz lädt zur Pause ein, bevor sich die Route links fortsetzt. Nun bewegen wir uns wieder am Rand des Großen Buchwaldgrabens, dessen streckenweise verwunschen wirkende Vegetation mit moosbehangenen Bäumen manch Träumerei anregt. Noch einmal queren wir den Bach, dann beginnt der Anstieg Richtung Rauenthal. Im Frühjahr bedeckt hier ein weiß-lila Teppich aus Lärchensporn den Waldboden, während wir Schritt für Schritt Höhe erobern. Schließlich erreichen wir an einer Kreuzung nach **2.2 km** einen Wegweiser des Rheinsteigs: links zweigt der Zuweg nach Rauenthal ab **(3)**, wir aber biegen, noch in Begleitung des Rheinsteigs, rechts auf einen hangparallelen Pfad ab. Was nun folgt ist Genusswandern pur, denn ohne große Anstrengung führt uns der Weg durch den schönen Laubmischwald vorbei an üppigen Moosbänken. Wir genießen die herrliche Stille, die lediglich durch das Gezwitscher der Vögel und das leise Rauschen des Baches unterbrochen wird.

Von uns aus könnte das ewig so weiter gehen, aber nach **3 km** trennt sich die Rauenthaler Spange vom Rheinsteig **(4)** und knickt an einer Infotafel scharf links bergan. Nach kurzem Anstieg erreichen wir das Marienhäuschen, eine kleine Wegkapelle. Nur wenige Meter später wechseln wir erneut abrupt die Richtung und folgen den Logos scharf rechts auf einen schmalen Waldweg.

Bald mausert sich der Weg zum idyllischen Pfad und nachdem wir ein Felsenkliff umrundet haben, weicht der Wald einer Gehölzzone. Wieder ein paar Schritte später wandelt sich die Szenerie komplett, denn ein erster Weinberg säumt nun den Wegesrand. An dessen Ende biegen wir rechts ab und steigen über eine Wiese zum nächsten Querweg auf. Dort wenden wir uns nach **4.1 km** rechts, passieren ein umzäuntes Privatgelände und finden uns bald wieder in einer Gehölzzone.

Nach einer sanften Linkskurve gelangen wir zu einem Fremd-Wegweiser lokaler Wege (nicht durch die blaue Spitze irritieren lassen!). Hier knickt unser Premiumweg rechts ab und führt uns kurz bergab mitten in ein altes Streuobstareal. Mächtige Kirschbäume breiten ihre Kronen aus und locken im Frühsommer mit ihren roten Früchten gefiederte Feinschmecker an. Am Ende der Streuobstwiese biegen wir mit spitzer Kehre links ab und machen

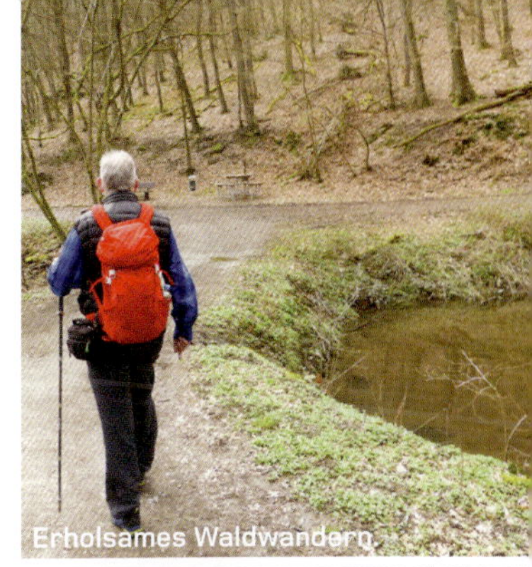
Erholsames Waldwandern.

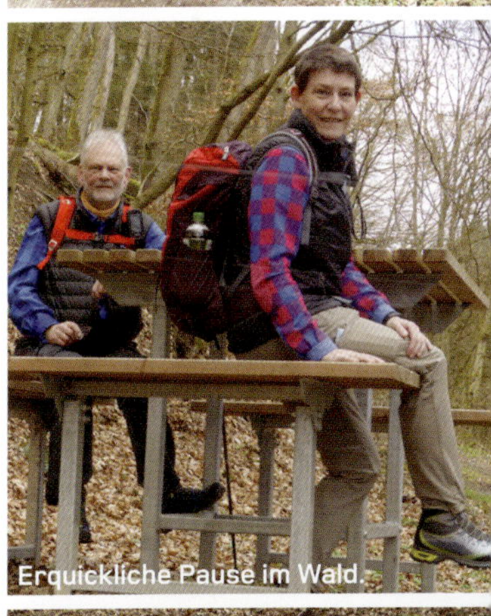
Erquickliche Pause im Wald.

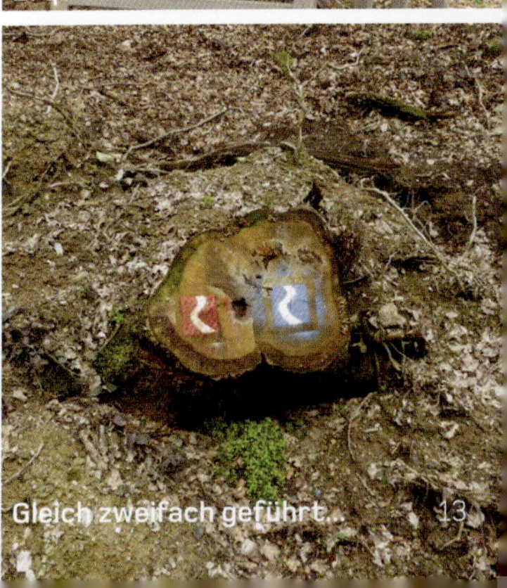
Gleich zweifach geführt...

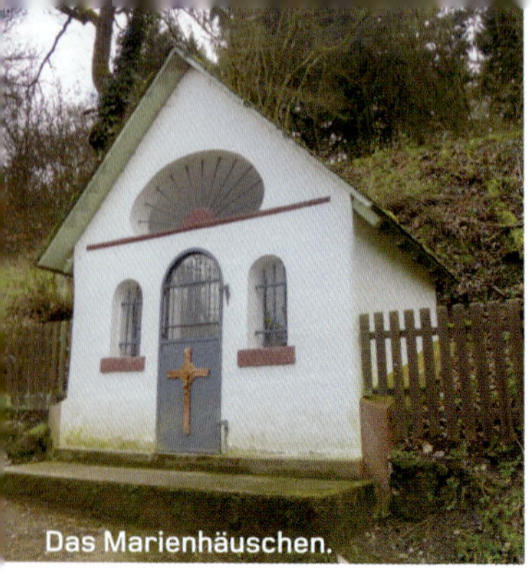
Das Marienhäuschen.

mal wieder einige Höhenmeter gut. Bald treffen wir auf einen Asphaltweg, dem wir 20m nach links folgen, bevor wir rechts auf den Grasweg abbiegen und den Endanstieg zur nahen Bubenhäuser Höhe meistern. Oben angelangt sind wir nach **5 km** hingerissen von der grandiosen Panoramasicht **(5)** über den Rhein, den Rheingau und bis weit nach Rheinhessen. Nur gut dass neben einer XXL Bank auch eine urbequeme Schaukel-Sinnesbank und wenig später noch weitere Bänke und eine Schutzhütte zum Genießen der Aussicht parat stehen.

Nach der aussichtsreichen Pause fällt es schwer, sich loszureißen, doch irgendwann raffen wir uns auf und wandern weiter. Vorbei an der Schutzhütte verlassen wir die Hangkante und nutzen einen Weg nach links, um Richtung Rauenthal zu laufen. Bald spüren wir Asphalt unter den Sohlen, was auch an einer Kreuzung beim Schwenk nach rechts so bleibt. Bald sehen wir rechts voraus Tische und Bänke: dabei handelt es sich um den

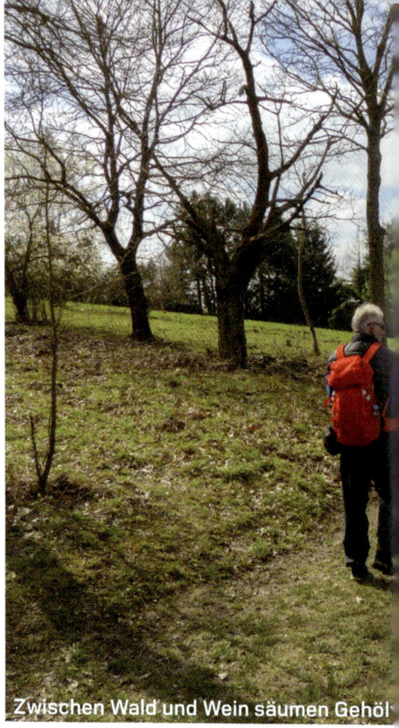
Zwischen Wald und Wein säumen Gehöl

Rauenthaler Weinprobierstand, ein verlockender Abstecher…

Unser Premiumweg biegt allerdings an der Kreuzung links auf einen Feldweg ab und führt uns, bei bestem Blick auf den Taunuskamm, zu einem weiteren Weinberg, wo erneut eine Schaukel-Sinnesbank zur Pause einlädt. Wir wandern weiter und halten uns an einer Weggabelung links, denn wir wollen die Kuppe komplett umrunden, bevor wir uns dem Ort nähern. Bänke stehen unterwegs zur aussichtsreichen Pause bereit und so treffen wir erst nach **6.2 km** am ersten Haus des Ortes ein. Doch noch bleiben wir außerhalb und

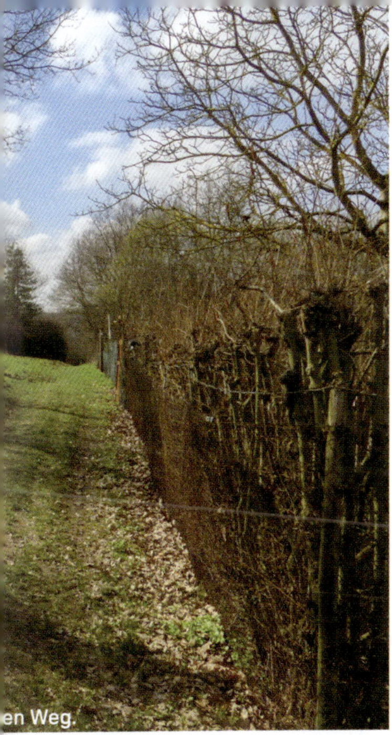

en Weg.

folgen der Markierung links auf einen Feldweg, der an den Gärten entlang führt. Erst bei der Einmündung der Kiedricher Straße bewegen wir uns auf Asphalt und treffen wenig später beim Knick nach rechts auf den von links aus dem Tal kommenden Rheinsteig Zuweg.

Nach **6.7 km** stehen wir an der Hauptstraße von Rauenthal **(6)** und laufen links weiter. Wir passieren eine Bushaltestelle und den Winzerhof, bevor wir links auf „in der Kohlheck" abbiegen dürfen. An deren Ende wandern wir geradeaus und bald bleiben Asphalt und Bebauung endgültig hinter uns.

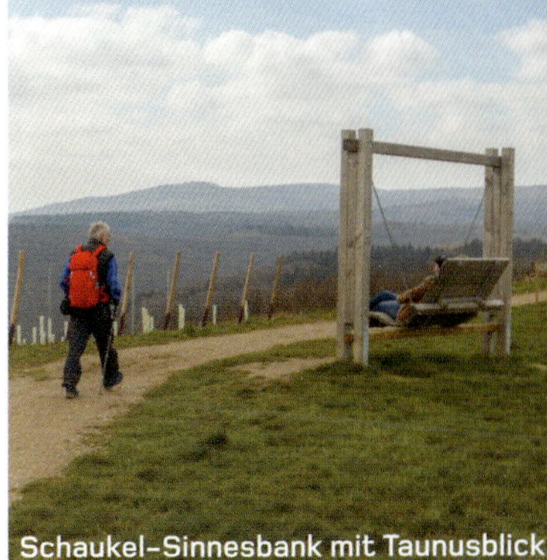

Schaukel-Sinnesbank mit Taunusblick

Kurzweilig führt uns der Weg entlang der Hangkante zurück in die Stille des Großen Buchgrabens. Bänke laden zur Rast und bieten einen Blick in den Taunus, dann beäugen uns neugierige Pferde, deren Koppeln unser Weg nun passiert. An einer Kreuzung schwenken wir nach links und kommen nach **8 km** noch einmal in den Genuss einer Sinnesbank, die uns eine letzte geruhsame Pause mit Blick ins idyllische Bachtal gewährt.

Danach setzen wir die Tour fort, eine Zeit wird der Weg von einem massiven Holzgeländer begleitet, dann wandelt er sich zum schmalen Pfad. Der führt uns an eine große Wiese, wo wir rechts bergan wandern. Oben angelangt treffen wir auf die Zufahrt zur Grillhütte **(1)** und wenden uns daher links. Nach **8.7 km** schließt sich dort der Kreis dieser sehr attraktiven und abwechslungsreichen Rundtour.

INFOS

Romantischer Rhein GmbH, An der Königsbach 8, 56075 Koblenz
✆ 0261/9738470
www.romantischer-rhein.de
▪ Tourist-Information Eltville, Rheingauer Str. 28, 65343 Eltville am Rhein
✆ 06123/90980

Winzerhaus Rauenthal, Hauptstr. 63, 65345 Rauenthal ✆ 06123/72998
▪ Gutsschänke Weingut Ernst Rußler, Vor dem Kaltenborn 3, 65345 Rauenthal
✆ 06123/71434

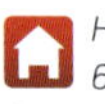

Hotel Weinhaus Engel, Hauptstr. 12, 65345 Rauenthal ✆ 06123/72300
www.weinhaus-engel.com

Mit der Buslinie 173 gelangt man von Eltville nach Rauenthal, Buslinie 170 fährt ab / nach Wiesbaden. In Eltville und Wiesbaden gibt es Bahnanschluss.
www.rmv.de

Taxi Dill ✆ 06123/3152

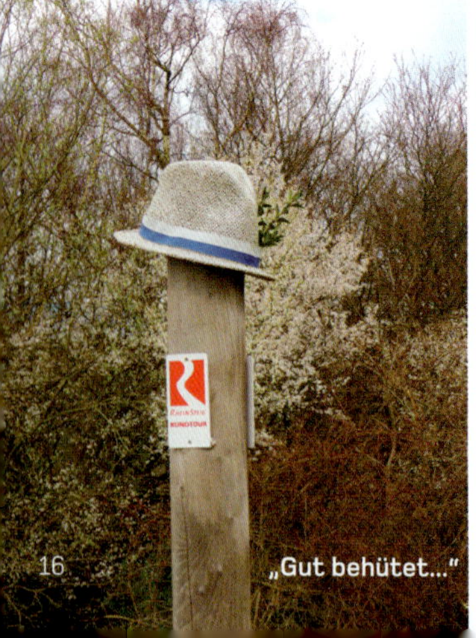

„Gut behütet…“

Weinprobierstand
Der Rauenthaler Weinprobierstand unweit der Bubenhäuser Höhe am Ortsrand gelegen, lädt immer mittwochs bis sonntags zum Verkosten heimischer Weine ein. Natürlich gibt es auch herzhafte Stärkung, damit die Promille gepuffert werden. www.wiesbadener-nordwand.de

Klettergarten Hallgartner Zange
An der Hallgartner Zange liegt der höchste Kletterpark des Rheingaus. Auf dem 1.2 ha großen Areal kann man sich in die Bäume schwingen und einen Adrenalinkick holen. Höhepunkt ist das Erklimmen des 25m hohen Aussichtsturm – entweder über diverse Kletter-Routen oder bequem per Lift. www.eltville.de

Die Tour verlangt keine besonderen technischen oder konditionellen Voraussetzungen. Festes Schuhwerk ist aber wichtig, da einige der Naturpfade bei Nässe rutschig sein können.

Hunde können die Tour ohne Probleme absolvieren. Am Großen Buchwaldgraben gelangen Hunde ans Wasser.

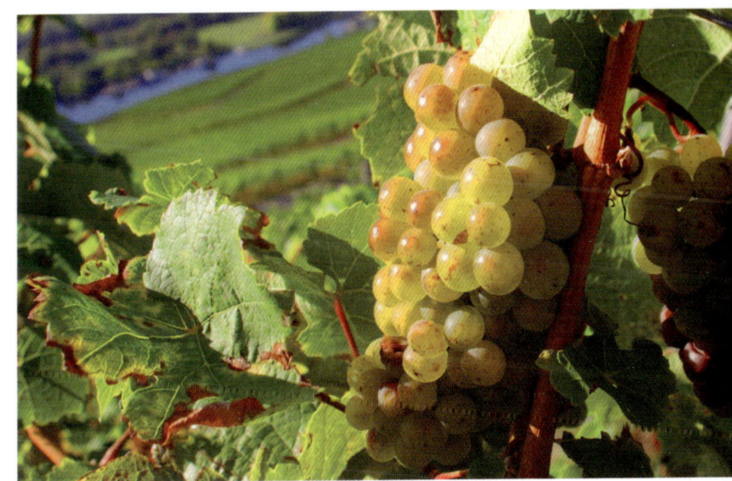

Reben & Rhein

Oberhalb von Eltville und dem Rhein gelegen, gehört Rauenthal mit seinen Weinlagen zum Rheingau. Dieser ist weit über die Grenzen Deutschlands hinaus für seine edlen Weine bekannt, wichtigste Rebsorte ist der Riesling. Schon die Römer schätzen die Region am Südhang des Taunus, die sich von Wiesbaden an ca. 30 km flußabwärts erstreckt und deren Mikroklima den Weinbau stark begünstigt. Das wohl berühmteste Weingut, der Olymp des Rheingaus, ist Schloss Johannisberg. Wo heute das Weingut Fürst von Metternich ist, stand einst ein Kloster der Benediktiner. Dort, wird überliefert, betrieb man Weinbau und dort nahm die Weinkultur ihren Anfang.

Aber auch ohne die anderen Klöster gäbe es heute keinen Riesling. Einer der traditionsreichsten Weinkeller des Rheingaus befindet sich unter dem Stockheimer Hof. Er ist berühmt für seine Raritäten: Das Kostbarste aus den bekannten Weinlagen in Rauenthal und Kiedrich, Erbach und Hattenheim wird in dieser Schatzkammer aufbewahrt – darunter eine Flasche „Hattenheimer Nussbrunnen" von 1893, dem besten Jahrgang des 19. Jahrhunderts. 13.800 Mark brachte eine ähnliche Flasche vor wenigen Jahren bei einer Raritätenversteigerung.

2 Rhein-Nahe-Schleife

RheinBurgenWeg RUNDTOUR

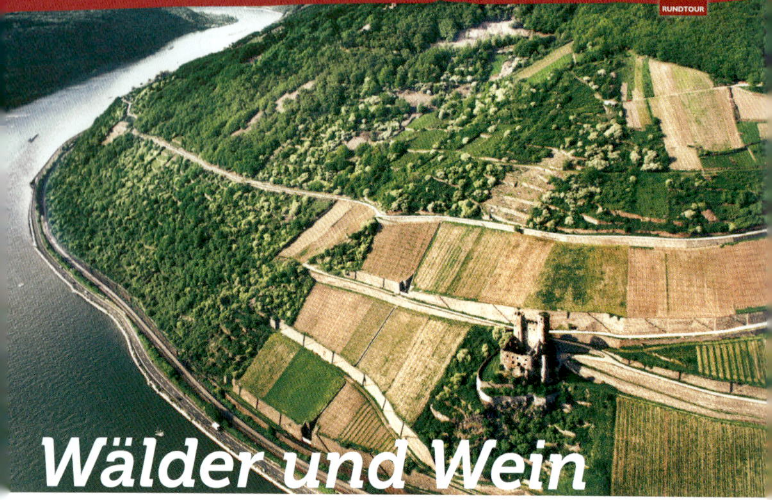

Wälder und Wein

- **Start/Ziel:** Dorfplatz Weiler bei Bingen
- **Gesamtlänge:** 20.8 km (inkl. Zuweg Weiler)
- **Gesamtzeit:** 6 Std. 30 Min.
- **Kalorien:** ♀ 1399 ♂ 1643
- **Tour Download**: RS17TX1

- **Anfahrt:** Über die B 9 gelangt man nach Bingen. Von dort folgt man der L 214 nach Weiler. Alternativ nutzt man die A 61, Ausfahrt „Waldalgesheim" und fährt auf der L 214 nach Weiler.

9.5	44.3%	44.3 %

scan to go®

- **Parken:**
- Dorfplatz Weiler
  N49° 57' 19.1'' • E7° 51' 57.6''

- **Wegpunkte:**
  P1: Dorfplatz Weiler
  32 U 418655 5534273
  P2: Zuweg trifft Hauptweg
  32 U 418823 5534104
  P3: Abzweig zur Minischleife
  32 U 418889 5533729
  P4: Abzweig Ostschleife
  32 U 418677 5533182
  P5: Grillhütte Horet
  32 U 416590 5532616
  P6: Einmündung Ostschleife
  32 U 418515 5532775
  P7: Rastplatz Bergkreuz
  32 U 420026 5532910
  P8: Treffen Minischleife am Krebsbach
  32 U 418969 5533439
  P9: Rhein-Nahe-Blick
  32 U 420395 5534450

■ Höchster Punkt: 328 m ■ Steigung/Gefälle: 418 m

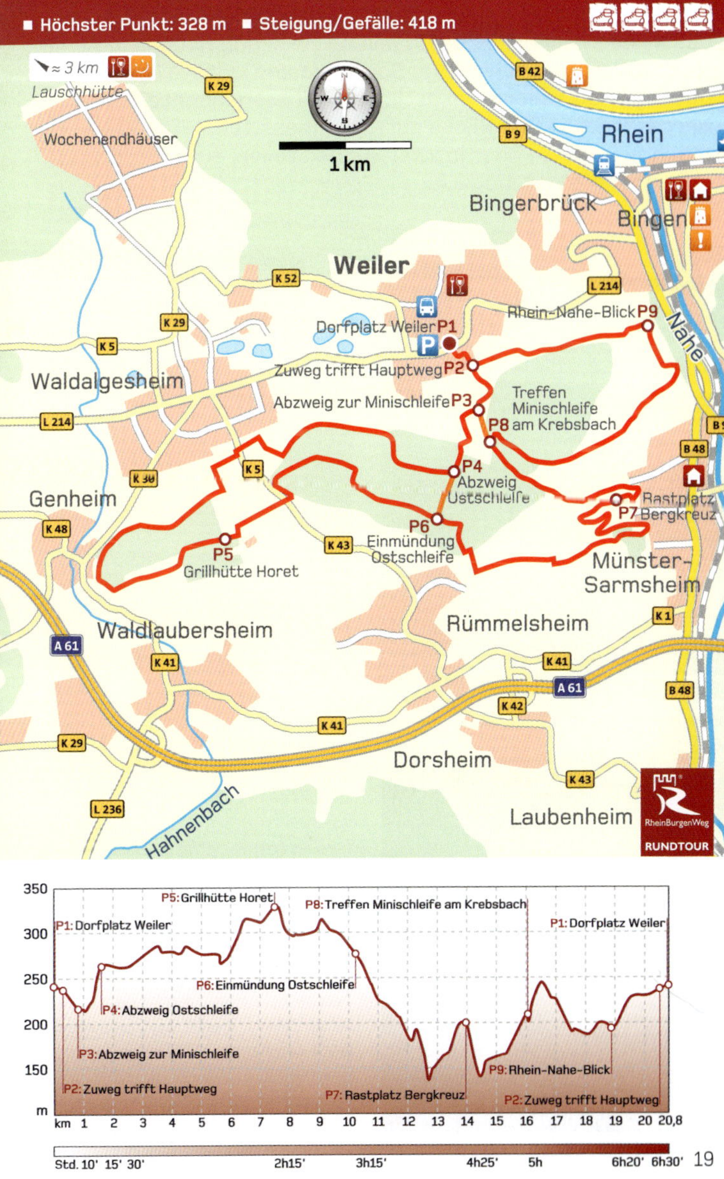

Die Rhein-Nahe-Schleife führt mit einigen Schleifen durch das abwechslungsreiche Hügelland zwischen Rhein und Nahe. Nach tollen Ausblicken zum Soonwald und kurzweiligen Waldpassagen dominieren im östlichen Teil ausgedehnte Weinbergsstrecken und Blicke aufs rheinhessische Hügelland. Wer möchte, kann die Tour in zwei Runden teilen, auch eine kurze „Minischleife" ist möglich.

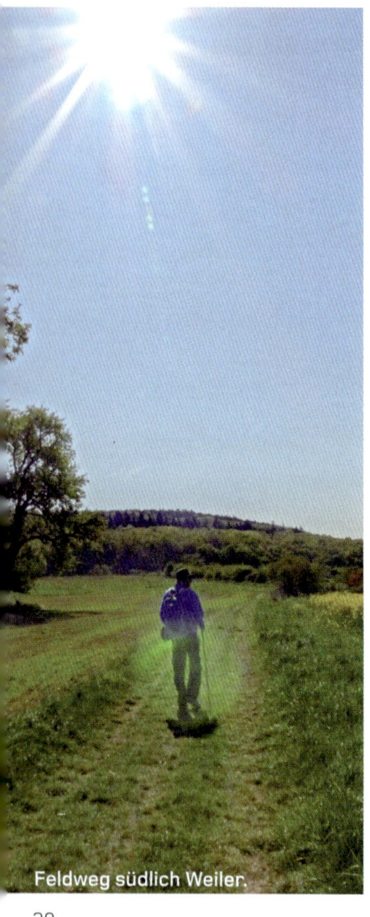
Feldweg südlich Weiler.

! **Zuweg:** Wir beginnen die Runde auf der Rhein-Nahe-Schleife auf dem Dorfplatz (1) in Weiler bei Bingen. Vom Parkplatz aus folgen wir dem mit rotem R auf gelbem Grund markierten Zuweg links abwärts. Vom Münsterer Weg biegen wir rechts in den Kriesweg ab und folgen diesem mit einer Rechtskurve zum Ortsrand. Nur wenige Meter später treffen wir nach **0.3 km** Zuwegung in freier Flur auf den ersten Wegweiser (2) der eigentlichen Rhein-Nahe-Schleife, die wir nun gegen den Uhrzeigersinn begehen wollen.

Wir laufen am Wegweiser geradeaus und genießen nach der Enge des Ortes die freie, offene Flur um uns herum. Links erhaschen wir erste weite Blicke zum Rheintal. Kurz vor dem Waldrand folgen wir unserem Grasweg rechts abwärts und stoßen am Rand einer Pferdekoppel auf einen Querweg. Wir wenden uns nach links, doch schon 50 m später biegen wir wieder rechts ab.

Wer nur die insgesamt knapp 6 km lange „Minischleife" wandern möchte, läuft an dieser Stelle nach **0.8 km** (3) geradeaus und wird nach 300 m am Wegweiser „Krebsbach" wieder auf die Rhein-Nahe-Schleife stoßen (8).

Wir setzen die Tour fort und biegen unmittelbar vor einem überwucherten Feuchtareal links ab. Wenig später queren wir den munteren Krebsbach und laufen leicht bergan. An einer Wegkreuzung halten wir uns rechts und laufen zum nahen Waldrand, wo wir links bergan wandern. Dann tauchen wir wirklich unters schattige Blätterdach des dichten Laubmischwalds. Etwas gewinnen wir noch an Höhe, dann erreichen wir nach **1.6 km** am Wegweiser „Büdesheimer Wald" eine Kreuzung (4). Hier verlassen diejenigen, die nur die Ostschleife (Länge insgesamt: 12.7 km) laufen wollen, den markierten Premiumweg, der nach rechts abbiegt.

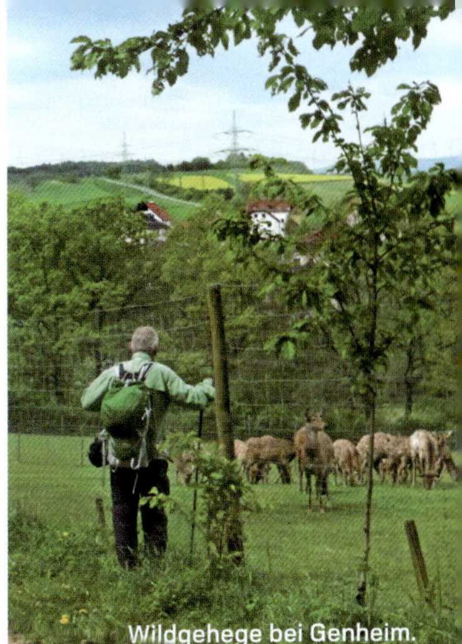
Wildgehege bei Genheim.

Verbindungsstrecke Ostschleife: Wanderer auf der Ostschleife laufen bei (4) geradeaus auf einem unmarkierten Waldweg bergan. Nach deutlichem Höhengewinn wird ein Hochsitz passiert und wenig später stößt man auf einen Querweg. Hier wandert man rechts, um nur 15 m später bei erster Gelegenheit links auf einen anderen, unmarkierten Waldweg zu wechseln. Der senkt sich sanft ab und mündet nach insgesamt 450 m Abkürzungsstrecke mitten im Wald auf die von rechts kommende Rhein-Nahe-Schleife (6).

Wir sind der Rhein-Nahe-Schleife treu geblieben und laufen auf breitem Waldweg. Ohne große Höhendifferenz genießen wir die unzähligen Grüntöne des Waldes, bis wir nach **2.6 km** an den Waldrand wechseln. Vor uns sehen wir bereits Waldalgesheim, und auch die mittlerweile zerfallenen Gebäude des alten Bergwerks auf der Amalienhöhe liegen im Blickfeld. Wir folgen dem Waldrand, bis uns die Markierung nach rechts auf einem Grasweg in die freie Flur schickt. Wir laufen Richtung Ortsrand Waldalgesheim, biegen aber an einem Asphaltweg links ab. Wenig später queren wir die K 34 und wandern an einem Gehöft vorbei geradeaus weiter. Am Abzweig des Zuwegs nach Waldalgesheim biegen wir nach **4.3 km** links auf einen Feldweg ab. Voraus sehen wir oben an der Hangkante die Grillhütte Horet, allerdings schlagen wir noch den Bogen nach Genheim, so wird es noch knapp 2 km dauern, bis wir dort oben rasten dürfen.

Wir wenden uns bei erster Gelegenheit rechts dem Wald zu und tauchen, dort angekommen, unters

Blätterdach. Doch schon wenig später wechseln wir wieder an den Waldrand und lassen den Blick über die wogenden Wälder und Richtung Soonwald schweifen.

Nach 5.6 km passieren wir an einem Wildgehege eine Grillhütte und lassen etwas unterhalb den Zuweg nach Genheim unbeachtet. Denn an dieser Stelle halten wir uns links und wandern leicht bergan. Bald weicht der Wald zurück, und Weinberge säumen zunächst nur rechts, nach Erklimmen des Galgenbergs auch links, den Wanderweg. Unüberhörbar dringen die Geräusche der nahen A 61 an unsere Ohren, und so sputen wir uns, um wieder den Wald zu erreichen. Dort biegen wir am Abzweig des Zuwegs nach Waldlaubersheim links ab und sind froh, als wir an der folgenden Kreuzung tatsächlich wieder in den Wald eintauchen dürfen. Wir folgen einem breiten Forstweg nach rechts und treffen nach 7.5 km an der Grillhütte Horet (5) ein, die zur aussichtsreichen Rast einlädt. Gestärkt folgen wir der Rhein-Nahe-Schleife, lassen den Zuweg nach Rümmelsheim rechts liegen und wenden uns links auf geschottertem Weg dem Tal zu. Erneut queren wir die K 34 und laufen am Waldrand nach links. An der bald erreichten Kreuzung nahe der Straße schicken uns die Logos rechts auf breitem Forstweg in den zunehmend stillen Wald.

An einer Weggabelung laufen wir rechts sanft bergan und lassen uns nach 9.1 km von einem duftenden Douglasienwald begeistern. Die

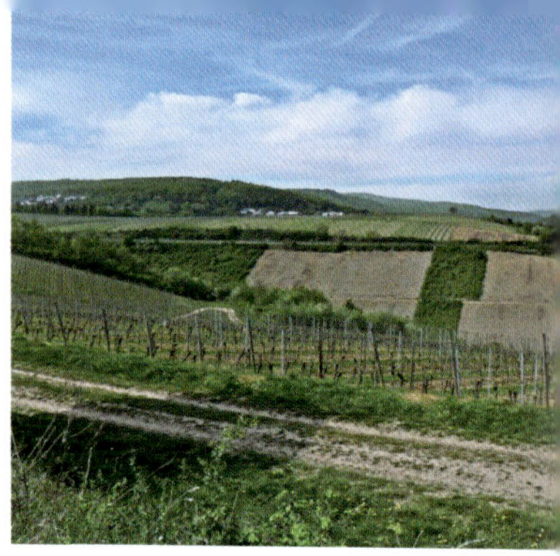

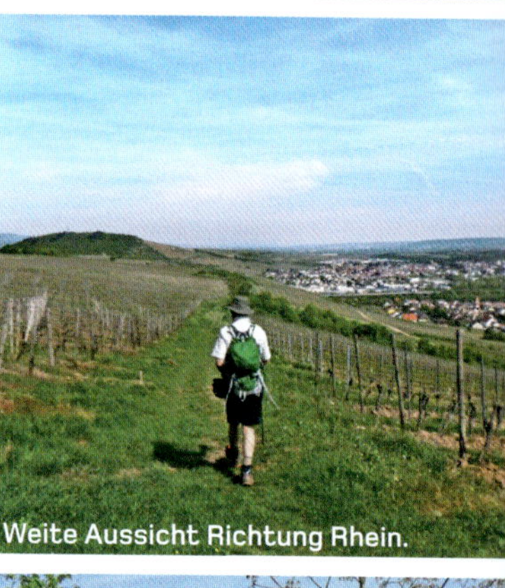

Weite Aussicht Richtung Rhein.

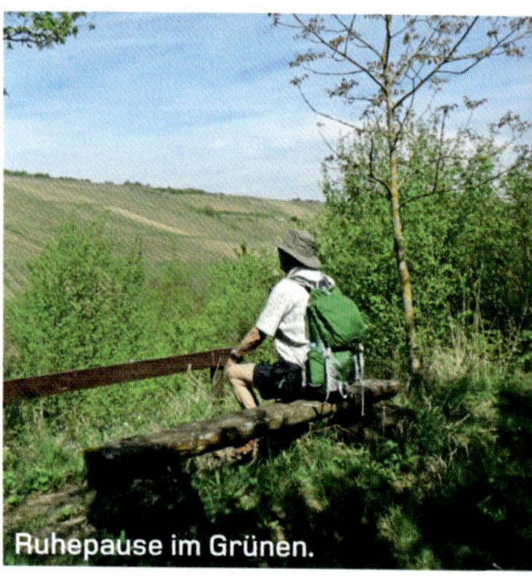

Ruhepause im Grünen.

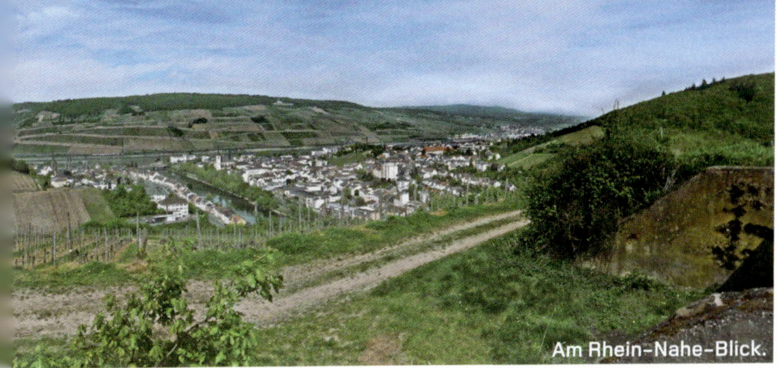
Am Rhein-Nahe-Blick.

Hochstimmung hält an, als wir nach herrlicher Buchenwaldpassage unvermittelt rechts auf einen federnden Waldweg abbiegen dürfen. Nur 150 m später knickt unser Weg scharf links ab, doch die schöne Waldpfadpassage setzt sich weiter fort. Einen Querweg ignorieren wir und frönen dem Waldwandern in lichtem Mischhochwald. Auch die folgenden, ausschließlich nach links abzweigenden Stichwege beachten wir nicht, bis nach **10.2 km** an einem auf dem Boden stehenden Jagdsitz ein Weg unsere Strecke quert.

> **!** Hier mündet, von links kommend, der unmarkierte Verbindungsweg der „Ostschleife" auf die Rhein-Nahe-Schleife (6).

Mit sanftem Gefälle erreichen wir 250 m später eine Kreuzung und biegen scharf rechts ab. Bald verengt sich der Weg zum Pfad, der uns unvermittelt aus dem Wald hinausbringt. Als wir an einem Asphaltweg die dichten Hecken verlassen, breitet sich vor uns ein toller Ausblick aus, der leider durch die querenden Stromtrassen getrübt wird. Am Wegweiser „Auf dem König" biegen wir links ab und folgen dem Asphaltweg rechts um die Kurve in die Weinberge. Schon bald dürfen wir links auf einen Weinbergsweg abbiegen.

Parallel zur Stromtrasse streifen wir nun mitten durchs Rebenmeer und sehen voraus die markanten Türme der Abtei St. Hildegardis und der Kapelle auf dem Rochusberg. Nach **11.7 km** biegen wir rechts ab, um nur 50 m später den Logos links auf einen Grasweg zu folgen. Wer möchte, kann hier 100 m geradeaus zur nahen Schutzhütte nebst Rastplatz laufen, um eine erholsame Pause einzulegen.

Die Rhein-Nahe-Schleife führt uns auf dem federnden Graspfad in einen Heckengürtel und zu einem Asphaltweg. Nun liegt Münster-Sarmsheim direkt unterhalb, und wir laufen bei gutem Blick auf den Ort rechts bergan. In einer Kurve biegen wir links ab und folgen dem sanft abfallenden Weg durch üppige Hecken abwärts. Wir lassen den

Abzweig des Zuwegs in den Ort unbeachtet und biegen erst 50 m später scharf rechts auf einen steilen Pfad ab. Der führt uns am Garten von Haus Nr. 34 zu einer ruhigen Anliegerstraße im Neubaugebiet. Wir wenden uns nach links und wandern zum Rand der Bebauung. Dort hüllt sogleich wieder dichtes Grün unseren Weg ein, der vorbei am Abenteuerspielplatz hinab ins Hummelbachtal führt.

Wir queren nach **13.2 km** eine Straße und wandern dann halb rechts auf befestigtem Weg durch die Weinberge bergan. Mit einer scharfen Linkskehre erobern wir Höhe und wenden uns bald mit einem Rechtsknick wieder dem Nahetal zu. Die Nahe selbst erspähen wir erstmals vom Rastplatz am Bergkreuz (7), allerdings sehen wir statt eines gemächlichen Flusses nur eine kleine Wasserfläche. Wir laufen an den Felsen des Freidersbergs vorbei wieder abwärts und erreichen erneut den Ortsrand von Münster-Sarmsheim. Am Wegweiser „Pittersberg" halten wir uns links und lassen den Ort schnell endgültig hinter uns. Nach dem letzten Haus wandern wir an einer Weggabelung rechts und genießen das urwüchsige Gehölz, das unseren Weg flankiert.

Nach **15.2 km** passieren wir das Anwesen „Waltersruh am Königsschloss". Wieder wandelt sich die Natur um uns herum, denn nun führt unser Weg durch hohen Laubmischwald. In einer Kurve wandern wir auf breitem Forstweg geradeaus und hören neben uns den idyllischen Krebsbach plätschern. Stetig gewinnen wir an Höhe, bis wir nach **16.1 km** am Wegweiser „Krebsbach" (8) eintreffen. Hier trifft von vorne der Verbindungsweg der „Minischleife" auf unsere Strecke.

Wir biegen rechts ab und queren den romantischen Bach, um anschließend auf gewundenem Pfad im lichten Wald Höhe gutzumachen. Bald endet unser Pfad an einem Querweg, dem wir nach rechts folgen. Es geht weiter bergan durch die Flanke des Münsterer Kopfs, der mit einer herrlichen Natur begeistert. Besonders die Krüppeleichen und die ab und an zu Tage tretenden Felsen sorgen für Hochstimmung. Dann öffnet sich die Waldkulisse, und von einer Bank können wir in Ruhe den Blick über die offene Weite Rheinhessens schweifen lassen. Unzählige „Hiwwel" beherrschen die Landschaft, am Horizont zeichnet sich der mächtige Donnersberg ab. Nach **17 km** laufen wir an einer Weggabelung nach rechts und finden uns wenig später mitten in den Weinbergen wieder. Mit einigen Richtungswechseln wandern wir meist hart an der Plateaugrenze entlang und schwelgen dabei in den Blicken zur Nahe, die sich nun tatsächlich als Fluss präsentiert. Dann erreichen wir die Bank am Wegweiser „Schwarzes Türmchen" und schlagen die Kurve Richtung Rheintal. Wir passieren den verschlossenen Turm und wandern noch immer durchs Rebenmeer zum Nordrand des Plateaus.

Bei **Kilometer 18.9** ist es dann so weit: Wir haben den Höhepunkt der

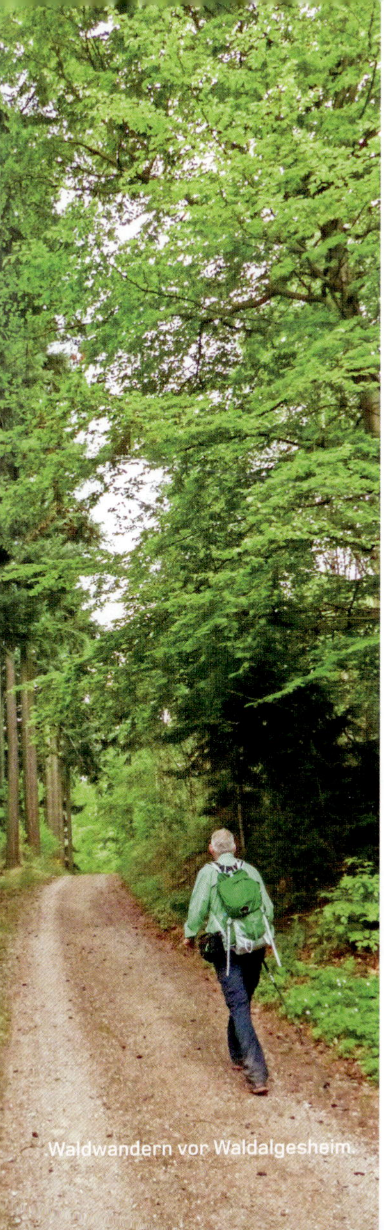
Waldwandern vor Waldalgesheim.

Tour erreicht: den Rhein-Nahe-Blick! Nicht nur die Mündung der (9) Nahe in den Rhein, sondern auch die Ruine Ehrenfels, das Niederwalddenkmal, Burg Klopp und die Abtei St. Hildegard liegen perfekt im Blickfeld. Mühsam reißen wir uns von der grandiosen Aussicht los und folgen dem Feldweg zur nächsten Wegverzweigung. Hier biegen wir links ab, laufen ein wenig bergan, um dann dem nahen Waldrand zuzustreben.

Die Weinberge bleiben zurück, und wir freuen uns, zur Abwechslung mal wieder durch schattigen Wald zu wandern. Am Ende der Waldpassage führt uns die Rhein-Nahe-Schleife an einem Wildgehege vorbei, voraus sehen wir bereits Weiler.

Nach **20.5 km** ist es dann so weit: Wir stehen wieder am ersten Wegweiser (2) unserer Tour und biegen rechts auf den Zuweg zurück zum Dorfplatz ab. Dort (1) beenden wir nach insgesamt **20.8 km** diese abwechslungsreiche Runde.

INFOS

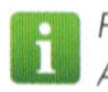

Romantischer Rhein Tourismus GmbH An der Königsbach 8, 56075 Koblenz
0261/97384722
www.romantischer-rhein.de
- *Rhein-Nahe-Touristik Oberstraße 45, 55422 Bacharach*
06743/919303
www.rhein-nahe-touristik.de

Gasthaus zur Sonne, Hildegardisstraße 1, 55413 Weiler
06721/179827
- *Forsthaus Jägerhaus, Waldgaststätte, Im Binger Wald, 55411 Bingen*
06721/159241 Dienstag Ruhetag

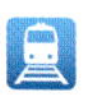

Rhein-Nahe-Jugendherberge Bingen, Herterstraße 51, 55411 Bingen
06721/32163
www.diejugendherbergen.de/Bingen
- *Hotel Münsterer Hof, Rheinstraße 35, 55424 Münster-Sarmsheim*
06721/41023 www.muensterer-hof.de

Bis Bingen am Rhein (Stadtbahnhof oder Hauptbahnhof) gelangt man per Zug. Vom Bahnhof kann man mit Regio Buslinie 230 nach Weiler fahren.
www.mittelrheinbahn.de

- *Taxi Eislöffel 06721/14600*
- *Taxi Muders 06721/43484*

Unbedingt einen Besuch wert ist das Museum am Strom in Bingen. Direkt am Rheinufer, in unmittelbarer Nähe zum „Park am Mäuseturm" gelegen, bietet es einen tollen Einblick in die Stadtgeschichte, die von den Römern bis zur Rheinromantik spannende Epochen umfasst. Eine weitere Dauerausstellung ist Hildegard von Bingen gewidmet. Wechselnde Sonderausstellungen ergänzen das Angebot. www.bingen.de

Einmal wie Tarzan durch die Baumwipfel schwingen – im Kletterpark an der Lauschhütte mitten im Binger Wald ist das schon für Kinder ab 8 Jahren (in Begleitung Erwachsener) möglich. Wer es bodenständiger mag, kann im neuen Bogenparcours seine Treffsicherheit trainieren. Auch eine Übernachtung im luftigen Baumhaus ist an der Lauschhütte möglich.
www.kletterwald-lauschhuette.de

Die Rhein-Nahe-Schleife nutzt oft naturbelassene Weinbergs- und Waldwege, die nach Regenfällen und in der nassen Jahreszeit ziemlich rutschig und matschig sein können. Festes Schuhwerk ist daher wichtig.

Die Strecke kann über einen unmarkierten Verbindungsweg in zwei Teilschleifen (West: 12.3 km; Ost: 12.7 km) aufgeteilt werden. Auch eine 5.9 km Minischleife ist möglich.

Die Wegstrecke ist für Hunde geeignet.

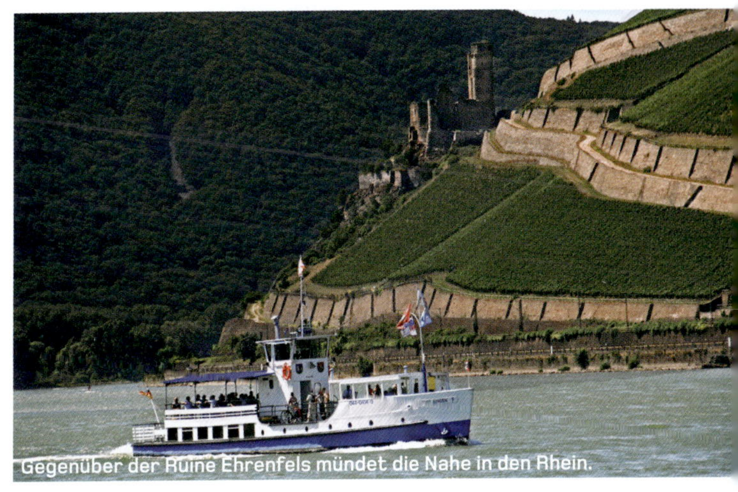

Gegenüber der Ruine Ehrenfels mündet die Nahe in den Rhein.

Vom Hunsrück zum Rhein

Die Nahe gehört mit einer Länge von 125 km zu den eher kleinen Flüssen Deutschlands. Ihren Ursprung hat sie unweit von Selbach im saarländischen Hunsrück. Von dort schlängelt sie sich durch den Hunsrück nach Rheinland-Pfalz, wo sie in Bingen in den Rhein mündet und den Oberrhein vom Mittelrhein trennt.

Die Nahe passiert einige bedeutende Städte: so beispielsweise das deutsche Edelsteinzentrum Idar-Oberstein, wo die Nahe allerdings heutzutage unterirdisch unter der vielbefahrenen B 41 fließt. Auch Bad Münster am Stein und Bad Kreuznach sind weithin bekannt, nicht zuletzt aufgrund der am Naheufer gelegenen berühmten Gradierwerke, die ein touristischer Anziehungspunkt sind. An der Mündung in den Rhein liegt schließlich Bingen, das mit vielfältiger Geschichte aufwarten kann und als Tor zum Weltkulturerbe Oberes Mittelrheintal viele Besucher anzieht.sen, die Botrytis. Das ist eigentlich keine Fäule, sondern ein Edelpilz. Diesen Trauben verdanken Spätlesen und Beerenauslesen später ihren besonders runden Geschmack

3 Baumgeister Tour

RheinBurgenWeg RUNDTOUR

Gute Geister

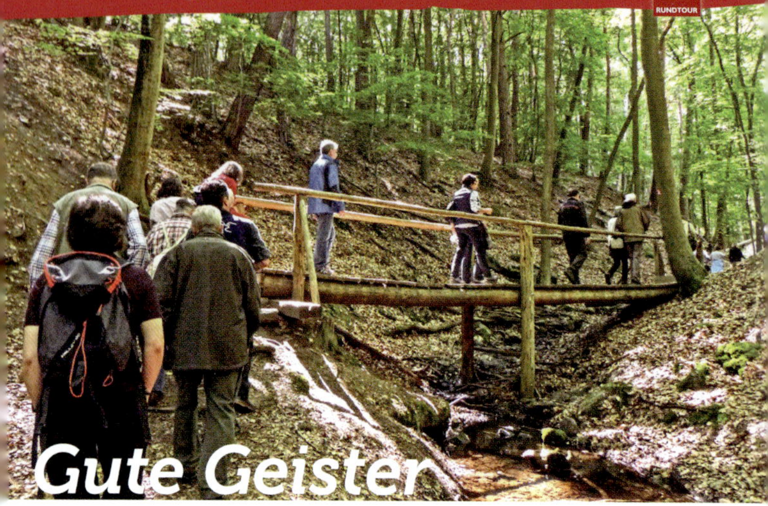

- **Start/Ziel:** Forsthaus Jägerhaus, Binger Wald
- **Gesamtlänge:** 15.7 km
- **Gesamtzeit:** 5 Std.
- **Kalorien:** ♀ 1144 ♂ 1343
- **Tour Download**: RS16TX2

- **Anfahrt:** Von Bingen folgt man der L 214 nach Waldalgesheim. Dort biegt man auf die K 29 ab, passiert die Parkplätze Bodmannstein und Josefsbrunnen, bevor man das Jägerhaus erreicht.

33.8 %	66.2 %

scan to go®

- **Parken:**
  - Parkplatz Jägerhaus N49° 59' 03.4'' • E7° 49' 38.8''
  - Parkplatz Bodmannstein N49° 58' 22.5'' • E7° 50' 18.6''
  - Parkplatz Josefsbrunnen N49° 58' 41.8'' • E7° 49' 40.1''

- **Wegpunkte:**

P1: Jägerhaus 32 U 415968 5537535
P2: Steckeschlääferklamm 32 U 415952 5536880
P3: Villa Rustica 32 U 416736 5535901
P4: Forsthaus Heiligkreuz 32 U 417779 5536054
P5: Schweizerhaus 32 U 418069 5538064
P6: Burg Rheinstein 32 U 418137 5538577
P7: Gerhardshof 32 U 416412 5538772

■ Höchster Punkt: 411 m ■ Steigung/Gefälle: 459 m

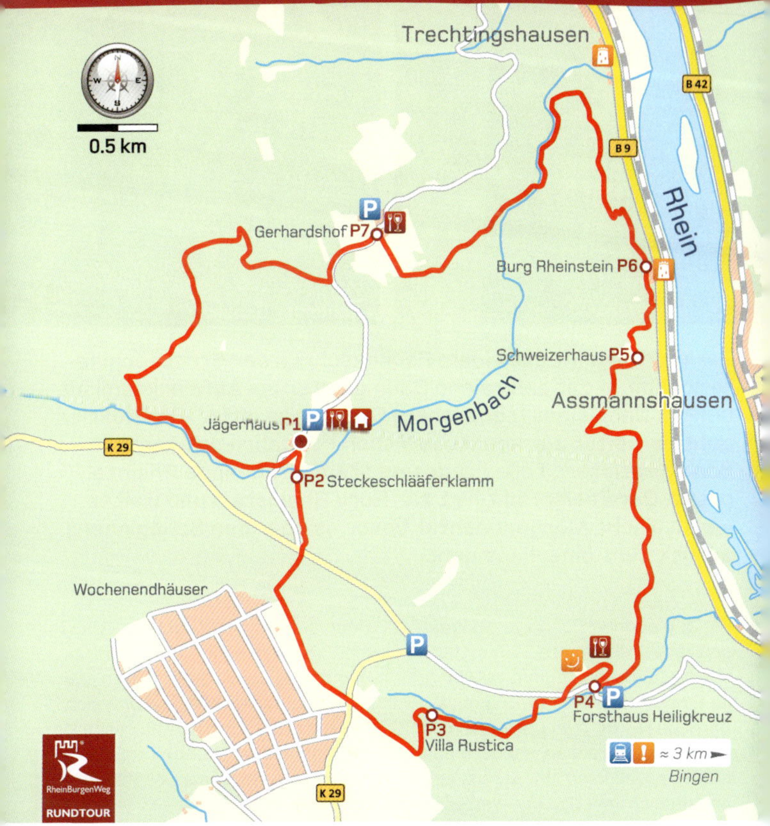

Trechtingshausen
B 42
0.5 km
B 9
Rhein
Gerhardshof P7
Burg Rheinstein P6
Schweizerhaus P5
Assmannshausen
Morgenbach
Jägerhaus P1
K 29
P2 Steckeschlääferklamm
Wochenendhäuser
P4
Forsthaus Heiligkreuz
P3
Villa Rustica
≈ 3 km
Bingen
RheinBurgenWeg
RUNDTOUR
K 29

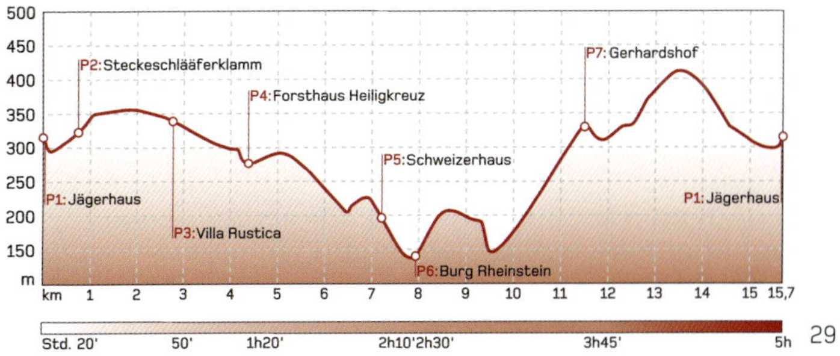

500
450
400
350
300
250
200
150
m

P1: Jägerhaus
P2: Steckeschlääferklamm
P3: Villa Rustica
P4: Forsthaus Heiligkreuz
P5: Schweizerhaus
P6: Burg Rheinstein
P7: Gerhardshof
P1: Jägerhaus

km 1 2 3 4 5 6 7 8 9 10 11 12 13 14 15 15,7

Std. 20' 50' 1h20' 2h10' 2h30' 3h45' 5h

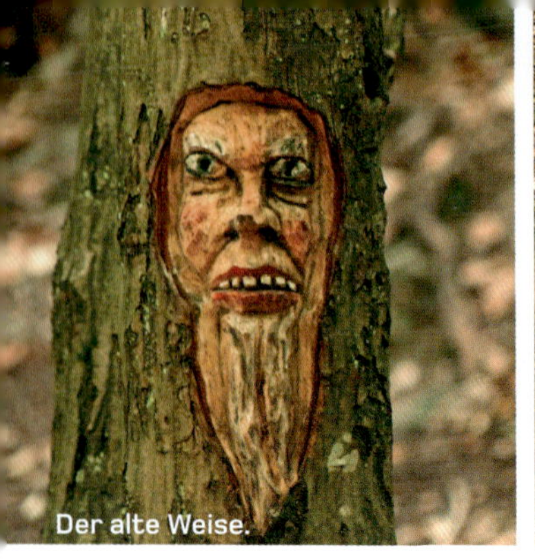

Der alte Weise.

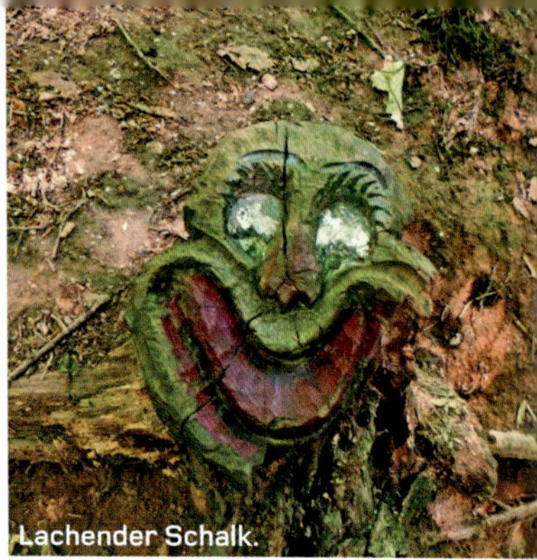

Lachender Schalk.

Die Tour beginnt mit einem Paukenschlag: der Steckeschlääferklamm, in der zahlreiche Baumgeister um Aufmerksamkeit buhlen. Nach einer (römischen) Stippvisite in der Villa Rustica geht es weiter zur abenteuerlichen Hängebrücke. Anschließend begeistern tolle Pfade und atemberaubende Rheintalblicke. Der Eselspfad führt zur Burg Rheinstein und weiter ins idyllische Morgenbachtal, bevor es über den Schägleberg zurück zum Jägerhaus geht.

Die aufregende Rundtour zu Waldgeistern und Römern, Raubrittern und Naturidyllen beginnt mitten im Binger Wald am Forsthaus Jägerhaus (1), wo man übrigens nicht nur lecker einkehren, sondern auch übernachten kann. Wir vertrauen uns dem roten Logo mit weißem, stilisierten R an und laufen vom Jägerhaus 200 m abwärts zum Beginn der Steckeschlääferklamm (2).

Sogleich grinsen uns die ersten Baumgesichter an: Schritt für Schritt erobern wir die wildromantische Waldschlucht auf engem Pfad, der oft direkt neben dem leise murmelnden Bach entlangführt. Aus allen Ecken schauen sie uns an, die Baumgeister, doch egal wie sehr man sich anstrengt, es ist nahezu unmöglich, schon beim ersten Mal alle Fratzen zu erspähen und sich nicht zu verzählen. Viel zu rasch ist die Klamm durchstiegen, und wir queren am Parkplatz Josefsbrunnen die K 29.

Leicht ansteigend, wandern wir auf breitem Waldweg durch mächtigen Laubmischwald, bis sich das Grün lichtet und wir unweit einer Wochenendsiedlung den Waldrand erreichen.

Nun geht es sanft am Waldrand abwärts, bis wir nahe dem Parkplatz am Bodmannstein (es gibt dorthin

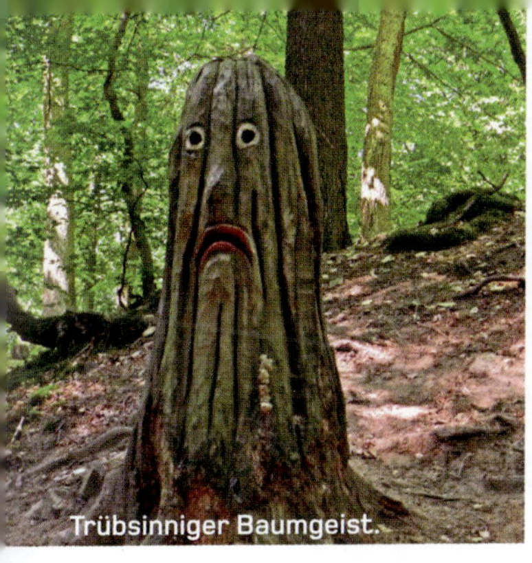

Trübsinniger Baumgeist.

Baumfratze.

einen Zuweg des Rheinburgenwegs) erneut die Zufahrtsstraße queren. Weit lassen wir den Blick Richtung Soonwald schweifen, während der Weg zunächst noch am Rand der Gehölze entlangführt. Dann biegen wir links in den Wald ab, und nach **2.4 km** rücken uralte Gemäuer in den Fokus unserer Aufmerksamkeit. Was hier von Archäologen in mühevoller Kleinarbeit seit Jahren ausgegraben und restauriert wird, ist eine echte „Villa Rustica" (3), ein römisches Gut aus dem 1. nachchristlichen Jahrhundert. Die weitläufige Anlage gewährt uns einen tollen Einblick in die Welt der Römer, und informative Tafeln steuern viel Wissenswertes bei. Ausreichend Spielmöglichkeit für Nachwuchswanderer gibt es auch, was in der Regel zu einem etwas längeren Aufenthalt an der Villa Rustica führt...

Schließlich setzen wir die Tour, leicht absteigend, fort und erreichen nach **3.6 km** die nächste, recht abenteuerliche Attraktion der Baumgeister Tour: eine luftige Hängebrücke, die sich fast schon filigran über das obere Kreuzbachtal spannt. Vorsicht: Bei zu ausgiebigem Schaukeln und Schwingen kann man mitten im Wald auch seekrank werden ...

Bodenständig führt der Wanderweg von der Brücke durch den Mischwald und bietet uns wenig später die Möglichkeit, unser Waldwissen im forstbotanischen Garten aufzufrischen. Von hier sind dann nur noch wenige Meter zu meistern, bevor wir am Forsthaus Heiligkreuz (4) nach **4.4 km** auf den Soonwaldsteig treffen.

Was uns danach erwartet, ist Wandergenuss vom Feinsten, denn auf federndem Pfad führt uns die Baumgeister Tour durch die Hangflanke oberhalb des Rheintals. Dabei ist die Kuppe des Damianskopfs herausragend, denn hier lohnt sich der kurze Abstecher an die Hangkante, wo sich uns ein erster toller Blick auf Vater Rhein eröffnet. Auf herrlicher Strecke, vorbei an einer Rosselhalde und einer tief

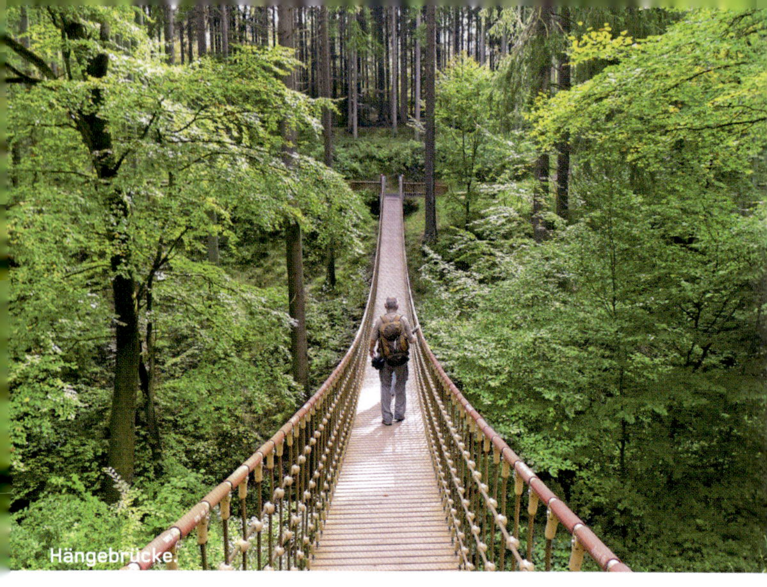

Hängebrücke.

eingeschnittenen Schlucht, steuern wir zielstrebig dem nächsten Premiumausblick entgegen: Nach 7.2 km stehen wir am Schweizerhaus (5), dem ehemaligen fürstlichen Jagdhaus von Burg Rheinstein, das unmittelbar an der Hangkante eine sagenhafte Aussicht auf den Rhein und die Nahemündung bietet.

Und auch im weiteren Verlauf wird der Spannungsbogen hochgehalten, denn nun nehmen wir den Eselspfad unter die Füße, der sich als enger Pfad durch die felsige Hangflanke abwärts schlängelt. Allmählich weichen die gedrungen gewachsenen Bäume zurück, und von einem schwindelerregend exponierten Türmchen genießen wir einen wahren Logenblick auf die trutzige Burg Rheinstein (6). Vom Türmchen aus folgen wir dem Eselspfad weiter, bis wir unmittelbar oberhalb der Burg stehen. Ein Zuweg bindet die uralte Raubritterburg an, durch die sich ein erlebnisreicher Rundgang anbietet.

Die Baumgeister Tour schwingt sich, noch immer dem Eselspfad folgend, zurück in den Hang und fordert unsere Kondition heraus. Doch souverän meistern wir die Herausforderung und wandern zu einem Felssporn, von dem wir bereits die nächste Ritterburg erspähen: Burg Reichenstein erhebt ihre Zinnen in den Himmel und belegt, wie wichtig bereits im Mittelalter der Handelsweg Rheintal gewesen ist.

Doch zu sehr sollten wir uns nicht ablenken lassen, denn nun ist es der Weg, der volle Konzentration fordert: Einige kleinere Felspassagen

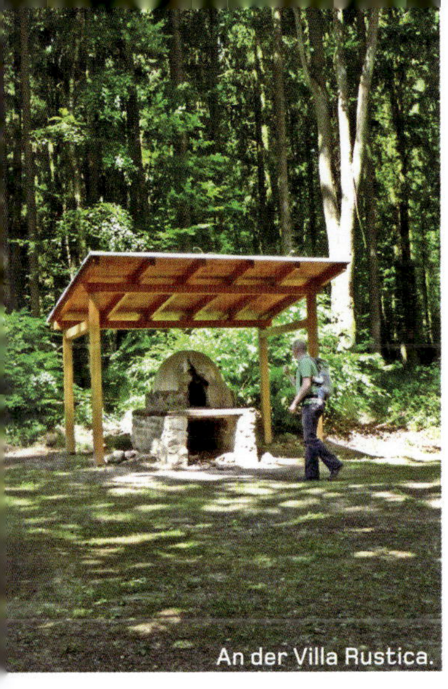
An der Villa Rustica.

Sinnesbänke am Waldrand.

überstehen wir dank Seilsicherung, bevor wir in das schummrige Grün des Morgenbachtals eintauchen.

Die Baumgeister Tour führt uns durch dieses idyllische Tal bergan, doch schon nach **10.1 km** queren wir den Bach und wandern nun durch das nicht minder beeindruckende Aderbachtal. Die herrliche Natur lenkt uns von der Anstrengung ab, und nach deutlichem Höhengewinn verlassen wir den Wald und wechseln in die weiten Wiesen rund um den Gerhardshof (7). Der bietet nach **11.5 km** eine willkommene Einkehrmöglichkeit.

Auf bequemen Wegen gewinnen wir noch etwas Höhe, bis wir nach **13.5 km** am Rand des unter Naturschutz stehenden Schäglebergs ankommen. Dessen Kuppe ist von Rosselhalden geprägt und weist eine besondere Flora mit Niederwuchs und trockenliebenden Arten auf. Die Baumgeister Tour führt uns um die Südflanke des Berges und gewährt dabei Einblicke in diesen schützenswerten Mikrokosmos. Der Berg mit seinen harten Quarziten begleitet uns auch im Wald, wo wir die Steine noch eine Weile unter den Sohlen spüren.

Doch dann erreichen wir den Oberlauf des Morgenbachs, und auf schönem Waldpfad klingt die Tour allmählich aus. Nach Querung der Zufahrtstraße sind es nur noch wenige Meter, bevor sich der Kreis nach **15.7 km** am Jägerhaus (1) schließt, wo wir diese sehr eindrucksvolle Tour mit einer zünftigen Einkehr krönen.

INFOS

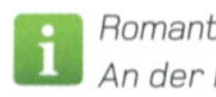

Romantischer Rhein Tourismus GmbH
An der Königsbach 8, 56075 Koblenz
0261/97384722
www.romantischer-rhein.de
■ *Tourist-Information Bingen*
Rheinkai 21, 55411 Bingen am Rhein
06721/184-205 oder -201
www.bingen.de

Forsthaus Jägerhaus,
55413 Weiler/Binger Wald
06721/159241 Dienstag Ruhetag
www.forsthaus-jägerhaus.de
■ *Forsthaus Heilig Kreuz, Heilig-Kreuz-Weg 8, 55411 Bingen 06721/4003828*
Mo. Ruhetag
www.forsthausheiligkreuz.de
■ *Haus Waldfrieden Gerhardshof im Binger Wald 06721/32219*
tgl. ab 11 Uhr, Mo. & Fr. Ruhetag
www.gerhardshoefe.de

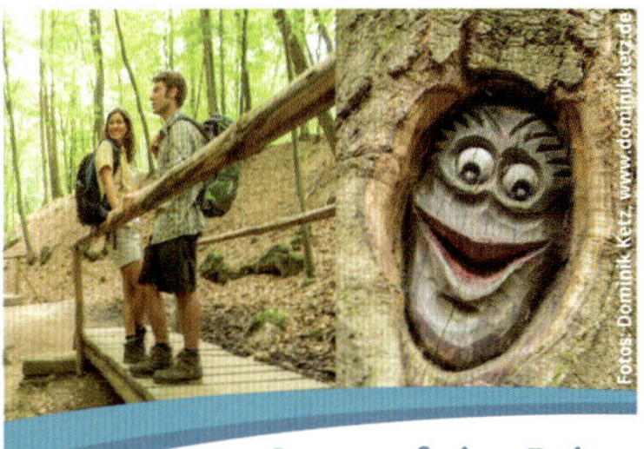

Fotos: Dominik Ketz, www.dominikketz.de

Lust auf eine Brise Abenteuer und Rheinromantik?

Dann ist die „Baumgeistertour" genau das Richtige. Entdecken Sie die familiengerechte Rundtour durch den Binger Wald.

Weitere Informationen

Tourist-Information Bingen
Rheinkai 21
55411 Bingen am Rhein
Tel. 06721/184-205 oder -206

www.bingen.de
tourist-information@bingen.de

RheinBurgenWeg
RUNDTOUR

BINGEN
Perspektiven am Rhein

Hotel Café Köppel,
Kapuzinerstraße 12, 55411 Bingen
06721/14770 www.hotel-koeppel.de
■ *Rhein-Nahe-Jugendherberge, Herterstraße 51, 55411 Bingen,*
06721/32163
www.diejugendherbergen.de/Bingen

Bingen hat zwei Bahnhöfe und ist gut per Zug zu erreichen.
www.mittelrheinbahn.de
Zum Fortshaus Jägerhaus gelangt man nur zu Fuß oder mit dem eigenen Pkw.

■ *Taxi Eislöffel 06721/14600*
■ *Taxi Muders 06721/43484*

Einmal nach Herzenslust durch alte Gemäuer streifen, von höchsten Zinnen aus die Schiffe auf dem Rhein vorbeiziehen sehen und im Rittersaal einen Hauch von Raubrittertum und Mittelalter spüren. Bei der Entdeckungstour durch die sehenswerte Burg Rheinstein ist all das kein Problem!
www.burg-rheinstein.de

Die Baumgeister Tour nutzt zahlreiche Naturwege und Pfade. Nach Regenfällen und im Winter können Teilabschnitte daher rutschig sein. Bei Eis und Schnee sollte man von einer Begehung absehen.

Die Wegstrecke ist für Hunde geeignet.

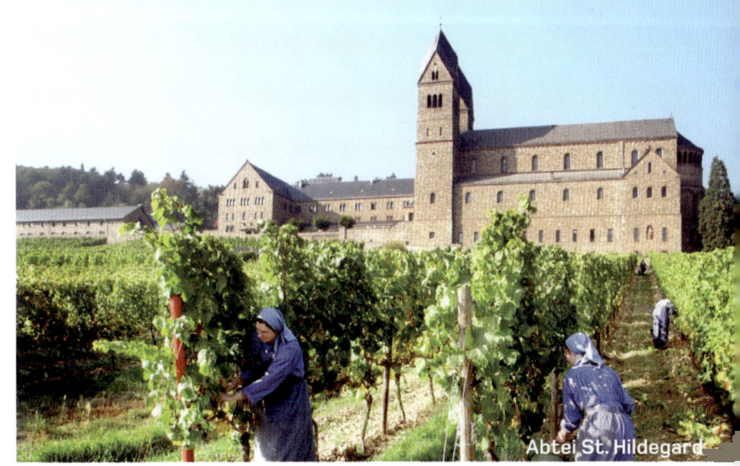

Auf den Spuren der heiligen Hildegard

Bingen am Rhein ist nicht nur die Stadt am Zusammenfluss von Nahe und Rhein, sie hat auch eine lange und sehr spannende Kulturgeschichte zu bieten. Berühmt ist Bingen auch im Zusammenhang mit der heiligen Hildegard.

Hildegard, 1098 geboren, kam im Jahr 1112 zunächst ins Kloster auf dem Disibodenberg. Nach ihrem Aufstieg zur Magistra begann sie mit ihren ersten Schriften. 1147 verließ sie gegen alle Widerstände das Kloster auf dem Disibodenberg und gründete auf dem Ruppertsberg bei Bingen ein eigenes Kloster. In den folgenden Jahren vertiefte sie ihre Studien und machte sich durch ihr Wissen um die Heilkunst einen bedeutenden Namen. Von Bingen aus unternahm sie mehrere Reisen und gründetet schließlich 1165 das Tochterkloster in Eibingen, das bis heute eine aktive Abtei ist. 1179 starb Hildegard, im Mai 2012 erfolgte ihre Heiligsprechung durch Papst Benedikt.

Zwar ist heute vom Kloster am Ruppertsberg so gut wie nichts erhalten, dafür kann man aber besonders im Museum am Strom in Bingen dem Leben und Wirken Hildegards auf die Spur kommen, ein Besuch, der sich unbedingt lohnt.

Ⓣ www.bingen.de und Ⓣ www.landderhildegard.de

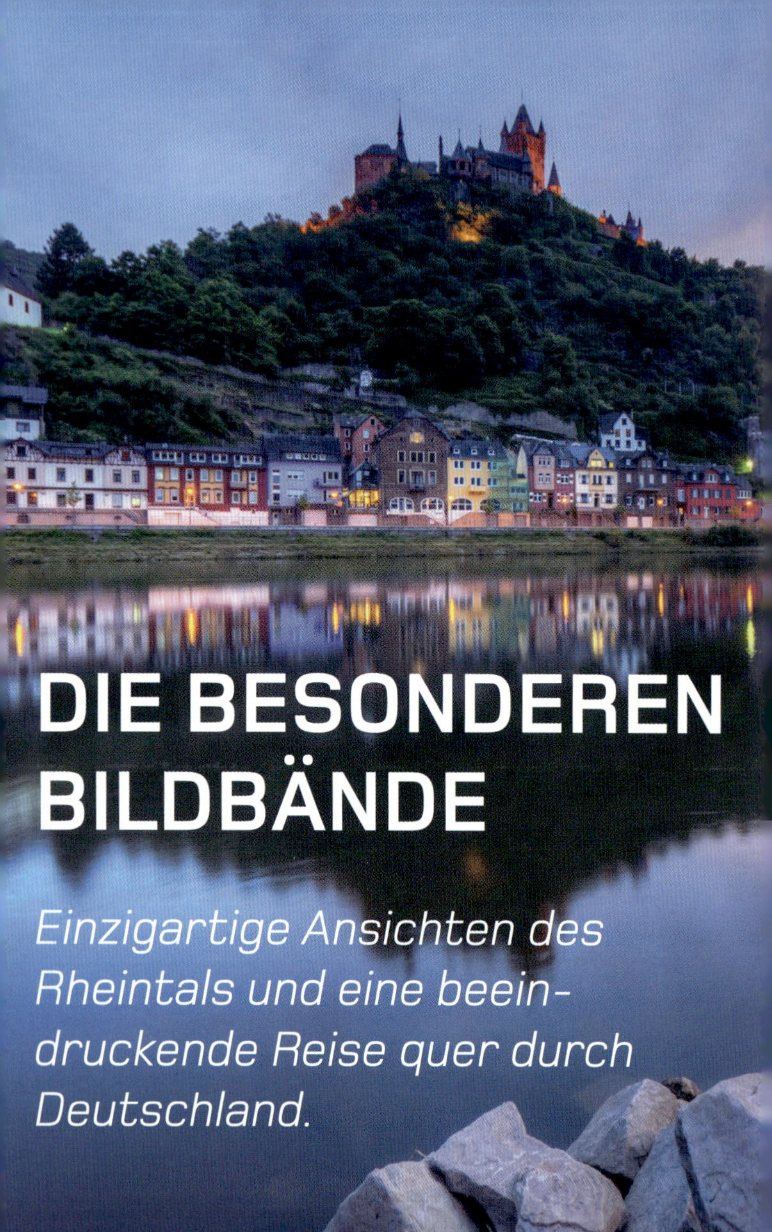
DIE BESONDEREN
BILDBÄNDE
Einzigartige Ansichten des
Rheintals und eine beein-
druckende Reise quer durch
Deutschland.

4a Schellengang

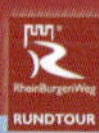

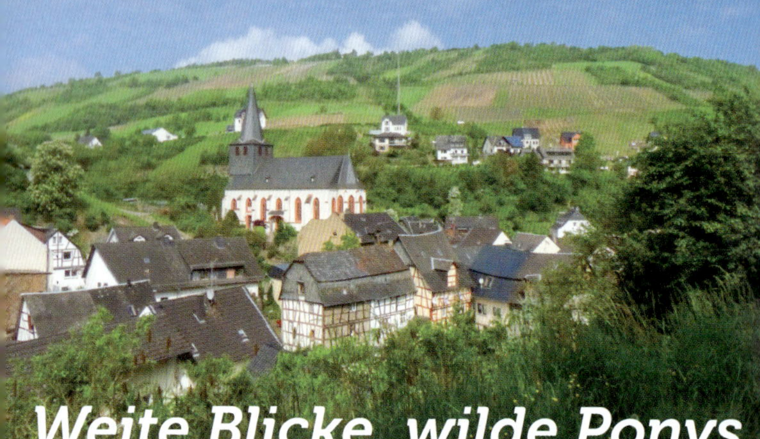

Weite Blicke, wilde Ponys

- **Start/Ziel:** Fürstenberghalle Oberdiebach
- **Gesamtlänge:** 11.2 km (inklusive 0.8 km Zu- & Abweg)
- **Gesamtzeit:** 3 Std. 45 Min.
- **Kalorien:** ♀ 872 ♂ 1024
- **Tour Download**: RS15TX3

Anfahrt: Entlang des Rheins gelangt man auf der B 9 nach Rheindiebach. Von dort folgt man der K 27 bis Oberdiebach, wo man an der Fürstenberghalle in der Ortsmitte parken kann. Ein Zuweg führt von hier zum Schellengang.

10.2	41.4 %	48.4 %

scan to go®

- **Parken:**
- Fürstenberghalle Oberdiebach N50° 02' 03.1'' • E7° 46' 45.7''

Wegpunkte:

P1: Fürstenberghalle Oberdiebach 32 U 412584 5543145
P2: Zuweg trifft Schellengang 32 U 412487 5542779
P3: Schutzhütte 32 U 413368 5543655
P4: Rastplatz 32 U 414276 5543185
P5: Wurschberg 32 U 412800 5542460
P6: Rastplatz 32 U 411454 5541751

■ Höchster Punkt: 361 m ■ Steigung/Gefälle: 407 m

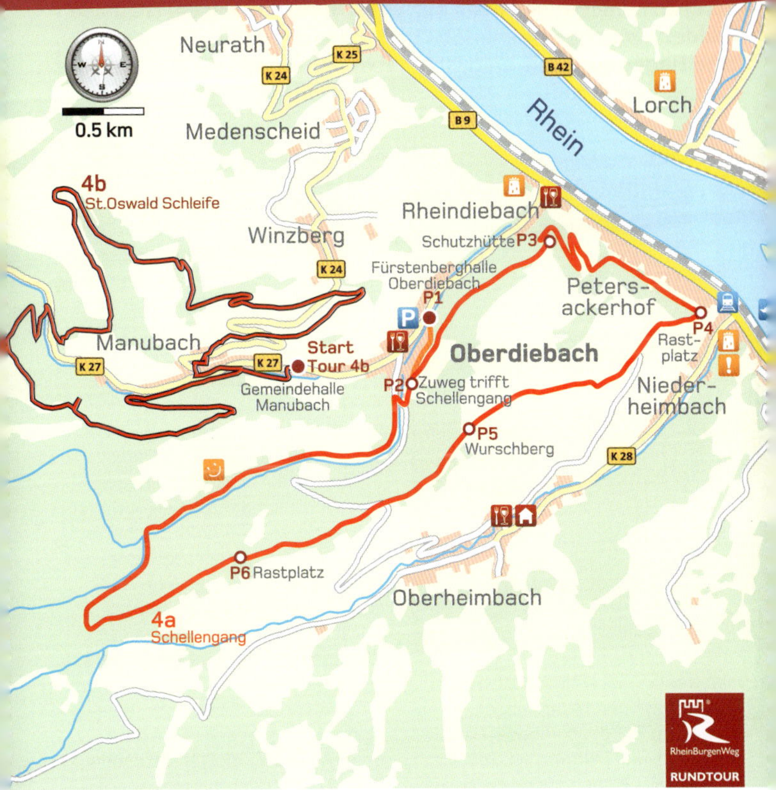

0.5 km

Neurath
K 25
K 24
Medenscheid
B 42
B 9
Rhein
Lorch
4b
St.Oswald Schleife
Rheindiebach
Winzberg
Schutzhütte P3
K 24
Fürstenberghalle Oberdiebach
P1
Peters-ackerhof
P4
Rast-platz
Manubach
Start Tour 4b
Oberdiebach
K 27
K 27
Gemeindehalle Manubach
P2 Zuweg trifft Schellengang
Nieder-heimbach
P5 Wurschberg
K 28
P6 Rastplatz
Oberheimbach
4a
Schellengang
RheinBurgenWeg
RUNDTOUR

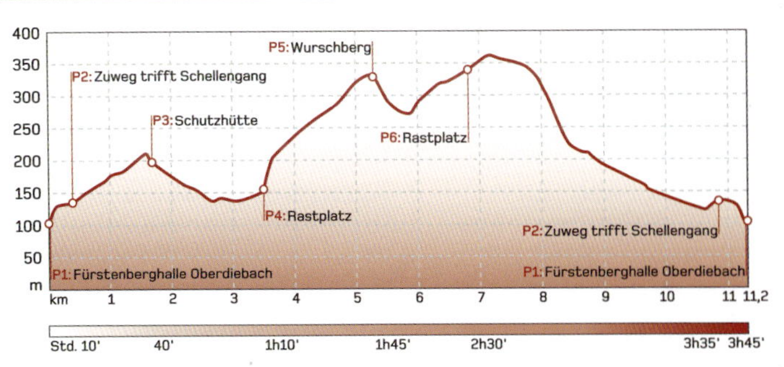

Der Schellengang führt in kulturhistorisch reizvoller Umgebung zu tollen Aussichten auf Vater Rhein und in verträumte Wälder zwischen Heimbach- und Diebachtal. Die Chance auf eine Begegnung mit halbwilden Exmoor-Ponys rundet die kurzweilige Rundtour ab.

! **Zuweg:** An der Fürstenberghalle in Oberdiebach (1) nutzen wir den RheinBurgenWeg als Zuweg zur Rundtour auf dem Schellengang. Wir folgen dem RheinBurgenWeg vom Parkplatz aus Richtung Trechtingshausen und nutzen dabei schmale Fußwege, um durch die Bebauung ansteigend an den Ortsrand zu gelangen. Als wir dort auf einen breiten Feldweg stoßen, verabschiedet sich der RheinBurgenWeg vorerst, und wir wandern noch immer auf einem Zuweg nach rechts. Nach insgesamt 400 m treffen wir an einem Querweg auf den Premiumrundweg Schellengang (2).

Hier wenden wir uns scharf nach links bergan und folgen ab jetzt den rotweißen Rundtour-Logos. Gemütlich steigt der Feldweg an, und wir können links einen schönen Ausblick auf das Diebachtal und den Ort genießen. Bald schließen sich aber auch links des Weges die Gehölze, und mitten durchs Grün gewinnen wir weiter an Höhe. Einmündende Wege ignorieren wir und behalten die Richtung stets bei. In einer kleinen Lücke erhaschen wir einen ersten Blick auf die stolze Ruine Fürstenberg, doch sogleich schließt sich die Vegetation wieder. Schließlich endet der erste Aufstieg, die Hecken weichen zurück, und wir biegen an einer Weggabelung links auf einen Grasweg ab. Der führt uns deutlich abwärts, wobei sich schöne Blicke zum Rhein und auch zur Ruine Fürstenberg eröffnen. Nach 1.7 km lädt uns eine Schutzhütte (3) mit Blick rheinabwärts zur Pause ein.

Nach kurzer Rast folgen wir dem nun breiten, befestigten Weg mit einigen Kurven talwärts. Nach Passieren eines Ziegengeheges biegen wir scharf links ab und treffen wenig später in der nächsten Kehre an der Hangkante wieder auf den RheinBurgenWeg. Eine Bank zum Genießen der Aussicht steht parat, doch uns zieht es weiter. Wir wandern auf dem Wirtschaftsweg talwärts und queren an einem Wegweiser den Kreuzbach. Hier laufen wir geradeaus, und bald umgibt wieder üppiges Grün den Weg. Als wir nach kurzem Anstieg an der Hangkante eintreffen, öffnet sich vorübergehend die Vegetation, und wir erfreuen uns am herrlichen Rheintalblick, der sich vor uns ausbreitet.

Anschließend laufen wir durch lichten Wald bergan und erreichen nach 3.5 km einen schön gestalteten Rastplatz (4) an der Hangkante. Wir können der Einladung der Bänke nicht widerstehen und lassen uns

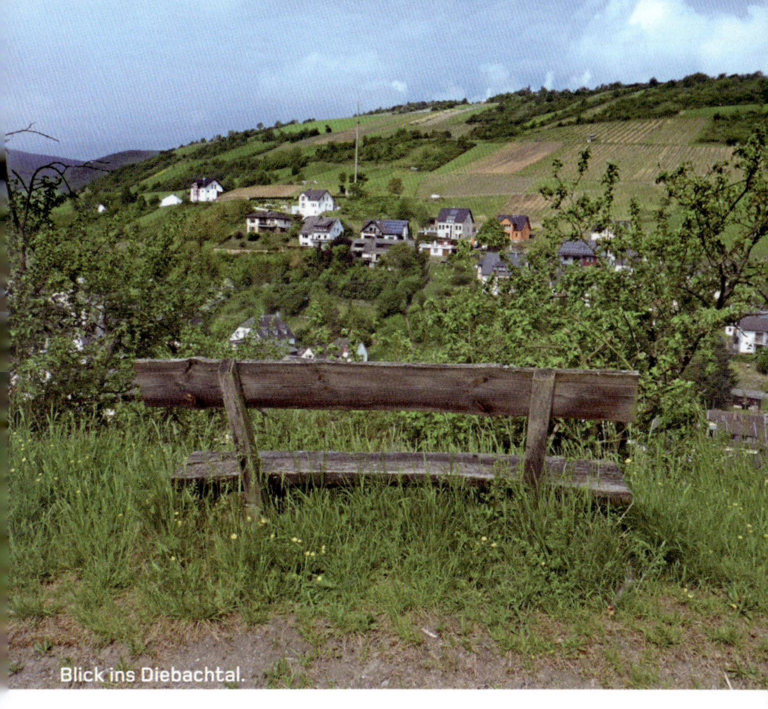
Blick ins Diebachtal.

bei perfektem Blick auf Niederheimbach und die Burg Hohneck sowie die rechtsrheinische Ruine Nollig zur Rast nieder. Emsig pendelt unten auf dem Fluss die Fähre zwischen Lorch und Niederheimbach, und vor uns halten Ziegen die Hangverbuschung in einem umzäunten Areal in Grenzen.

Erholt und beschwingt setzen wir die Tour fort. Der RheinBurgenWeg verabschiedet sich endgültig: Er nutzt den Weg links abwärts nach Niederheimbach. Wir aber wenden uns nach dem Rastplatz nach rechts bergan und nutzen sogleich den Durchlass zweier Gattertüren, um in ein umzäuntes Areal zu gelangen. Nun wird es richtig anstrengend! Meist in der Falllinie führt uns der Schellengang durch den steilen Hang bergan. Längst sind hier keine Reben mehr vorhanden, die mühselige Arbeit im Steilhang erforderten. Heute halten Ziegen den Hang offen, was uns herrliche Blicke zum Rhein ermöglicht. Wir kämpfen uns den Hang empor, was besonders bei Nässe recht rutschig werden kann, Wanderstöcke sind auf diesem Abschnitt unbedingt zu empfehlen. Noch innerhalb des umzäunten Areals passieren wir das hoch aufragende Feldkreuz, dann ist es vorerst geschafft: Wir verlassen wieder durch ein Gatter das Gehege und biegen rechts auf einen nur noch sanft ansteigenden Wirtschaftsweg ab. Nach **3.9 km** treffen wir in einer Kurve auf einen bis hierher asphaltierten Weg und laufen rechts weiter bergan. Zuvor können wir an der bereitstehenden Bank etwas Verschnaufen.

Noch immer steigt der Schellengang aufwärts, doch die Steigung ist gemütlich, und die herrlichen Aussichten ins fast unberührte Heimbachtal und auf die Höhenzüge des Binger Walds sorgen für kurzweilige Ablenkung.

Als wir an einem Heckenriegel rechts abbiegen, wechselt die Perspektive: Nun liegt das Rheintal im Blickfeld. Sogar der markante Turm der Burg Stahleck in Bacharach ist bei klarem Wetter gut auszumachen.

Wir steigen hinauf zu einem Sendemast, an dem Achtungsschilder auf besonderen Luftverkehr aufmerksam machen: Doch keine Angst, wir befinden uns hier am Rand eines Modellflugplatzes, und mit etwas Glück kann man den Luftakrobaten bei ihren Loopings zuschauen. Nun sind es nur noch wenige Schritte, und wir überschreiten die Kuppe des Wurschbergs (5). Standesgemäß steht hier nach **5.3 km** eine übergroße Holzbank zur aussichtsreichen Pause bereit …

Anschließend folgen wir einem deutlich absteigenden Weg. Auch hier sind bei Nässe Wanderstöcke hilfreich. Als unser Weg auf einen anderen trifft, wird das Gefälle gemächlicher, und nun bleibt Zeit, den kunstvoll gefalteten und von gelbgrünen Flechten besiedelten Felsen am Wegesrand unsere Aufmerksamkeit zu widmen. An einem Sattel queren wir eine Asphaltstraße und passieren eine originelle Rundbank, bevor wir die Tour geradeaus auf weichem Grasboden fortsetzen. Kurz schweift unser Blick links über ordentliche Rebzeilen, doch der Schellengang führt uns gleich wieder in üppigen Laubwald. Schritt für Schritt gewinnen wir an Höhe, erfreuen uns am satten Grün des Waldes, das besonders im Frühsommer mit ungezählten Farbschattierungen aufwartet. Ein kleiner Versatz nach links bringt uns an einen Wildzaun, dem wir ein gutes Stück folgen. Dann knickt der Zaun nach links, während wir geradeaus weiter ansteigend durch den herrlich stillen Wald wandern. Nach **6.8 km** öffnet sich eine Wiese, und unter einem knorrigen Baum lädt ein Rastplatz (6) mit Blick zum Rheintal zur verdienten Pause in grüner Idylle ein.

Was der Schellengang uns danach bietet, ist Wandergenuss auf hohem Niveau. Federnd führt uns der Naturweg durch urwüchsigen Eichenniederwald entlang der Flanke des Steinriegels. Immer wieder öffnen sich Grasflächen, auf denen seltene Magerrasenvegetation gedeiht. Eine Bank mit Blick ins Heimbachtal steht bereit, und wohltuende Stille liegt über der Szene. Einziger Wermutstropfen sind die hässlichen Wunden, die der Bau von Windkraftanlagen in die Flanke des Kadrich im Binger Wald gerissen

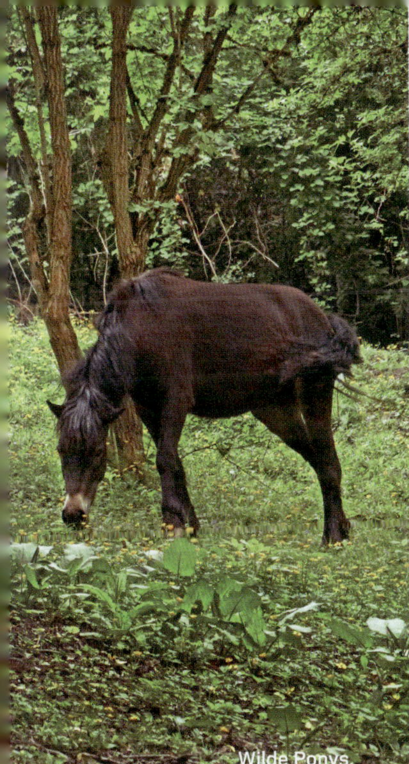
Wilde Ponys.

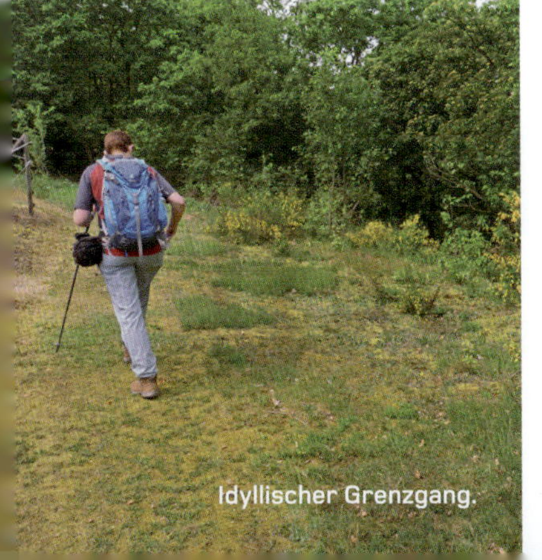
Idyllischer Grenzgang.

hat und die leider unübersehbar sind …

Doch der Schellengang taucht bald wieder in den Wald ein und senkt sich nun deutlich ab. Noch einmal genießen wir den Krüppeleichenwald, dann treffen wir nach 7.9 km auf einen querenden Wirtschaftsweg. Hier befindet sich links ein historischer Grenzgraben, wo auch heute noch die Gemarkungsgrenze zwischen Oberdiebach und Oberheimbach verläuft. Wir aber lassen die Grenze unbeachtet und queren den Wirtschaftsweg, um am Rand der Wiese einen schmalen Wiesenpfad zum Abstieg ins Diebachtal zu nutzen.

Bald hüllt uns hoher Laubmischwald ein, während wir dem Pfad stetig abwärts folgen. Schließlich dringt das leise Murmeln des Diebachs an unsere Ohren, und unser Pfad trifft im Tal auf einen breiten Waldweg. Wir wenden uns nach rechts und passieren wenig später eine Waldwiese. Als von links ein Seitenbach in den Diebach mündet, biegen wir rechts ab. Danach- gabelt sich der Weg: Links steigt ein Zuweg an, wir aber halten uns rechts und folgen der Talsohle des Diebachtals.

Nach 8.9 km stehen wir vor dem Eingangsgatter in das Gebiet der halb offenen Weidehaltung von Exmoor-Ponys. Sorgsam schließen wir das Gatter wieder und laufen nun mit suchendem Blick weiter. Mit etwas Glück lassen sich die halbwilden Ponys im dich-

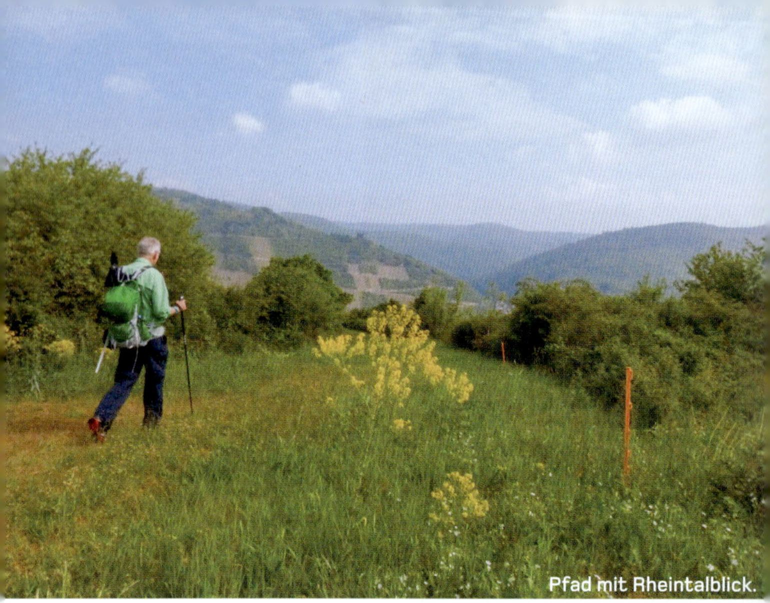

Pfad mit Rheintalblick.

ten Wald erspähen und beobachten. Wir verlassen das Weidegelände durch ein weiteres Gatter und treffen nach 9.7 km auf einen asphaltierten Weg, der uns nun vorbei an Gärten zum Ortsrand von Oberdiebach führt. Nach dem ersten Haus biegen wir scharf rechts auf die Kirchstraße ab, queren den Bach und halten uns an der folgenden Kreuzung links. Nach 10.8 km erreichen wir so wieder den Abzweig des Zuwegs (2) zur Fürstenberghalle. Wir nutzen die bereits bekannte Strecke und steigen hinunter in die Ortsmitte (1), wo nach insgesamt 11.2 km diese abwechslungsreiche Rundtour zu Ende geht.

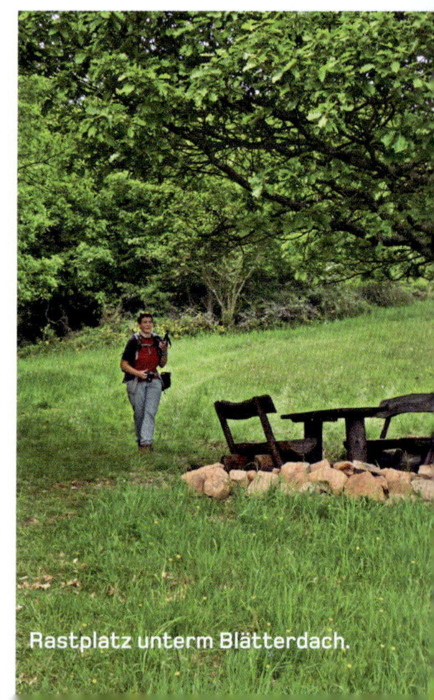

Rastplatz unterm Blätterdach.

4b St. Oswald Schleife

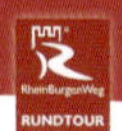

- **Start/Ziel:** Manubach
- **Gesamtlänge:** 10.9 km
- **Parkplatz:**
  Gemeindehalle Manubach
  N50° 01′ 54.3″ • E7° 46′ 05.1″
- **Gesamtzeit:** 4 Std.
- **Steigung/Gefälle:** 450 m
- **Schwierigkeit:**

scan to go®

- **Tour Download:** RS15TXB

12.7 | 17.4 % | 69.9 %

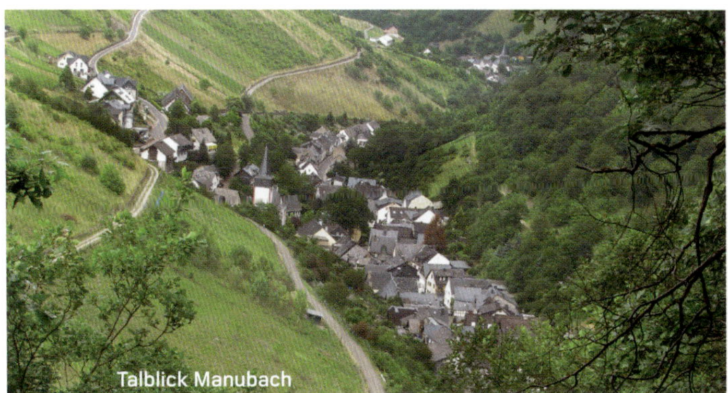

Talblick Manubach

Die neue Rheinburgenweg Rundtour „Sankt Oswald Schleife" führt uns rund um Manubach durch eine reizvolle und abwechslungsreiche Landschaft. Neben den fürs Mittelrheintal typischen Mischwäldern setzen auch immer wieder Gehölze und im letzten Drittel auch Weinberge besondere Akzente. Hinzu kommen immer wieder Begegnungen mit Fels und Wasser. Eindrucksvoll ist aber auch das Erlebnis des Reliefs, bewegt man sich doch rund um ein tief eingeschnittenes Seitental des Rheins. Den bekommt man zwar kaum zu Gesicht, aber dennoch bieten sich immer wieder schöne Aussichten, die auch vom ab und an sichtbaren Windpark kaum geschmälert werden.

Unbedingt lohnenswert ist nach 2.9 km der ausgeschilderte Abstecher hangabwärts zu einem etwas abseits befindlichen Premiumblick nebst Rastgelegenheit (Achtung: Trittsicherheit und festes Schuhwerk notwendig!). Insgesamt punktet der neue Premiumrundweg mit attraktiver und vielfältiger Natur, was am Ende bei der Passage durch den historischen Ortskern von Manubach perfekt ergänzt wird.

INFOS

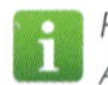

Romantischer Rhein Tourismus GmbH An der Königsbach 8, 56075 Koblenz
0261/97384722
www.romantischer-rhein.de
■ Rhein-Nahe-Touristik Oberstraße 45, 55422 Bacharach
06743/919303
www.rhein-nahe-touristik.de

Gaststätte Zum Fürstenberg, Mainzer Str. 19, 55413 Oberdiebach
06743/9099001

Hotel Weinberg-Schlößchen, Hauptstr. 2, 55413 Oberheimbach
06743/6206

Niederheimbach kann per Zug im Stundentakt erreicht werden. Vom Bahnhof gibt es einen Zuweg zum Wanderweg. www.mittelrheinbahn.de

■ Taxi Büttner 06743/1653

Burg Hohneck oder Heimburg stammt aus dem 13. Jahrhundert und diente zur Sicherung der damaligen Kurmainzer Enklave, verlor aber schon 1344 an Bedeutung. Die Burg verfiel ab dem 16. Jahrhundert zusehends, bis sie 1689 vollends zerstört wurde. Im 19. Jahrhundert erfolgte der Wiederaufbau zur Wohnburg. Sie ist nicht zugänglich.

Im Diebachtal kann man mit etwas Glück auf Exmoor-Ponys stoßen. Auf etwa einem Kilometer läuft der Schellengang hier durch ein weitläufiges, aber eingezäuntes Areal, in dem halbwilde Exmoor-Ponys die Landschaftspflege übernehmen. Wenn man die kleinen Pferde zu Gesicht bekommt, sollte man sich ruhig verhalten und hektische Bewegungen vermeiden, um die Tiere nicht zu erschrecken und sie ausgiebig beobachten zu können.

Der Schellengang verläuft häufig auf naturbelassenen Wegen, die bei nasser Witterung rutschig sein können. Einige Wegabschnitte erfordern zudem sehr gute Trittsicherheit und gute Kondition.

Die Wegstrecke ist für Hunde geeignet. Allerdings ist in den umzäunten Gehegebereichen unbedingt der Leinenzwang zu beachten.

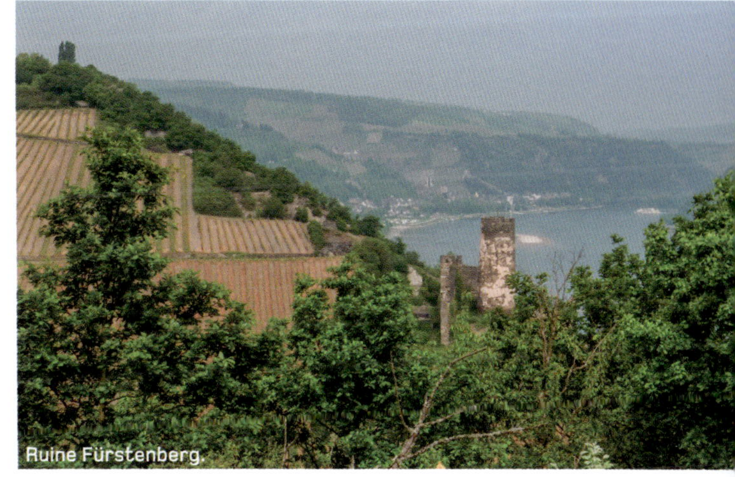
Ruine Fürstenberg.

Stolzes Stück

Malerisch in den Weinbergen gegenüber von Niederheimbach gelegen, ist die Ruine Fürstenberg noch heute ein stolzes Stück Mittelalter. Besonders markant ist der 25 Meter hohe Rundturm, der sich weit über die Wehrmauern gen Himmel reckt. Daneben sieht man die eindrucksvollen Reste der hohen Schildmauer und eines weiteren Turms, der allerdings erst im 15. Jahrhundert hinzugekommen ist. Denn die eigentliche Burg Fürstenberg ist bereits Anfang des 13. Jahrhunderts vom Kölner Erzbischof zum Schutz der Besitzungen errichtet worden. Rasch wechselte die Burg in den Besitz der Pfalzgrafen und diente als eine wichtige Zollstelle.

In den Wirren des 30-jährigen Krieges eroberten Spanier und später die Schweden die Burg. Im Verlauf des Pfälzischen Erbfolgekriegs wurde das Schicksal der Burg Fürstenberg dann besiegelt: 1689 kam es zur endgültigen Zerstörung. Alle Restaurierungspläne für die einst stolze Mittelalterburg blieben unvollendet. Heute befindet sich die noch immer sehr stattliche Ruine in Privatbesitz.

5 Stahlbergschleife

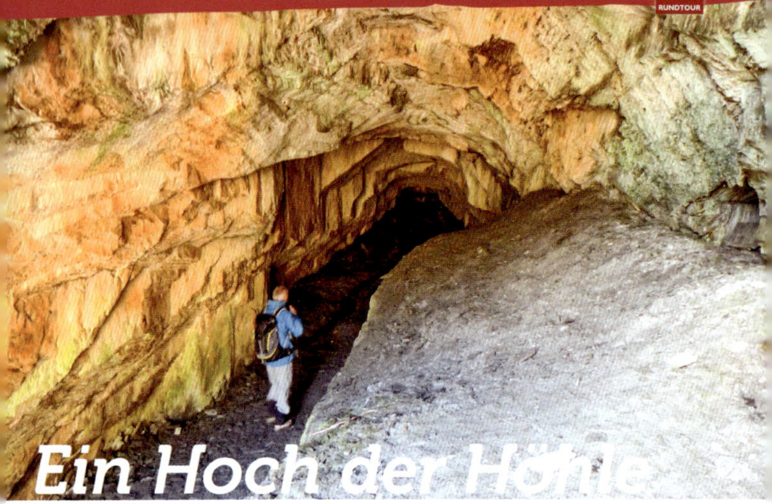

RUNDTOUR

Ein Hoch der Höhle

- **Start/Ziel:** Malerwinkel, Bacharach
- **Gesamtlänge:** 13 km
- **Gesamtzeit:** 4 Std.
- **Kalorien:** ♀ 994 ♂ 1166
- **Tour Download**: RS14TX4

Anfahrt: Entlang des Rheins gelangt man auf der B 9 sowohl nach Bacharach als auch nach Oberwesel. An der Engelsburg gibt es eine Autofähre nach Kaub.

7.3 | 28.9 % | 63.8 %

scan to go®

Parken:

- Bacharach Rheinufer (gebührenpflichtig) N50° 03' 37.3'' • E7° 46' 10.6''

Wegpunkte:

P1: Malerwinkel 32 U 411622 5545979
P2: Burg Stahleck 32 U 411625 5545843
P3: Stahlberg-Blick 32 U 409489 5545609
P4: Schieferhöhle 32 U 408765 5545946
P5: Ruine Stahlberg 32 U 409712 5545752
P6: Rastplatz 32 U 411348 5546576
P7: Heinrich-Heine-Blick 32 U 411676 5546279

■ Höchster Punkt: 355 m ■ Steigung/Gefälle: 474 m

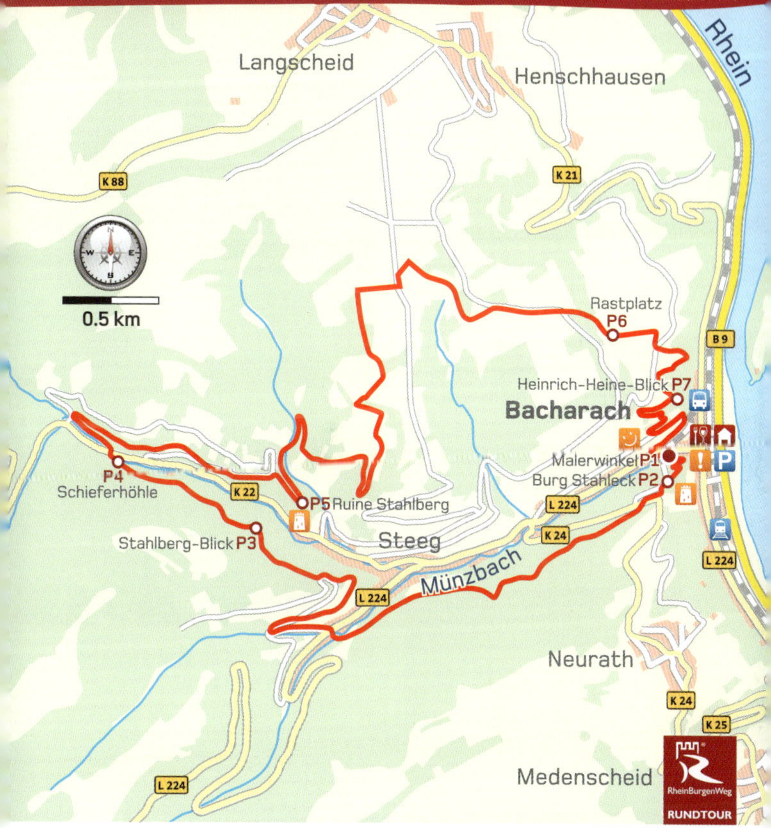

Langscheid
Henschhausen
Rhein
K 88
K 21
0.5 km
Rastplatz
P6
B 9
Heinrich-Heine-Blick P7
Bacharach
Malerwinkel P1
Burg Stahleck P2
P4
Schieferhöhle
K 22
P5 Ruine Stahlberg
L 224
K 24
Stahlberg-Blick P3
Steeg
Münzbach
L 224
L 224
Neurath
K 24
K 25
Medenscheid
L 224
RheinBurgenWeg
RUNDTOUR

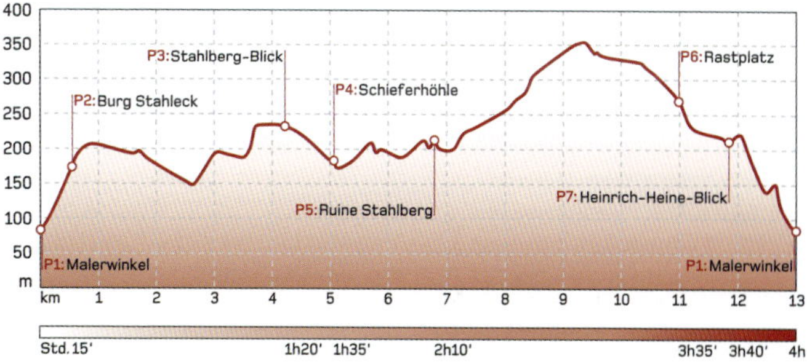

P1: Malerwinkel
P2: Burg Stahleck
P3: Stahlberg-Blick
P4: Schieferhöhle
P5: Ruine Stahlberg
P6: Rastplatz
P7: Heinrich-Heine-Blick
P1: Malerwinkel

m: 50, 100, 150, 200, 250, 300, 350, 400
km: 1, 2, 3, 4, 5, 6, 7, 8, 9, 10, 11, 12, 13

Std. 15' 1h20' 1h35' 2h10' 3h35' 3h40' 4h

Kultur auf Schritt und Tritt: Vom pittoresken Malerwinkel geht es zu den Burgen Stahleck und Stahlberg. Abenteuerliche Steige entlang der alten Stadtbefestigung präsentieren grandiose Rheinblicke. Doch auch die Natur ist sehr beeindruckend: Herrlich stille Seitentäler sorgen für Wandergenuss, und weit schweifen die Blicke über die offenen Wiesenflächen des Rheinplateaus. Geologischer Höhepunkt des Tages ist die große Schieferhöhle im Borbachtal.

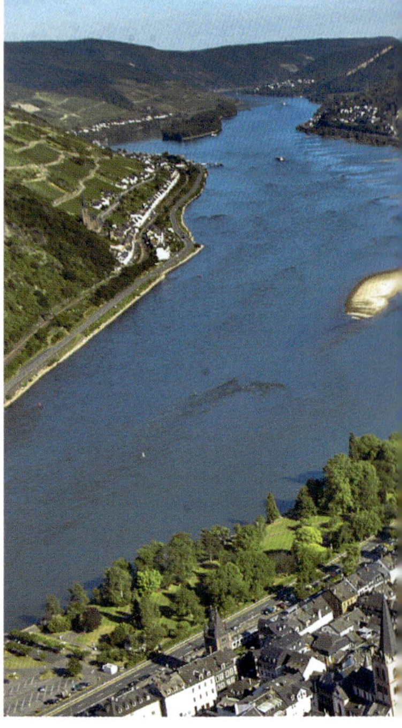

! **Zuweg:** Von den Parkplätzen am Rheinufer bzw. der Stadtmauer gelangen wir im historischen Zentrum von Bacharach auf die Oberstraße. Dieser folgen wir stromabwärts, bis links die Blücherstraße abbiegt. Über einen Fußweg laufen wir zum Malerwinkel, wo wir nahe dem Münzbach auf den ersten Wegweiser (1) der Stahlbergschleife treffen.

Nun beginnt unsere Wanderung auf dem mit weißem, stilisierten R auf rotem Grund markierten Rundweg. Gemeinsam mit dem RheinBurgen-Weg erklimmen wir auf engem Serpentinenpfad die ersten Höhenmeter des Tages. Bald treffen wir auf den steilen Treppenpfad, der aus der Altstadt vorbei an der Wernerkapelle zur Burg Stahleck führt.

Schritt für Schritt gewinnen wir an Höhe, bis sich nach 0.5 km der RheinBurgenWeg nach links verabschiedet und wir einen ersten atemberaubend schönen Ausblick über Bacharach und das Rheintal auskosten können. Unser Rundweg führt durch einen Steinbogen der Burg, und nach der nächsten Biegung unternehmen wir einen kurzen Abstecher in den Burghof der Stahleck (2), von dem wir erneut das Rheintal aus der Vogelperspektive bewundern können.

Anschließend kehren wir auf die Stahlbergschleife zurück und erreichen wenig später die K 24.

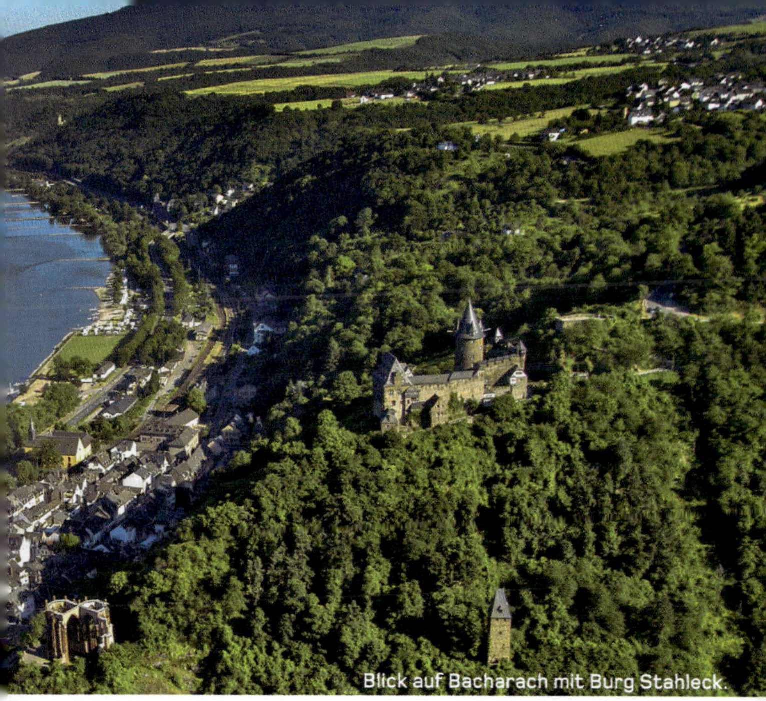

Blick auf Bacharach mit Burg Stahleck.

Wir queren die Straße und wenden uns auf idyllischem Naturpfad dem Hangwald zu. Langsam entfernen wir uns vom geschäftigen Rheintal. Der Pfad wandelt sich zum Waldweg, und wir genießen das abwechslungsreiche Grün um uns herum. Abzweigende und querende Wege ignorieren wir.

Nach **1.9 km** weicht die Waldkulisse zurück, und der Wanderweg führt uns nun mitten durch die Gehege des Steeger Wildparks. Bänke stehen zur Rast und zum Beobachten des Reh- und Rotwilds bereit. Mit guter Aussicht übers Steeger Tal setzen wir die Tour fort und verlieren dabei kontinuierlich an Höhe. Schließlich queren wir den Bieselbach und erreichen am westlichen Ortsrand von Steeg die L 224. Wir queren die Straße und halten uns halb links. Wir passieren die Relikte eines alten Befestigungsturms sowie den hübsch gestalteten Rastplatz mit Brunnen und folgen dem ansteigenden Weinbergsweg neben dem Zechborn in ein lockeres Gehölz.

Bald knickt der Weg mit scharfem Rechtsbogen in den aktiven Weinbau zurück, und wir wandern nun bei herrlicher Aussicht auf Steeg wieder Richtung Rheintal. Als sich der Weg gabelt, nutzen wir den unteren, nun eben verlaufenden Weg bis zum Rand eines Gehölzes. Hier wenden wir uns nach links und steigen auf steilem Pfad entlang eines Grats bergan.

Nach **3.8 km** treffen wir auf einen asphaltierten Weg und wandern rechts weiter in den Wald. An einer eindrucksvollen Felsklippe mit tollen Falten dürfen wir den Asphalt verlassen und geradeaus tiefer in den Wald vordringen. Die Stahlbergschleife verläuft nun durch die südliche Hangflanke des ziemlich unberührten Borbachtals, und wir genießen die herrliche Stille. Bei **Kilometer 4.2** steht an der Hangkante eine Bank (3) bereit, von der wir die Ruine Stahlberg perfekt im Blickfeld haben.

Allmählich senkt sich die Stahlbergschleife ab, und der Wald rückt wieder dichter an den Weg heran. Immer wieder ragen linker Hand Felsklippen des Hunsrückschiefers auf, und bald passieren wir den ersten vergitterten Stollen. Nach **5.1 km** erregt ein besonders großes Felsmassiv unsere Aufmerksamkeit, und neugierig steigen wir auf einem Stichpfad wenige Meter aufwärts. Wir staunen nicht schlecht, als sich vor uns eine große Schieferhöhle (4) auftut, in die wir sogar einige Meter hineinlaufen können (auf eigene Gefahr).

Beeindruckt kehren wir zum Weg zurück, erreichen wenig später die Straße und queren sie und den Borbach. Danach führt unser Weg parallel zum Bach nach links. An der folgenden Kreuzung wenden wir uns scharf nach rechts und wandern nach dieser Kehrtwende erneut

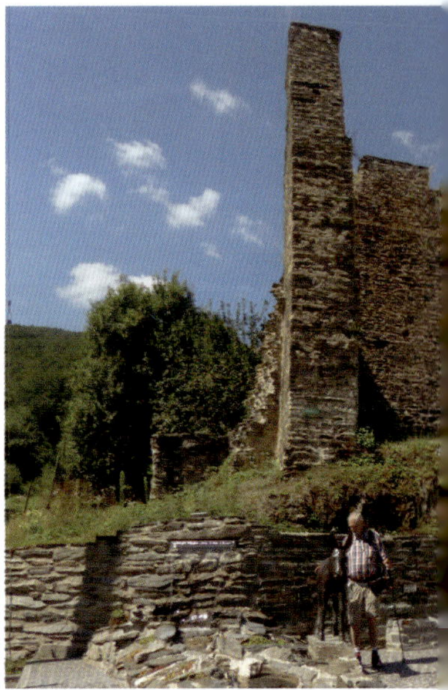

Richtung Rheintal. Gehölze begleiten den Aufstieg, bis der breite Weg endet und wir rechts auf einen urigen Pfad abbiegen. Besonders bei nasser Witterung erfordert diese sehr reizvolle Passage gute Trittsicherheit. Der Pfad senkt sich deutlich ab und führt uns nach **5.7 km** unterhalb einer eindrucksvollen Felsklippe vorbei. Dann öffnet sich das Terrain wieder, und der Pfad mündet auf einen alten Weinbergsweg.

Eine schöne Aussicht begleitet uns abwärts bis zu einem Asphaltweg. Hier biegen wir nach links bergan und haben das nächste Ziel, die Ruine Stahlberg, zeitweise perfekt im Blick. Nach kurzem Anstieg verlassen wir auf der Kuppe den breiten Weg und biegen rechts auf einen Pfad ab.

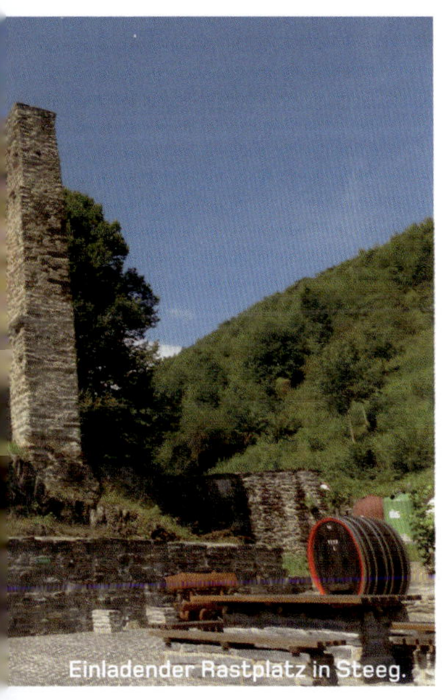
Einladender Rastplatz in Steeg.

Der windet sich talwärts und bringt uns nach **6.6 km** an den Wegweiser vor den Toren der Ruine Stahlberg. Natürlich lassen wir es uns nicht nehmen, einen Abstecher in das alte Gemäuer zu unternehmen, zumal es im Burggelände (5) einen schönen Rastplatz zur verdienten Pause mit Mittelalterflair und Talblick gibt.

Nach diesem Abstecher ins Mittelalter kehren wir zum Wegweiser zurück und wandern von dort auf bequemem Weg zum Dorweilerbach. Den queren wir und laufen dann links neben dem Bach bergan. Bei erster Gelegenheit kehren wir dem Bach den Rücken und laufen scharf rechts weiter. Nach kleinem Anstieg weichen die Gehölze zurück, und wir genießen aus halber Hanghöhe einen tollen Blick zur Ruine Stahlberg. Mitten durch die offene Landschaft aufgelassener Weinberge, die heute von artenreichen Wiesen bedeckt sind, nähern wir uns dem nächsten deutlichen Richtungswechsel. Am Wegweiser Wetzkaul wenden wir uns scharf nach links und streifen erneut durch die weiten Wiesen, bevor wir an einer Baumgruppe nach rechts bergan biegen. Oben folgen wir dem Wanderweg entlang eines Nadelwäldchens nach links und treffen nach **8.6 km** an einer Bank nebst Mini-Tischchen ein, das zur aussichtsreichen Rast einlädt.

Wir setzen die Tour mir einem Rechtsknick fort und wandern auf der rechten Seite eines Gehölzriegels mit herrlicher Aussicht zum Rhein weiter. Am Ende des Gehölzes biegen wir links ab und folgen der Stahlbergschleife mit einigen Schlenkern über das Hochplateau. Nach einem ersten kurzen Abstieg treffen wir am Wegweiser Mönchsrinne auf einen Asphaltweg und laufen 20 m nach links, bevor es rechts auf einen Feldweg geht. Bald biegen wir noch einmal rechts ab und wandern, begleitet von üppigen Hecken, sanft bergab. Dieser Hochgenuss endet an einem asphaltierten Weg, dem wir nach rechts folgen. Unsere Freude ist groß, als wir nach knapp 100 m auf einen parallelen, durch eine Hecke getrennten Grasweg abbiegen dürfen und wieder federnden Boden unter den Sohlen spüren.

Nach **10.7 km** queren wir den Wirtschaftsweg und laufen deutlich bergab. In einer Linkskurve eröffnet

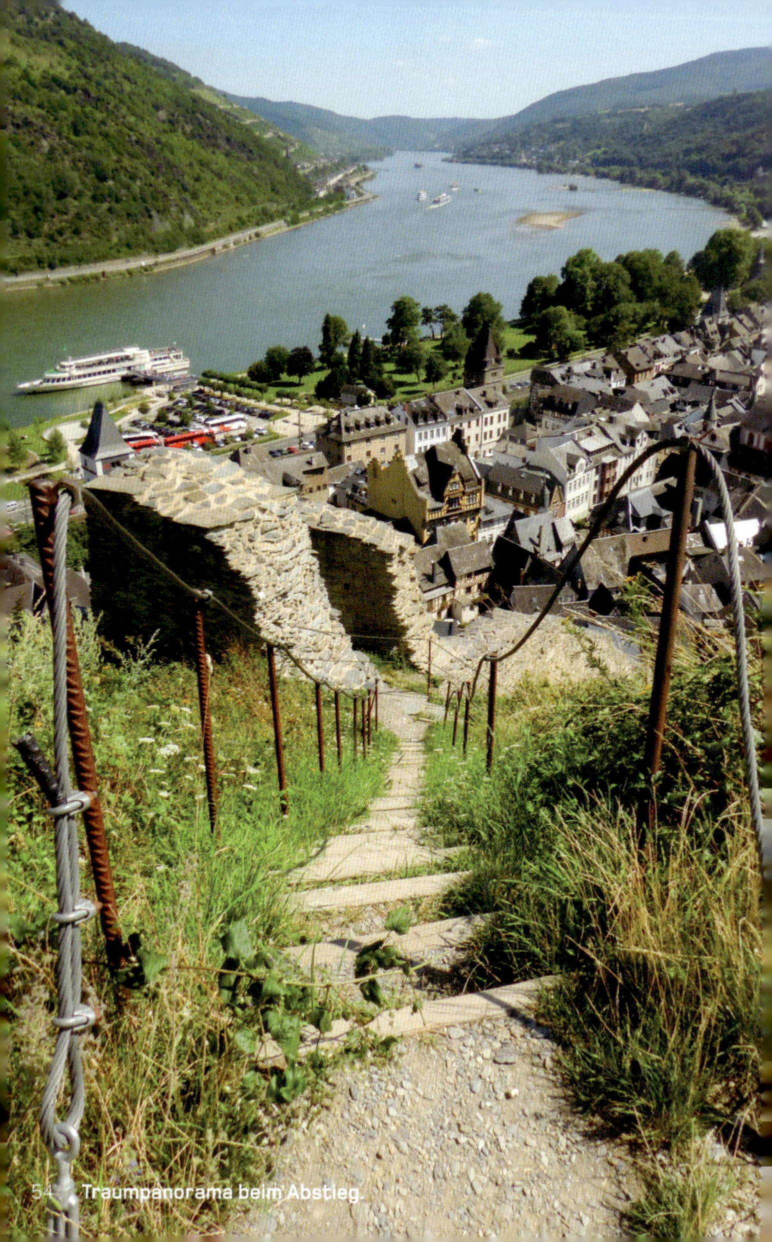

Traumpanorama beim Abstieg.

sich von einem Rastplatz (6) aus ein toller Blick auf den Rhein und auf Bacharach.

Wir steigen weiter abwärts, und am Rand der ersten Weinberge treffen wir wieder auf den RheinBurgen-Weg, der uns den Rest der Strecke begleiten wird. Mit einem Schlenker erreichen wir die Hangkante und umrunden einen Taleinschnitt, bevor wir zur kleinen Aussichtskanzel des „Heinrich-Heine-Blicks" absteigen (7). Hier, an einem der schönsten Rheinblicke, haben wir nun auch die Wernerkapelle und die Burg Stahleck perfekt im Blick.

Noch einmal wandern wir dann zwischen Weinreben und Hangkante bis zu einem Wirtschaftsweg. Hier knickt die Stahlbergschleife scharf links ab, und wir beginnen auf dem „Orionsteig" (benannt nach dem seltenen Orion-Schmetterling) den steilen Endabstieg nach Bacharach.

Teils mit Trittstufen und steilen Treppen, teils mit Seilsicherung bewältigen wir den herausfordernden Abstieg und atmen erleichtert auf, als wir einen Querweg erreichen, der uns links weiterführt. Am Spitzen Turm, bei den Resten der alten Stadtmauer, beginnt die letzte Steilpassage, die am Postenturm endet. Deutlich flacher geht es die letzten Meter hinunter zum Steeger Tor, wo wir die Blücherstraße queren und zum Malerwinkel (1) zurückkehren. Hier schließt sich nach **13 km** der Kreis dieser sehr aussichtsreichen und eindrucksvollen Rundtour.

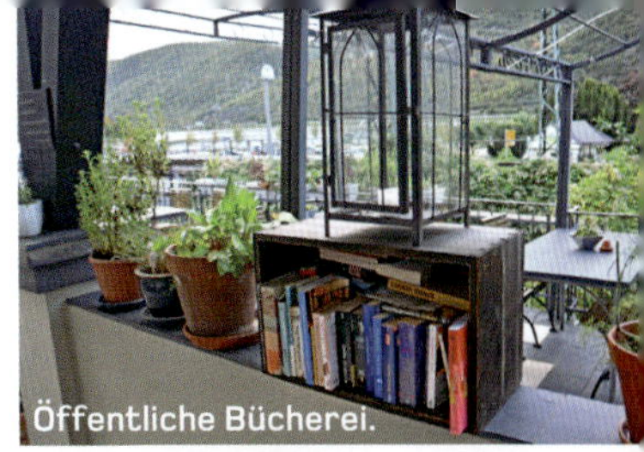
Öffentliche Bücherei.

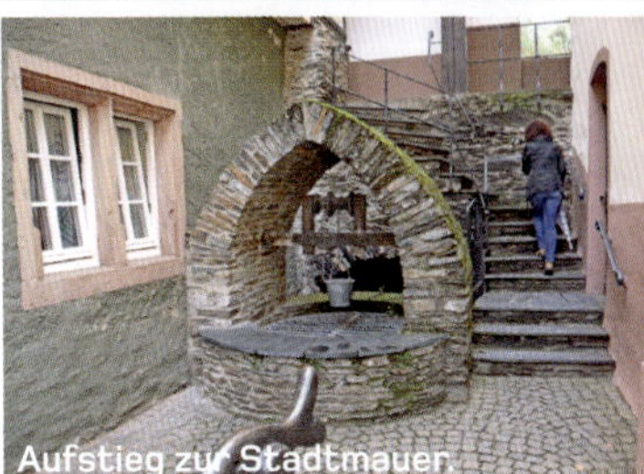
Aufstieg zur Stadtmauer.

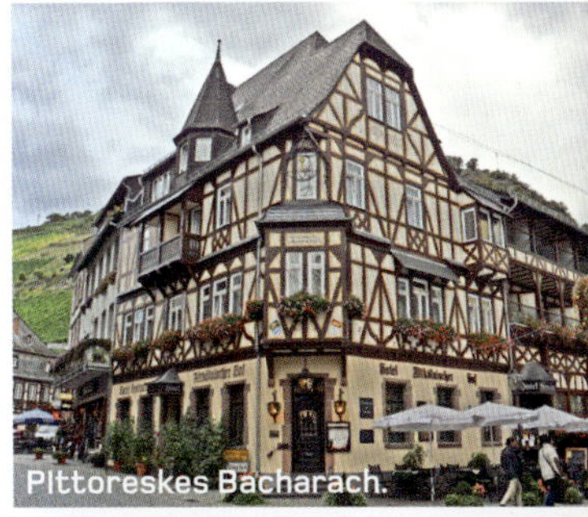
Pittoreskes Bacharach.

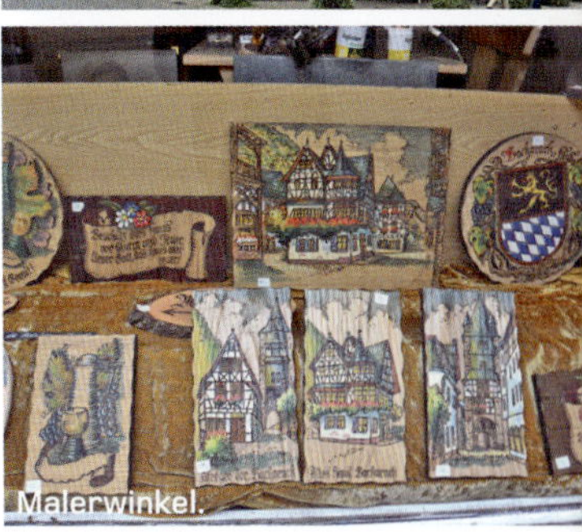
Malerwinkel.

INFOS

Romantischer Rhein Tourismus GmbH
An der Königsbach 8, 56075 Koblenz
0261/97384722
www.romantischer-rhein.de
■ Rhein-Nahe-Touristik
Oberstraße 10, 55422 Bacharach
06743/919303 www.bacharach.de

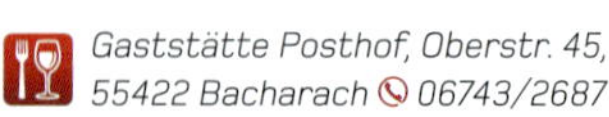

Gaststätte Posthof, Oberstr. 45,
55422 Bacharach 06743/2687

Hotel Zur Post, Oberstr. 38,
55422 Bacharach 06743/9471830
■ DJH Burg Stahleck,
Burg Weg 1, 55422 Bacharach
06743/1266
www.diejugendherbergen.de/Bacharach

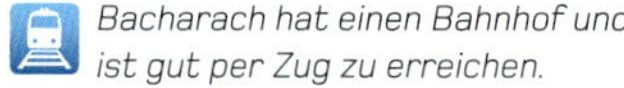

Bacharach hat einen Bahnhof und ist gut per Zug zu erreichen.
www.mittelrheinbahn.de

Mietwagen Büttner 06743/1653

Bacharach hat auch in puncto Kunst etwas zu bieten: Am Rheinufer lässt die Bronzeskulptur „Lore Lay" von Liesel Metten die berühmte Rheinnixe lebendig werden, deren sagenhaften Ursprung Clemens Brentano in Bacharach sah. Seit dem Frühjahr 2014 erinnern zudem auf dem „Platz der Poesie"drei weitere Bronzestatuen an die Dichter Victor Hugo, Clemens Brentano und Heinrich Heine.

Die Bacharacher Stadtmauer bietet besonderes Lesevergnügen: Treppenstufen, Nieschen und Fensterbänke sind mit gebrauchten Büchern bestückt, die jeder mitnehmen und lesen kann.

Moderne Schatzsuche – in der reizvollen Natur um Bacharach kann man heute auf digitale Schatzsuche gehen. In geführten Gruppen (ab 4 Personen) finden regelmäßig Geocaching Touren statt, bei denen man auch spielerisch an die GPS-Technik herangeführt wird. Die Touren sind kostenpflichtig und dauern ca. 3 Stunden. Anmeldung in der Tourist-Info erforderlich.
06743/919303

Die Stahlbergschleife verläuft häufig auf naturbelassenen Wegen, die bei nasser Witterung rutschig sein können. Einige Wegabschnitte erfordern zudem immer sehr gute Trittsicherheit und ein Mindestmaß an Schwindelfreiheit.

Bis auf den Abstieg über den Orionsteig ist die Strecke für Hunde geeignet. Der Orionsteig kann aber über Weinbergswege umgangen werden.

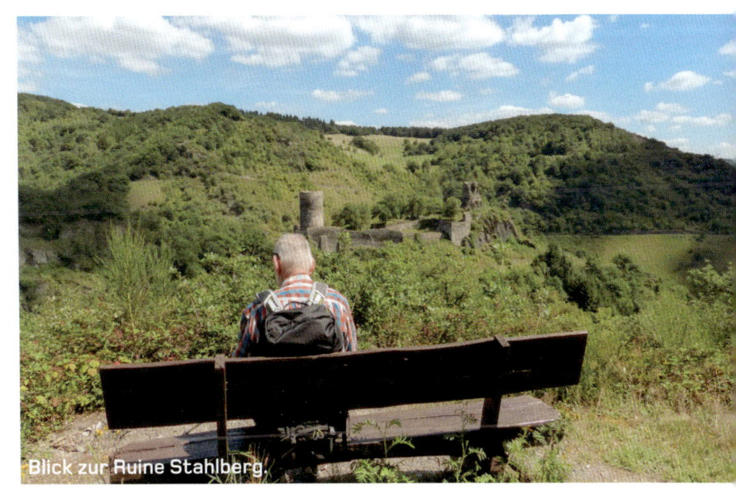
Blick zur Ruine Stahlberg.

Bollwerk gegen die Pfalzgrafen

Der Erzbischof von Köln fürchtete um seine Besitzungen im „Viertäler-Gebiet" um Bacharach, Diebach, Manubach und Steeg und ließ daher um 1219 die Burg Stahlberg errichten. Im Zusammenspiel mit der fast gleichzeitig erbauten Burg Fürstenberg sollte Burg Stahlberg die Besitzrechte und die Zolleinnahmen sichern und den Machtbestrebungen der Pfalzgrafen, denen seit Mitte des 12. Jahrhunderts die Burg Stahleck in Bacharach gehörte, Einhalt gebieten. Doch kaum war Burg Stahlberg fertig, übertrug der Erzbischof 1243 ausgerechnet Pfalzgraf Otto von Wittelsbach diese Burg als Lehen.
Anfang des 14. Jahrhunderts wurde Burg Stahlberg an den Erzbischof von Trier und den Böhmenkönig verpfändet. Erst nach dem Tod des Trierer Bischofs im Jahre 1354 gelangte sie zurück in den Besitz der Pfalzgrafen.

1912 kam die Ruine Stahlberg in den Besitz des Rheinischen Vereins für Denkmalpflege und Landschaftsschutz, der sich seitdem erfolgreich für die Restaurierung der Anlage einsetzt. Beim Rundgang durch das weitläufige Areal beeindruckt die mächtige Ringmauer. Die Burg wird an der Eingangsseite von einem Graben und einer Schildmauer bewacht.

6 Schwede-Bure-Tour

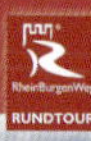

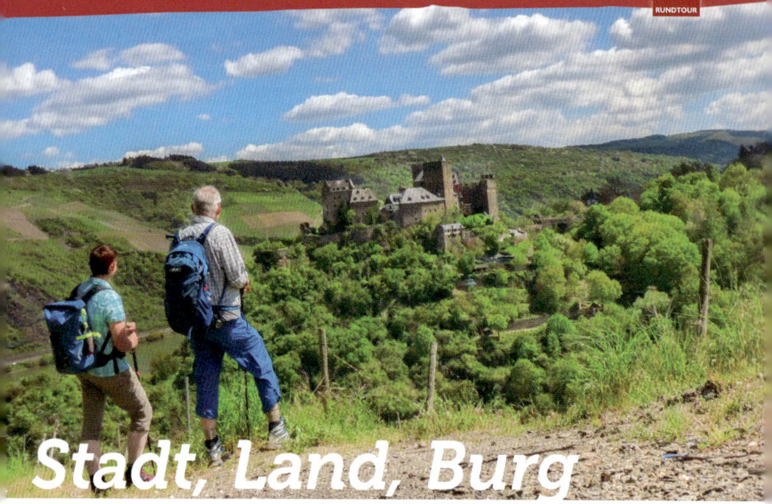

Stadt, Land, Burg

- **Start/Ziel:** Schaarplatz Oberwesel
- **Gesamtlänge:** 12.1 km
- **Gesamtzeit:** 4 Std.
- **Kalorien:** ♀ 927 ♂ 1089
- **Tour Download**: RSX4T14

- **Anfahrt:** Nach Oberwesel gelangt man am einfachsten entlang des Rheins auf der B9. Alternativ kann man die Tour auch am Wanderparkplatz Hardthöhe an der K92 knapp östlich von Damscheid beginnen.

15 % | 27 % | 58 %

scan to go®

- **Parken:**
  - Oberwesel Tiefgarage Schaarplatz (€)
    N50° 06' 26,8'' • E7° 43' 35,1''
  - Wanderparkplatz Hardthöhe K92
    N 50° 05' 58,1'' • E 7° 41' 33,4''

- **Wegpunkte:**

P1: Schaarplatz Oberwesel
32 U 408938 5551358
P2: Treffen Rheinschleife
32 U 408822 5551272
P3: Rheinblick & Abkürzung
32 U 408419 5550927
P4: Rheingoldschänke
32 U 407163 5550630
P5: Ausblick Guckshöll
32 U 406665 5550827
P6: Parkplatz Hardthöhe
32 U 406489 5550516
P7: Hunsrückblick
32 U 405380 5550123
P8: Abzweig Abkürzung
32 U 408346 5550528
P9: Schwede Bure
32 U 408804 5550897

■ Höchster Punkt: 319 m ■ Steigung/Gefälle: 419 m

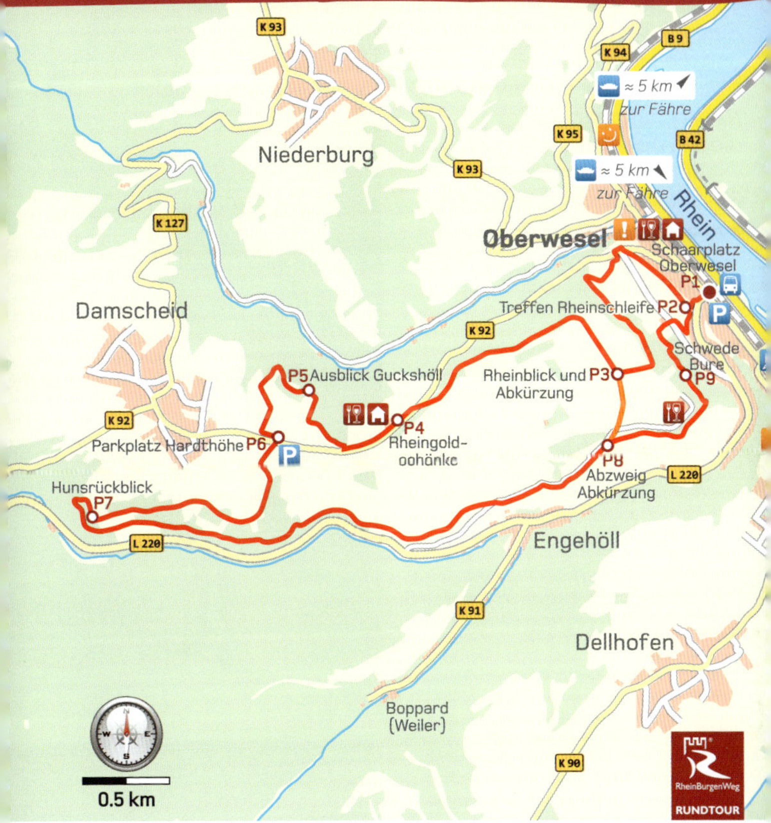

Niederburg
Oberwesel
Damscheid
Engehöll
Dellhofen
Boppard (Weiler)
Rhein
K 93
K 94
B 9
K 95
B 42
K 127
K 92
L 220
K 91
K 90
≈ 5 km zur Fähre
≈ 5 km zur Fähre
Schaarplatz Oberwesel P1
Treffen Rheinschleife P2
Rheinblick und Abkürzung P3
P4 Rheingoldschänke
P5 Ausblick Guckshöll
Parkplatz Hardthöhe P6
Hunsrückblick P7
P8 Abzweig Abkürzung
Schwede Bure P9
0.5 km
RheinBurgenWeg
RUNDTOUR

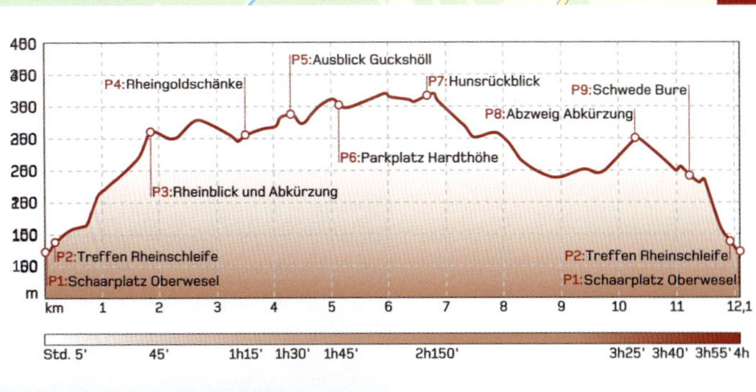

Die Schwede-Bure-Tour vereint kulturelle Höhepunkte wie die Stadtmauer und die Liebfrauenkirche in Oberwesel mit herrlichen Naturpassagen und grandiosen Ausblicken. Immer wieder begeistern neue Perspektiven zum Rhein und zur Schönburg, bevor uns am Schwede-Bure lauschige Romantik erwartet.

Im Herzen von Oberwesel beginnen wir die Wanderung auf der Schwede-Bure-Tour am Schaarplatz (1). Wir folgen dem Zuwegungsschild durch die Chablistraße bis rechts eine enge Gasse zum Rasselberg führt. Nach nur 170 m treffen wir nach kurzem Aufstieg auf den eigentlichen Rundkurs (2) der durch den Schützengraben ein kurzes Stück gemeinsam mit dem Rheinburgenweg verläuft.

Wir wandern die Tour gegen den Uhrzeigersinn ab und wenden uns daher rechts dem Weg zu. Mit herrlichem Blick auf die Obere Stadtmauer, die Stadt und den Rhein wandern wir vorbei an den trutzigen Türmen flussab. An der Martinskirche verlässt uns der Rheinburgenweg nach rechts, während wir der K 92 kurz bergan folgen. Doch schon 30 m später dürfen wir der Straße den Rücken kehren und uns einer ersten Herausforderung stellen: dem steilen Anstieg zum Rheinplateau!

Auf dem schmalen, steilen Erdpfad kommen wir ordentlich ins Schnau-

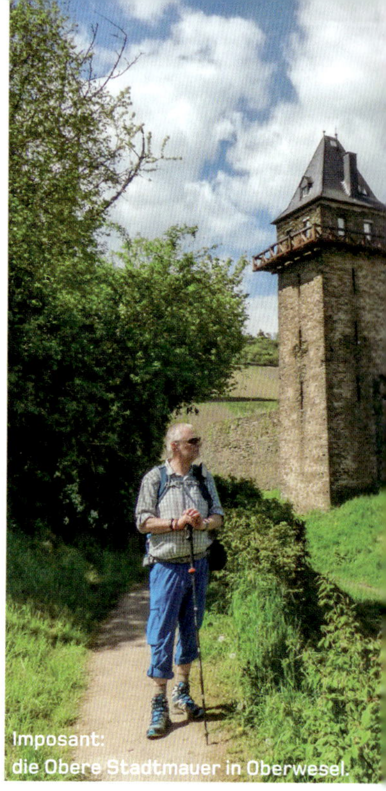

Imposant:
die Obere Stadtmauer in Oberwesel.

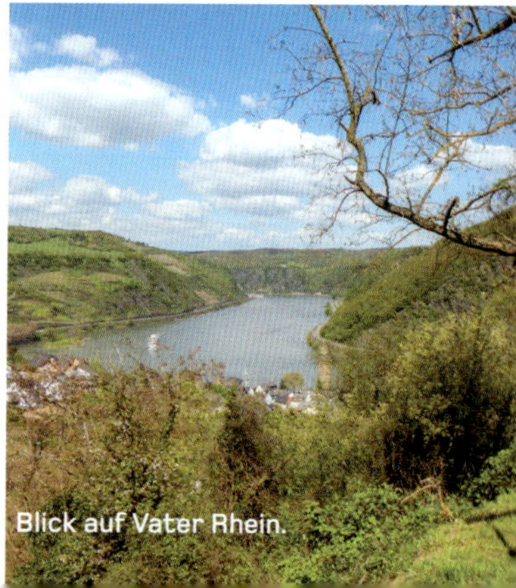

Blick auf Vater Rhein.

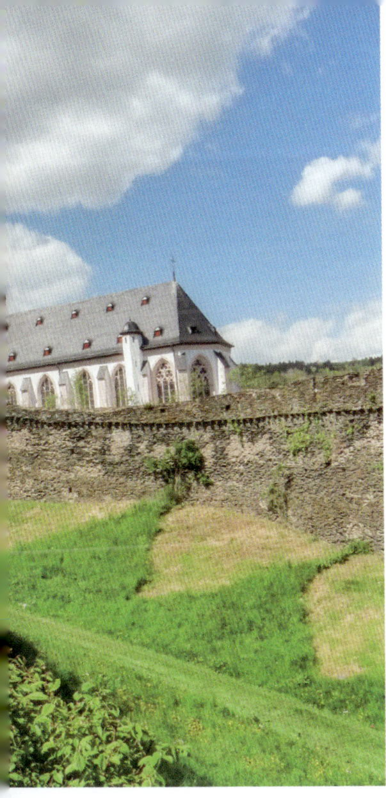

fen und nach Regenfällen sind Wanderstöcke auf dem dann rutschigen Untergrund hilfreich. Vorbei an Gärten gewinnen wir Schritt für Schritt an Höhe und sind erleichtert, als wir einen Querweg erreichen und rechts eben weiter wandern dürfen. Rasch kommen wir wieder zu Atem und können so nach **1 km** die Aussicht am Rastplatz beim „Kackstuhl" (einem rustikalen Holzsitzplatz) in Ruhe genießen. Tief unter uns strömt Vater Rhein, etwas flussab erkennen wir das Günderode Haus - und wer sich auskennt, erspäht die verschlungenen Wege des Oelsbergsteigs. Von der anderen Rheinseite grüßen aus der Ferne die schroffen Felsen des Spitznack.

Wir setzen den Aufstieg auf dem bequemen Wirtschaftsweg fort und passieren dabei nicht nur einige markante Felsen, sondern auch 2 Bänke, die Rastmöglichkeit bieten. Schließlich öffnet sich die Waldkulisse und entlässt uns an einer Kreuzung in die offene Flur. Links führt ein Stichweg zum nahen Hofcafe, das an Sonn- & Feiertagen Stärkung bietet. Wir mobilisieren unsere Kräfte und meistern den folgenden Steilanstieg problemlos.

Bald spüren wir Gras unter den Sohlen und als wir nach **1.9 km** einen Querweg erreichen, steht wieder eine willkommene Bank **(3)** nebst tollem Rheintalblick zum Verschnaufen bereit.

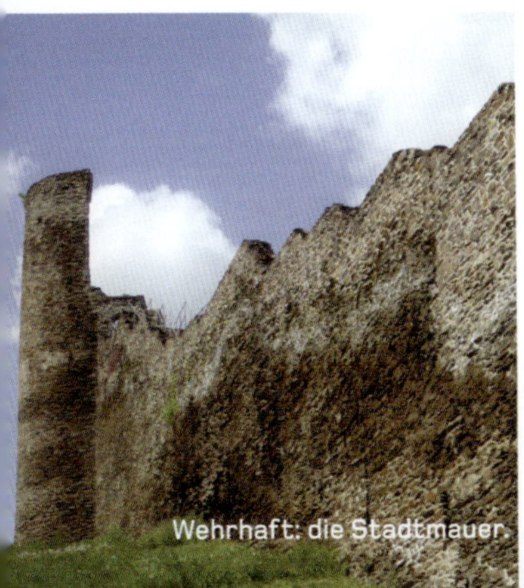

Wehrhaft: die Stadtmauer.

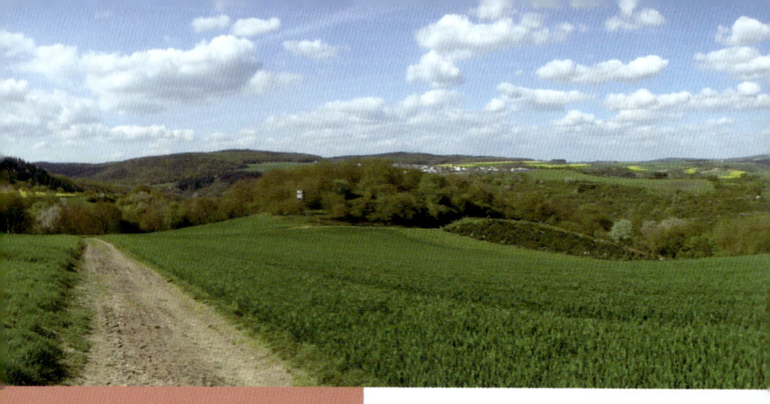

! Tipp: Wer möchte, kann die Tour in eine größere (8.9 km, beginnend bei P6) und eine kleinere (4.1 km, beginnend bei P1) Schleife teilen. Als Verbindungsweg dient dann der hier links abzweigende Wirtschaftsweg, der bei P8 wieder auf die Schwede-Bure-Tour trifft.

Wir wollen die gesamte Runde absolvieren und wandern daher rechts weiter. Grasboden federt unter den Sohlen und der herrliche Panoramablick zum Rhein sorgt für beschwingte Stimmung. Sanft senkt sich der Weg etwas ab und die saftigen Wiesen bilden einen spannenden Kontrast zu den deutlich erkennbaren Schieferfelsen an den Steilufern des Flußes.

Bald erreichen wir eine Senke und folgen dem Weg nach links zu einer Weggabelung: hier zweigt nach 2.3 km rechts ein Zuweg zum nahen Jüdischen Friedhof ab. Nach diesem Abstecher setzen wir die Tour geradeaus bergan fort und freuen uns an der Vielfalt der Hecken und Gehölze, die den Weg im Sommer in dichtes Grün hüllen. Doch es dauert nicht lange, dann haben wir eine Kuppe erreicht und wechseln an den Waldrand.
Weit können wir den Blick über die gewellte Flur schweifen lassen, während uns der Weg wieder abwärts führt. Schließlich treffen wir an der K92 ein, queren die Straße vorsichtig und folgen dem breiten Grasbankett zur nahen Rheingoldschänke **(4)**, die außer dienstags nach 3.5 km zur wohlschmeckenden Einkehr einlädt.

Nach dem Gasthaus nutzen wir erneut einen Grasweg neben der Straße, der uns zum nahen Wald bringt. Mit einigen kleinen Schlenkern tauchen wir unters Blätterdach ab und lassen Verkehr und Geräusche schnell hinter uns. Zwei Treppen führen uns links an den Waldrand, wieder sind einige Höhenmeter bergan gutzumachen. Dann biegen wir rechts in den Schatten einer duftenden Douglasienallee ein, an deren Ende wir links zum

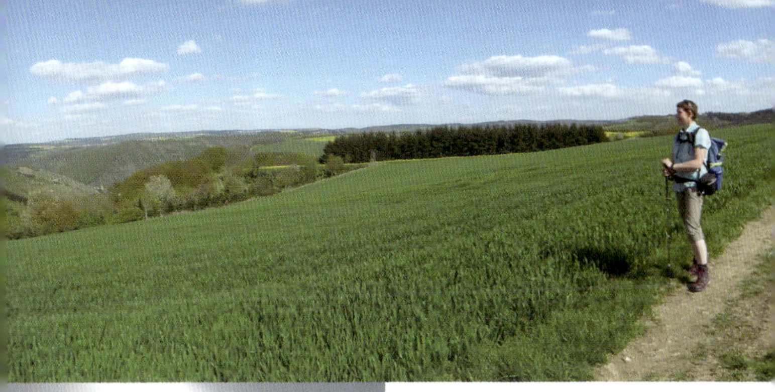

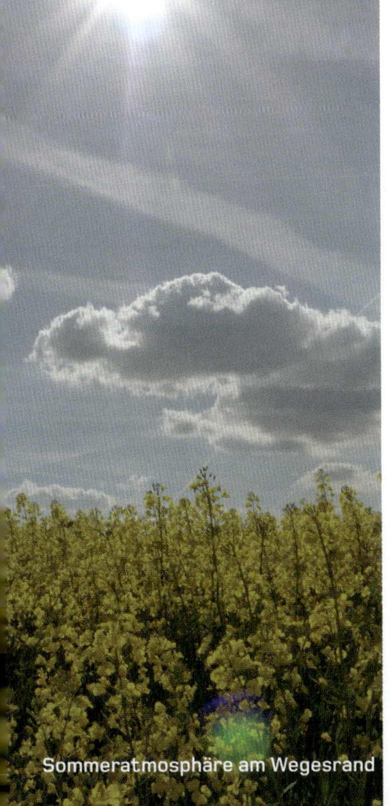

Sommeratmosphäre am Wegesrand

Feldrand aufsteigen.

Nach **4.3 km** ist mal wieder Zeit für eine Unterbrechung gekommen, denn gleich 3 Rastplätze und eine Sinnesbank laden am Ausblick Guckshöll **(5)** zum Verweilen im Grünen ein. Das lassen wir uns nicht zweimal sagen und genießen den weiten Blick durch das Niederbachtal an dessen Ende sich die Silhouette der Martinskirche markant vom Rhein abhebt. Mühsam reißen wir uns von diesem idyllischen Platz los und setzen die Tour fort.

Zunächst wandern wir leicht bergab, dann am Rand einer Tannenbaumplantage wieder aufwärts. In weitem Bogen umrunden wir das Areal, bis wir offene Flur erreichen und über die wogenden Felder hinweg Damscheid erkennen. Über einen Asphaltweg hinweg folgen wir unserem Grasweg, der bald nach links knickt und uns nach **5.1 km** zur letzten Querung der K 92 bringt. Hier befindet sich übrigens auch der Wanderparkplatz Hardthöhe **(6)**, der sich als alternativer Ein-

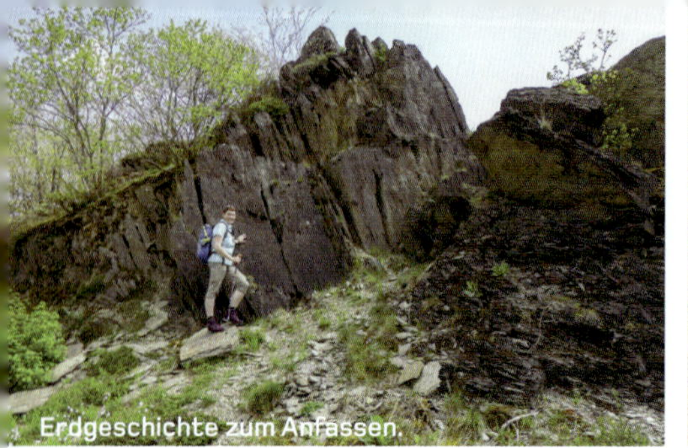
Erdgeschichte zum Anfassen.

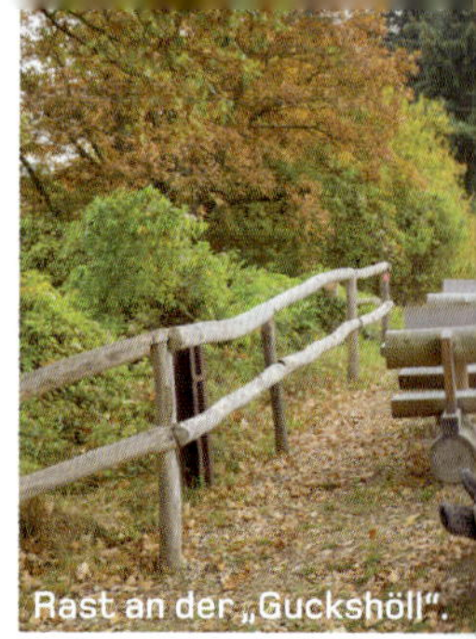
Rast an der „Guckshöll".

stiegspunkt eignet.
Vorbei an Feldern und Streuobstwiesen nähern wir uns der Hangkante des Oberbachtales, das uns mit üppigen Gehölzen empfängt. Immer wieder drängen aber auch mächtige Felsklippen in den Vordergrund und geben uns Gelegenheit zu einer Kontaktaufnahme mit dem rheinischen Schiefergebirge. Mit munterem Auf und Ab wandern wir durch die Hangflanke, erhaschen mal Blicke ins Tal und Richtung Hunsrück, dann umgibt uns wieder dichte Vegetation. Nach **6.7 km** lädt uns dann eine wohlplazierte Sinnesbank am Hunsrückblick **(7)** zur bequemen Rast zwischen Schiefer und Ausblick (der allerdings auch einige Windräder am Horizont umfasst).

Im Anschluss folgen wir noch ein kurzes Stück dem breiten Weg, bevor uns die Logos scharf links auf einen Pfad schicken. Der windet sich durch uriges Eichengehölz abwärts (bei Nässe Rutschgefahr!) und bringt uns am Ende sogar mit Seilsicherung über eine Böschung hinab auf einen Wirtschaftsweg. Wir wenden uns links und wandern bequem talwärts. Wieder begeistert uns der stete Wechsel aus längst aufgelassenen Weinbergen, Hecken und Gehölzen, immer wieder tritt schroffer Fels zu Tage. Teilweise begleiten uns kunstvoll gemauerte Weinbergsmauern, über die an warmen Tagen emsige Eidechsen huschen. Unterwegs stehen immer wieder Bänke und sogar ein Rastplatz parat, einem Picknick im Grünen steht also nichts im Weg.

Kurz nachdem wir die aktive Weinbauzone erreichen, öffnet sich rechterhand der Blick ins Tal, nach Engehöll mit seiner schmucken Kapelle. Nach **9.6 km** ist es Zeit für einen besonderen Abstecher: die Schwede-Bure-Tour schickt uns am Fuß der Lage Goldemund über eine steile Rampe auf die Weinbergsmauer. Auf Tuchfühlung mit den akkurat gepflegten Reben setzen wir die Tour fort und bekommen Einblick in die Beschwerlichkeit des Weinbaus an Steillagen.

Zurück auf dem bequemen Weg streben wir bergan. Nach ersten Blicken zur Schönburg passieren wir einen urigen Unterstand und treffen wenige Meter später an

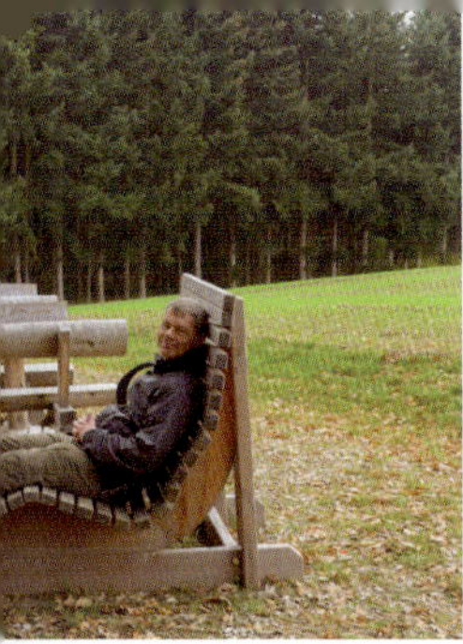

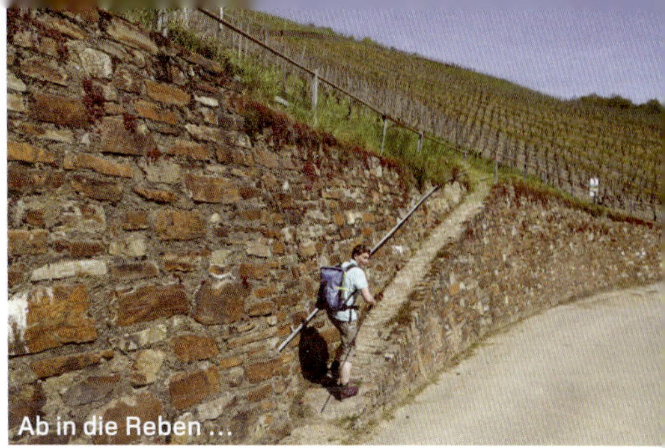

Ab in die Reben ...

einer Kreuzung ein. Hier gibt es nicht nur eine Bank, sondern auch die Möglichkeit die Tour ab zu kürzen **(8)**.

> **!** Tipp: Wer das tun möchte und bei P6 parkt, biegt links auf den Asphaltweg ab und trifft nach 430 m bei P3 wieder auf die Rheinschleife. Unterwegs gibt es eine markante Kreuzung, an der man nicht rechts zum Hofgut abbiegen darf.

Wir aber bleiben auf der Hauptroute und wandern halbrechts weiter, um nach **10.4 km** unwillkürlich innezuhalten, denn voraus reckt sich zum Greifen nah die mächtige Schönburg in den blauen Himmel. Die Burg fest im Blick wandern wir sanft bergab, bis unsere Route scharf links abknickt. Ein Pfad schwingt sich bergan in den lichten Wald und bringt uns nach **11 km** zu einer aussichtsreichen Sinnesbank an der Hangkante: wie Spielzeuge tuckern tief unter uns die Schiffe auf dem Rhein. Wir halten uns am nahen Wegweiser rechts. Ein schöner Pfad führt durch den dichten Laubmischwald und bringt uns wenig später zum Namensgeber der Tour: dem Schwede Bure **(9)**! Bänke sorgen dafür, dass dieses lauschige Plätzchen, wie seit Generationen, auch heute noch gerne aufgesucht wird und sogar eine neue Schiefertafel zum Verewigen steht bereit.

Wir folgen dem Pfad durch die Hangflanke zum nächsten Zwischenziel, das wir nach **11.5 km** erreichen: die Kalvarienkapelle des Kreuzweges bietet Gelegenheit zur inneren Einkehr, bevor der Endabstieg nach Oberwesel beginnt. Wir folgen dem Kreuzweg, queren eine Zufahrt und wandern pfadig abwärts. Dabei ragt hoch voraus die Schönburg empor, während linkerhand der Bick über die Schieferdächer der Stadt schweift. Als wir auf den Rheinburgenweg treffen, knickt der Pfad scharf links ab und nach **11.9 km** schließt sich die Runde **(2)**. Nach einem letzten Blick über die Stadtmauer nutzen wir wieder den Fußweg hinab zur Chablistraße und weiter zum Schaarplatz **(1)**. Hier endet unsere sehr aussichtsreiche und spannende Rundtour nach insgesamt **12.1 km**.

INFOS

Tourist-Info, Rathausstr. 3, 55430 Oberwesel ✆ 06744/710624 ⓘ www.oberwesel.de

Gasthaus Rheingoldschänke ✆ 06744/508 ⏲ Di Ruhetag ⓘ www.rheingoldschenke.de ▪ Hofcafé Hardthöhe ✆ 06744/7271 ⏲ sonn- und feiertags 14 bis 21 Uhr geöffnet ⓘ www.ferienhof-hardthoehe.de

Augustin's, Rathausstr. 2, 55430 Oberwesel ✆ 06744/710070 ⓘ www.augustins-hotelgastro.com ▪ Jugendherberge Oberwesel, Auf dem Schönberg, 55430 Oberwesel ✆ 06744/93330 ⓘ www.diejugendherbergen.de

Mit der Mittelrheinbahn gelangt man stündlich zum Bahnhof Oberwesel. ⓘ www.mittelrheinbahn.de

Taxi Erdmann ✆ 06744/714088 ▪ Taxi Pabst ✆ 06744/711191

Stadtmauerrundgang
Man darf Oberwesel nicht verlassen, ohne einen Rundgang auf der begehbaren Stadtmauer unternommen zu haben! Die Mauer aus dem 16. Jahrhundert umspannt noch heute Großteile der Stadt und bietet Gelegenheit, der Geschichte des Ortes hautnah auf die Spur zu kommen. Die Mauer ist frei zugänglich, die Begehung geschieht auf eigene Gefahr. ⓘ www.oberwesel.de

Die Schwede-Bure-Tour verlangt normale Kondition und auf den Pfadpassagen auch gute Trittsicherheit. Festes Schuhwerk ist daher wichtig. Unterwegs kann man an der Rheingoldschänke direkt am Weg einkehren.

Der Weg ist für Hunde gut begehbar, allerdings gibt es unterwegs keinen Zugang zu Wasser.

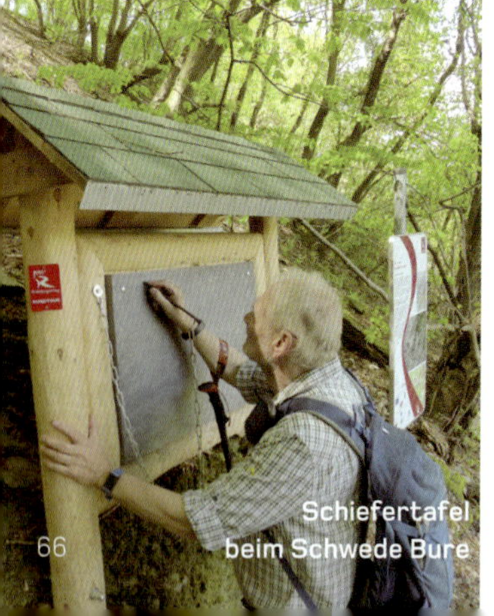
Schiefertafel beim Schwede Bure

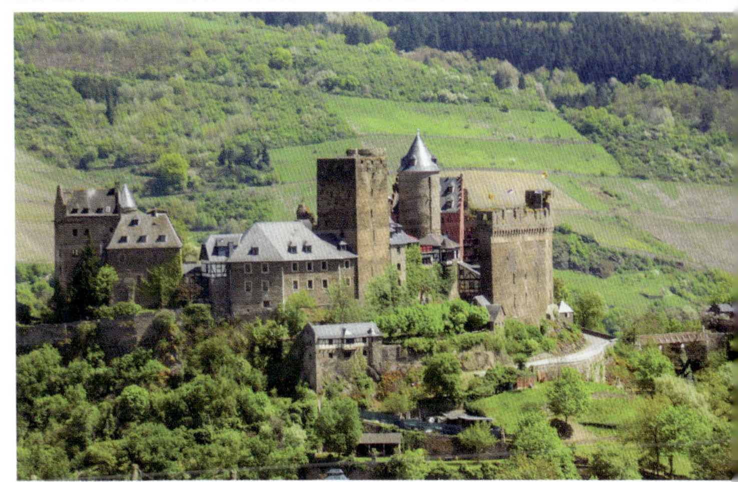

Sieben Schwestern

Einst sollen sieben wunderschöne Schwestern auf der Schönburg gewohnt und böses Spiel mit den zahlreichen Freiern gespielt haben. Der Sage nach verweigerten sie sich stets den Bewerbern, bis diese drohten, niemals wiederzukommen. Die Schwestern ließen daher verkünden, sie wollten sieben Bewerber durchs Los bestimmen und heiraten. Doch kaum waren die glücklichen Gewinner benannt und in die Frauengemächer eingetreten, mussten sie erkennen, dass die Schwestern gerade mit einem Kahn zu entkommen suchten. Ob die Flucht glückte, ist nicht bekannt. Angeblich zeugen aber noch heute bei Niedrigwasser sieben Felsen im Rhein von den hochmütigen Schwestern. Ob sich diese Geschichte tatsächlich so zugetragen hat, weiß man nicht. Im 12. Jahrhundert war die Schönburg mit ihren zahlreichen Wohn- und Wehrbauten sowie Türmchen als sogenannte Ganerbenburg erbaut worden und bot mehreren Zweigen einer Familie eine Wohnstatt. Ursprünglich im Besitz des Magdeburger Erzbischofs, fiel die Burg bereits 1166 an Kaiser Friedrich I., der sie zur Reichsburg erhob und verpfändete. Lange Zeit befand sich die Burg dann im Besitz der Herren von Schönburg. Nach mehreren Besetzungen im 30-jährigen Krieg folgte 1689 die komplette Zerstörung. Ende des 19. Jahrhunderts kam es zum teilweisen Wiederaufbau. Heute beherbergt die Burg ein Hotel.
Besichtigung: Der Burghof kann frei besichtigt werden.

7 Loreley Extratour

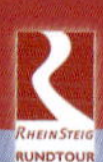

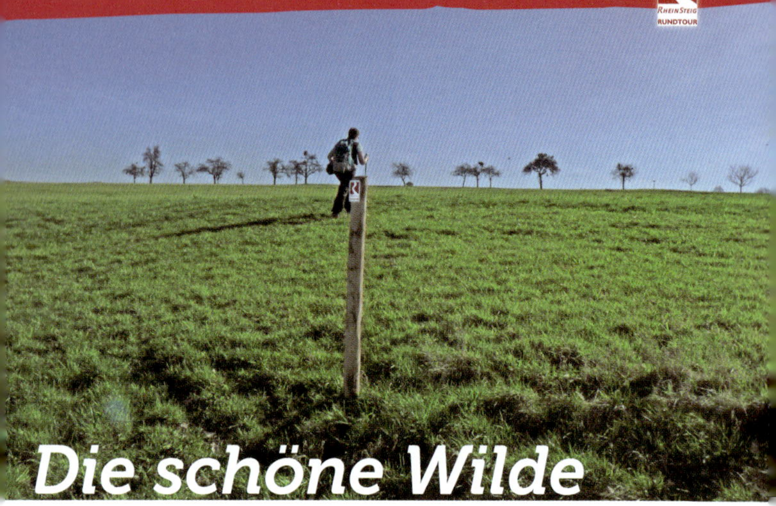

Die schöne Wilde

- **Start/Ziel:** Loreley Besucherzentrum
- **Gesamtlänge:** 14.8 km
- **Gesamtzeit:** 4 Std. 30 Min.
- **Kalorien:** ♀ 1116 ♂ 1310
- **Tour Download**: RS13TX5

Anfahrt: Man folgt der B 42 entlang des Rheins bis nach St. Goarshausen. Dort biegt man auf die L 338 Richtung Bornich ab. Über die K 89 gelangt man zum Besucherzentrum Loreley.

16.9% | 8.6 | 74.5 %

scan to go®

- **Parken:**
  - Loreley Besucherzentrum (kostenpflichtig)
    N 50° 08' 30.2'' • E 7° 44' 00.6''
  - Patersberg
    N 50° 09' 24.5'' • E 7° 43' 47.4''

Wegpunkte:

P1: Loreley Besucherzentrum 32 U 409454 5555187
P2: Rheinufer Zone 32 U 409059 5555865
P3: Ausblick Römerstraße 32 U 410450 5556607
P4: Bornsmühle 32 U 410802 5555496
P5: Grillhütte 32 U 411238 5553871
P6: Spitznack 32 U 410088 5554214
P7: Loreley 32 U 409173 5554943

■ Höchster Punkt: 296 m ■ Steigung/Gefälle: 518 m

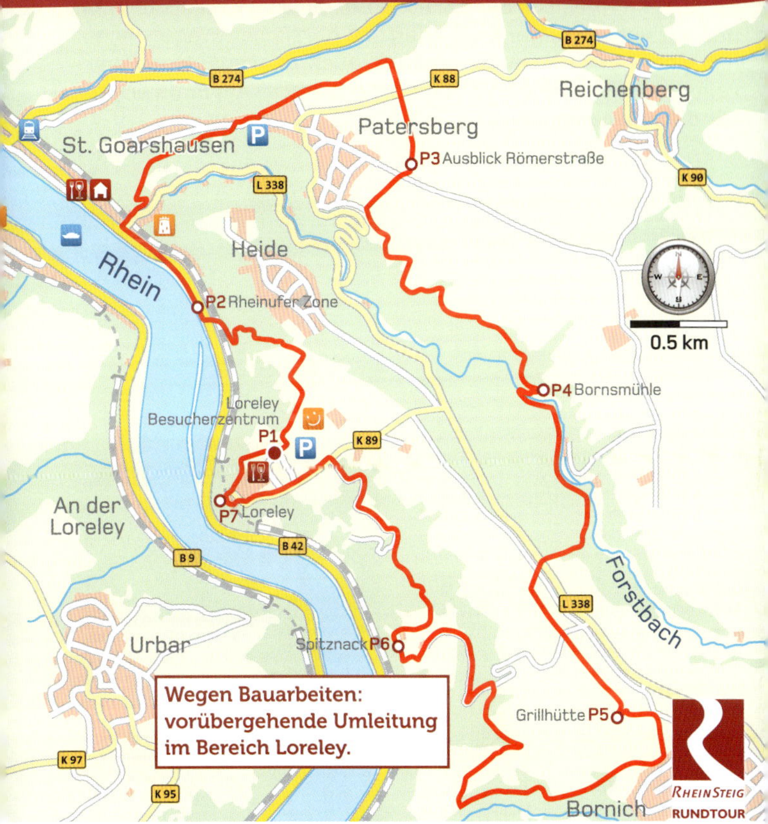

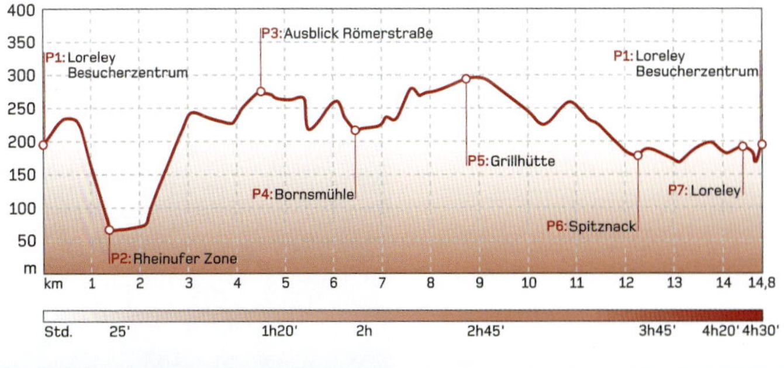

Reichenberg
Patersberg
St. Goarshausen
P3 Ausblick Römerstraße
Heide
Rhein
P2 Rheinufer Zone
P4 Bornsmühle
0.5 km
Loreley Besucherzentrum
P1
An der Loreley
P7 Loreley
Forstbach
Urbar
Spitznack P6
Grillhütte P5
Bornich
B 274
K 88
L 338
K 90
K 89
B 42
B 9
K 97
K 95

Wegen Bauarbeiten: vorübergehende Umleitung im Bereich Loreley.

RheinSteig RUNDTOUR

P1: Loreley Besucherzentrum
P2: Rheinufer Zone
P3: Ausblick Römerstraße
P4: Bornsmühle
P5: Grillhütte
P6: Spitznack
P7: Loreley
P1: Loreley Besucherzentrum

m: 50, 100, 150, 200, 250, 300, 350, 400
km: 1, 2, 3, 4, 5, 6, 7, 8, 9, 10, 11, 12, 13, 14, 14,8
Std.: 25', 1h20', 2h, 2h45', 3h45', 4h20', 4h30'

Heute erkunden wir die Umgebung des wohl berühmtesten Felsens im Rheintal: der Loreley! Die Loreley Extratour führt uns auf verschlungenen Pfaden und herrlichen Wegen nicht nur direkt ans Rheinufer, sondern auch zu grandiosen Panoramablicken und ins idyllische Forstbachtal. Am Ende erobern wir die Felsbastionen von Spitznack und Loreley.

Los geht die Loreley Extratour direkt am Loreley Besucherzentrum (1). Gemeinsam mit dem Rheinsteig wandern wir neben der Sommerrodelbahn über offenes Wiesenterrain bergan. Mitten im freien Feld trennen wir uns vom bekannten Fernweg und biegen erst links zum Waldrand ab, dort rechts auf einen Pfad, der uns, teils mit Stufen verstärkt, steil bergab führt. Trittsicherheit und gutes Schuhwerk sind hier zu jeder Jahreszeit Pflicht.

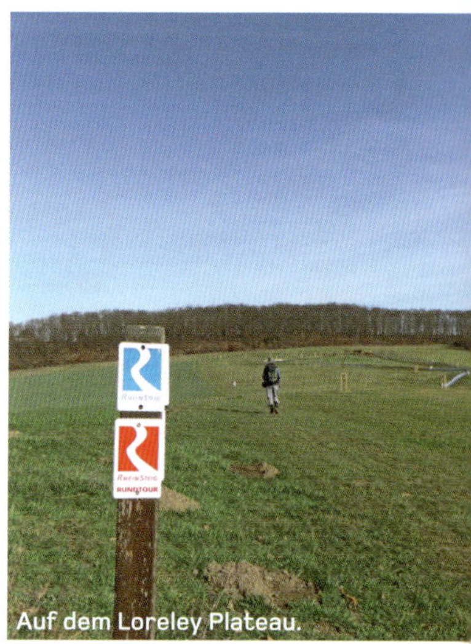

Auf dem Loreley Plateau.

Nach 1.2 km gilt es das erste Waldgatter zu übersteigen, dann weicht das Gehölz zurück, und wir bleiben angesichts der fantastischen Aussicht unwillkürlich stehen: Vor uns breitet sich in voller Schönheit das Rheintal aus, Burg Katz und Festung Rheinfels dominieren die beiden Ufer, während sich dazwischen Vater Rhein windet.

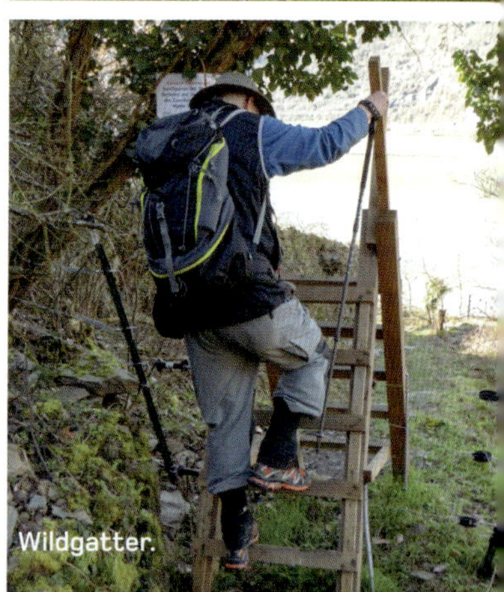
Wildgatter.

Wir setzen den Abstieg durch längst aufgelassene Weinbergslagen fort, meistern die zweite Stiege, nutzen einen kleinen Tunnel unter der Bahnstrecke und queren direkt nach der Unterführung mit großer Vorsicht die viel befahrene B 42. Eine Treppe bringt uns direkt ans Rheinufer, wo wir dem grasigen Treidelpfad (2) nach rechts folgen. Näher kann man dem Rhein zu Fuß kaum kommen! Wir wandern zwischen Fluss und Ufermauer weiter und genießen den Blick auf St. Goar und die Rheinfels. Nach **2.2 km** nutzen wir erneut eine Treppe und verlassen das Ufer. Wir queren die B 42 im Ortsbereich von St. Goarshausen und wenden uns sogleich der Forstbachstraße zu, um den Rückanstieg aufs Rheinplateau zu beginnen. Nach der Unterführung der Bahn gesellt sich auch wieder der Rheinsteig zu uns, und gemeinsam biegen wir bald links auf einen steil ansteigenden Pfad ab.

Schritt für Schritt gewinnen wir auf dem mit Schiefer gespickten Pfad entlang uralter Weinbergsmauern an Höhe und genießen bald tolle Ausblicke auf Burg Katz und den Rhein.

> **!** Besonders schön ist die Aussicht, als wir nach **3 km** am Ortsrand von Patersberg an einem Rastplatz eintreffen und eine kurze Verschnaufpause einlegen.

Wir verabschieden uns nun vom Rheinsteig und wandern rechts in den Ort. Doch schon bald dürfen wir auf Höhe der Freiwilligen Feuerwehr links auf einen Feldweg abbiegen, der uns außen am Rand der Bebauung entlangführt. Flankiert von Gehölzen, passieren wir so Patersberg und gelangen unterhalb des Sportplatzes an einen Querweg. Diesem folgen wir nach links. An der nächsten Weggabelung wandern wir rechts, erklimmen eine Böschung und betreten offene Flur.
Sanft ansteigend laufen wir über das Hochplateau, queren die Straße nach Patersberg und setzen den Anstieg fort. Immer wieder verharren wir, denn die Aussicht zurück ist grandios. Nach **4.6 km** erreichen wir kurz vor der Römerstraße eine Kuppe und schwelgen in der Panoramasicht (3), die sich bis weit ins Hinterland erstreckt. Dann laufen wir hinab zur Römerstraße, wenden uns auf dieser für 10 m links bergan, um dann bei erster Gelegenheit rechts wieder in die offene Feldflur zu gelangen. Wir wandern auf bequemen Feldwegen, bis wir am Friedhof von Patersberg links abbiegen.

Nun führt uns die Loreley Extratour kurzweilig mit etwas Auf und Ab am Gehölzrand des Forstbachtals entlang. Der reizvolle Wechsel aus Hecken und Waldparzellen und immer wieder alten Baumveteranen macht diese Passage sehr attraktiv. Querwege ignorieren wir, und erst nach **5.9 km** tauchen wir endgültig in den Wald ein und halten uns an einer Weggabelung rechts. Alte Holzschilder weisen auf die Bornsmühle hin, die tatsächlich unser nächstes Zwischenziel ist.

Wir passieren den Abzweig des Zuwegs nach Reichenberg und wandern auf einem wunderschönen Pfad. Immer deutlicher dringt das Rauschen des Forstbachs ans Ohr, während uns die urwüchsige Natur mit moosbewachsenen Felsen und knorrigem Niederwald vollkommen in Bann schlägt. Schließlich führt uns eine seilgesicherte Passage endgültig ins Tal, wo wir nach **6.5 km** an der Bornsmühle (4) rechts auf einen breiten Weg abbiegen. Lange bleiben wir nicht auf dem Forstweg, denn schon kurz nach Querung des Forstbachs wechseln wir mit einer Spitzkehre nach links auf einen urigen Waldweg. Anfangs haben wir durch das Geäst des Waldes den quirligen Forstbach und die Bornsmühle noch im Blick, dann biegt der Weg nach rechts ab und führt uns durch hochgewachsenen Wald zur Napsmühle. Diese lassen wir aber links liegen und wandern leicht bergan. Immer höher verläuft der Weg über dem Tal, und als von links der Zuweg vom Immenhof heraufkommt, knickt die Loreley Extratour rechts ab und verlässt das Forstbachtal. Der Anstieg ist recht ausgeprägt und führt uns durch abwechslungsreichen Mischwald zurück zum Rheinplateau.

Nach **7.8 km** queren wir die L 338 und laufen dann auf weichem Feldweg mitten durch die Felder. In diesem Bereich gibt es keine Markierung, da etwaige Pfosten durch die landwirtschaftlichen Maschinen schnell umgefahren würden. Doch die Orientierung ist nicht schwierig: An der ersten Kreuzung biegen wir links ab und wandern dann immer geradeaus Richtung Bornich. Wir queren die asphaltierte Zufahrt zum Leiselhof.

! Hier besteht die Möglichkeit, die Tour um etwa **2.5 km** zu verkürzen: dazu einfach rechts dem Rheinsteig-Zuweg folgen. Nach **0.7 km** trifft man auf Rheinsteig und Extratour.

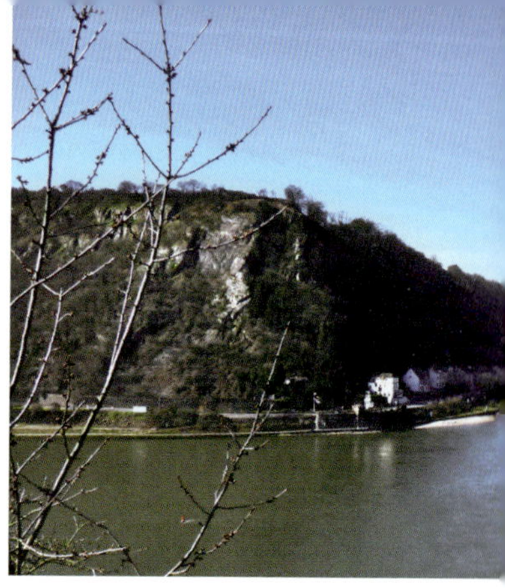

Doch wir wollen die gesamte Strecke erleben und setzen die Tour daher unbeirrt geradeaus fort. Nach **8.7 km** erreichen wir das Areal der Bornicher Grillhütte (5), das zu einem kleinen Schlenker und zur verdienten Pause einlädt.

Anschließend wandern wir (nun wieder mit Markierung) auf befestigtem Grund weiter. Kurz vor Erreichen der Straße schicken uns die Logos scharf nach rechts auf einen Grasweg, der uns an den Rand von Bornich bringt. Dort biegen wir rechts ab und nähern uns mit sanftem Gefälle auf weichem Grasweg dem Rheintal. Bald rahmen üppige Hecken den Weg ein, die uns besonders im Frühjahr mit herrlicher Blütenpracht und emsigem Gesumme der Insekten erfreuen. An einem markanten Fels steht eine Bank zur entspannten Pause im Grünen bereit.

Nach **10.4 km** ist es dann so weit: Am Wegweiser Bornichbach treffen

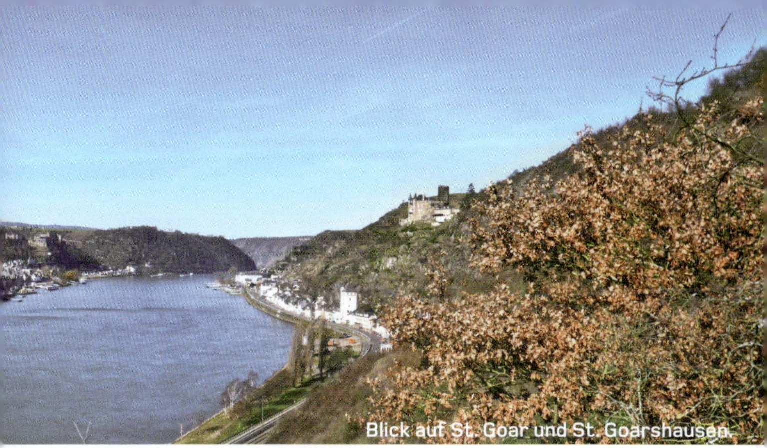

Blick auf St. Goar und St. Goarshausen.

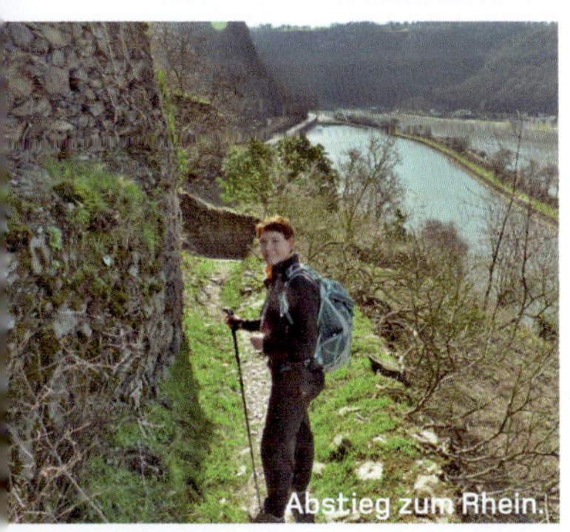

Abstieg zum Rhein.

wir wieder auf den Rheinsteig, der uns nun bis zum Ende der Tour begleiten wird. Wir biegen nach rechts ab und laufen über offene Wiesen, bevor wir an einem Gehölz entlang etwas bergan wandern. Schließlich tauchen wir in die Hecken ein und erreichen den Fünf-Seenplatz, der mittlerweile leider kaum mehr eine Aussicht parat hält. Der Pfad senkt sich ab, und nach **11.3 km** treffen wir auf die asphaltierte Zufahrt zum Leiselhof.

> **!** Hier endet die Abkürzung.

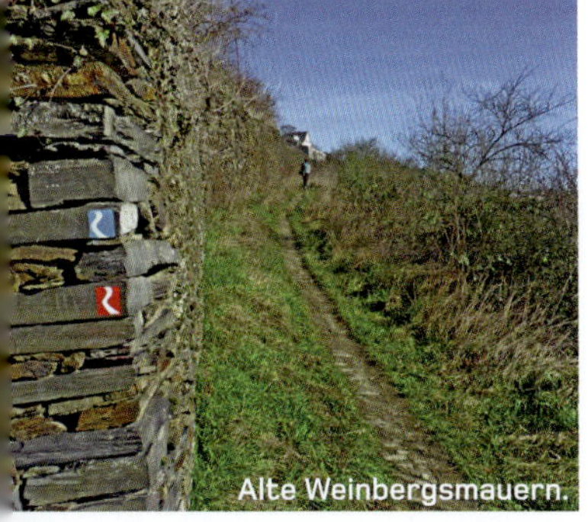

Alte Weinbergsmauern.

Wir wenden uns nach links und folgen dem Sträßchen zur Hangkante, wo auf einer Felskuppe ein wohlplatzierter Rastplatz mit herrlichem Rheintalblick aufwartet. Mit einer Linkskurve treffen wir wenig später am Leiselhof ein, wo die „Rheinsteig-Rast" kleine Erfrischungen offeriert.

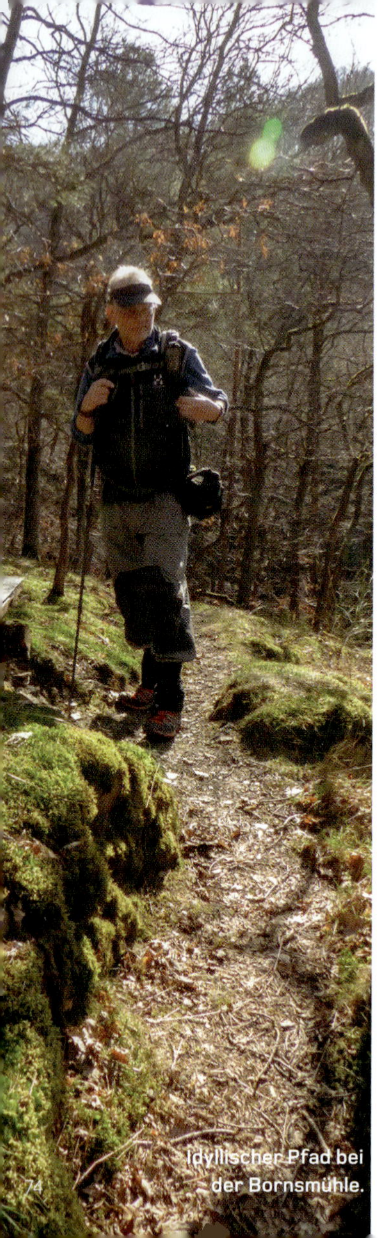
Idyllischer Pfad bei der Bornsmühle.

Doch uns zieht es an die Hangkante, wo nach **12 km** ein kurzer Zuweg zur ersten Felskanzel führt. Die Loreley Extratour biegt aber rechts ab und bringt uns wenig später zum Spitznack (6), einem Felsmassiv mit tollem Blick auf den Rhein und zur Loreley. Auch als unser Weg die Hangkante verlässt und nach rechts abbiegt, bietet sich ein weiterer kurzer Abstecher zu einem kleinen Aussichtspavillon an.

Wir folgen der Extratour nun durch einen Gehölzriegel zum Weinlehrpfad. Vorbei an einem Rastplatz mit Brunnen geht es auf asphaltiertem Grund bergan durch die Weinberge. Nach diesem Intermezzo laufen wir oberhalb des Campingplatzes am Waldrand zur Zufahrt zur Loreley, queren sie und biegen links ab. Auf dem straßenparallelen Fußweg nähern wir uns dem Anziehungspunkt des Mittelrheintals: dem Loreleyfelsen. Vorbei an der Parkplatzzufahrt laufen wir schnurstracks durch den Touristenrummel. Nach **14.4 km** ist es dann so weit: Wir nehmen den Platz der sagenumwobenen Loreley (7) ein und genießen die Aussicht aus luftiger Höhe.

Anschließend folgen wir dem Fußweg abwärts, lassen den Zuweg zum Hafen unbeachtet und steigen zum Besucherzentrum (1) wieder etwas auf. Dort endet diese sehr attraktive und aussichtsreiche Rundtour nach **14.8 km**.

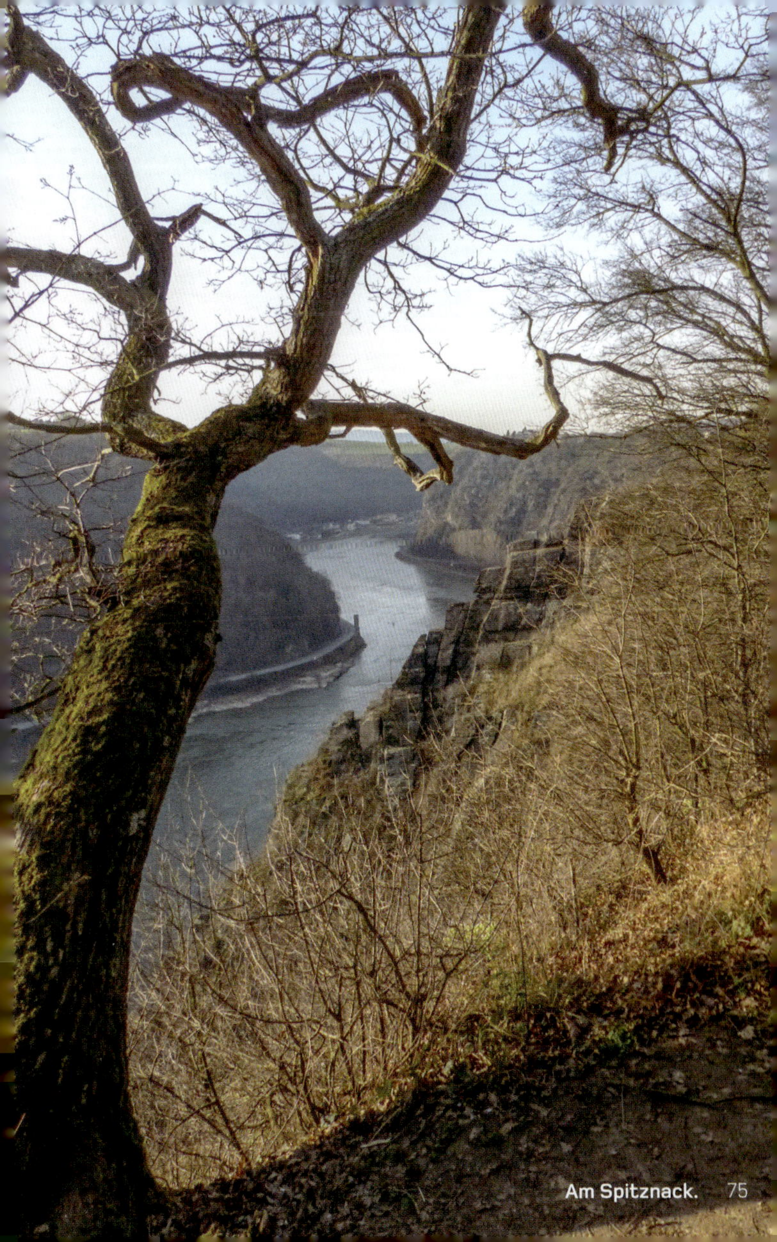
Am Spitznack.

INFOS

Romantischer Rhein Tourismus GmbH
An der Königsbach 8, 56075 Koblenz
0261/97384722
www.romantischer-rhein.de
■ Loreley-Touristik, Bahnhofstraße 8
56346 St. Goarshausen
06771/9100 www.loreley-touristik.de

Gasthaus Marktstübchen,
Langgasse 25, 56348 Bornich
06771/7564
■ Gasthaus Rosengarten, Jahnstraße 12,
56348 Bornich 06771/2624

Pension Herrmanns-Mühle,
Forstbachstr. 45,
56346 St. Goarshausen 06771/7317
■ Hotel Christian, Im Sonnern 1,
56346 St. Goarshausen
06771/7220 www.hotelchristian.de

St. Goarshausen hat einen Bahnhof und ist im Stundentakt erreichbar.
www.rmv.de

Taxi Sattler 0171/2768939

In der Nähe des Loreley-Felsens verspricht die neue Sommer-Rodelbahn rasanten Spaß für Jung und Alt. Zwischen März und Oktober kann man unweit des berühmten Loreley-Felsens Nervenkitzel erfahren, wenn es mit bis zu 70 km/h auf der 700 m langen Strecke talwärts geht. Kinder unter 3 Jahren können nicht mitfahren, Kinder unter 8 Jahren nur unter Aufsicht.
www.loreleybob.de

Die Loreley Extratour verläuft häufig auf naturbelassenen Wegen, die bei nasser Witterung rutschig sein können. Einige Wegabschnitte erfordern zudem immer sehr gute Trittsicherheit.

Auf der Loreley Extratour sind beim Abstieg nach St. Goarshausen zwei Wildgatter-Stiegen zu überwinden. Notfalls kann man diesen Abschnitt auf dem Rheinsteig umgehen. Ansonsten ist die Strecke auch mit Hund gut wanderbar.

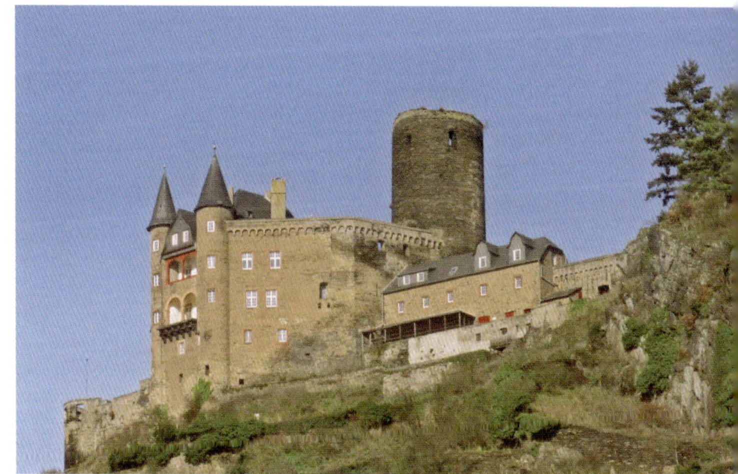

Rechtsrheinischer Vorposten

1360 gaben die Grafen von Katzenelnbogen den Bau der nach ihnen benannten Burg Katz in Auftrag. Nach Erweiterung der Befestigungsanlagen diente die Burg im 17. und 18. Jahrhundert der Sicherung von St. Goarshausen und auch als Vorposten der linksrheinischen Burg Rheinfels. Als diese im Erbfolgekrieg 1692 belagert wurde, trug die Besatzung der Burg Katz zur Abwehr dieses Angriffs bei.

1806 wurde die Burg Katz auf Befehl Napoleons gesprengt. Ende des 19. Jahrhunderts erfolgte ihr Wiederaufbau, wobei der ursprüngliche Charakter allerdings nur ansatzweise nachvollzogen wurde. Heute gehört sie einem japanischem Privatmann und ist nicht zugänglich.

8 Rheingold

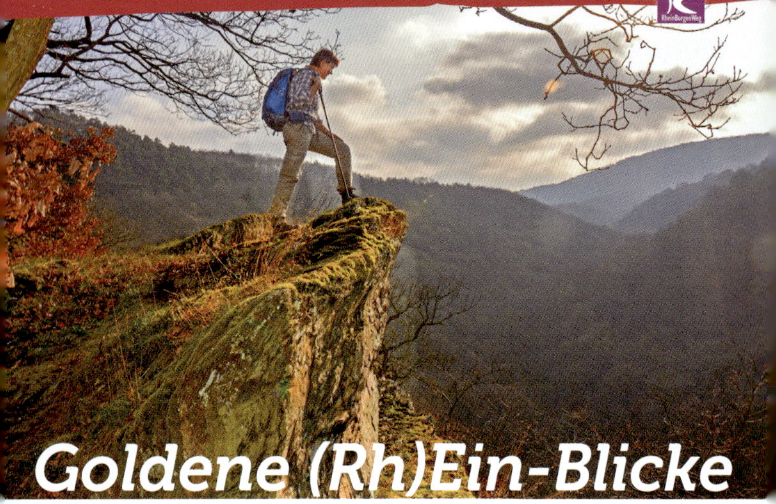

Goldene (Rh)Ein-Blicke

- **Start/Ziel:** Parkplatz an der Kreuzung K 114/K 115 „Padelsbach"
- **Gesamtlänge:** 10.7 km
- **Gesamtzeit:** 4 Std.
- **Kalorien:** ♀ 871 ♂ 1023
- **Tour Download**: RS13TX6

Anfahrt: Auf der B 9 fährt man entlang des Rheins bis Hirzenach und biegt dort auf die K 115 nach Rheinbay ab. Nahe der Kreuzung mit der K 114 befindet sich der Wanderparkplatz „Padelsbach" (Navigation: Kirchstraße Boppard).

19.3 % | 76.3 %

scan to go®

Parken:

Parkplatz an K 114/115
N 50° 10'02.8'' • E7 ° 37'42.8''

Wegpunkte:

P1: Parkplatz an der K 114/115
32 U 402063 5558151

P2: Aussicht Wilpertskopf
32 U 403343 5558756

P3: Schutzhütte Europakanzel
32 U 403193 5559078

P4: Aussicht Probsteigarten
32 U 402831 5559561

P5: Aussicht Ploweslay
32 U 403038 5560371

P6: Aussicht Keltenwall
32 U 402709 5560136

P7: Edgar-Reitz-Blick
32 U 402378 5559546

■ Höchster Punkt: 308 m ■ Steigung/Gefälle: 415 m

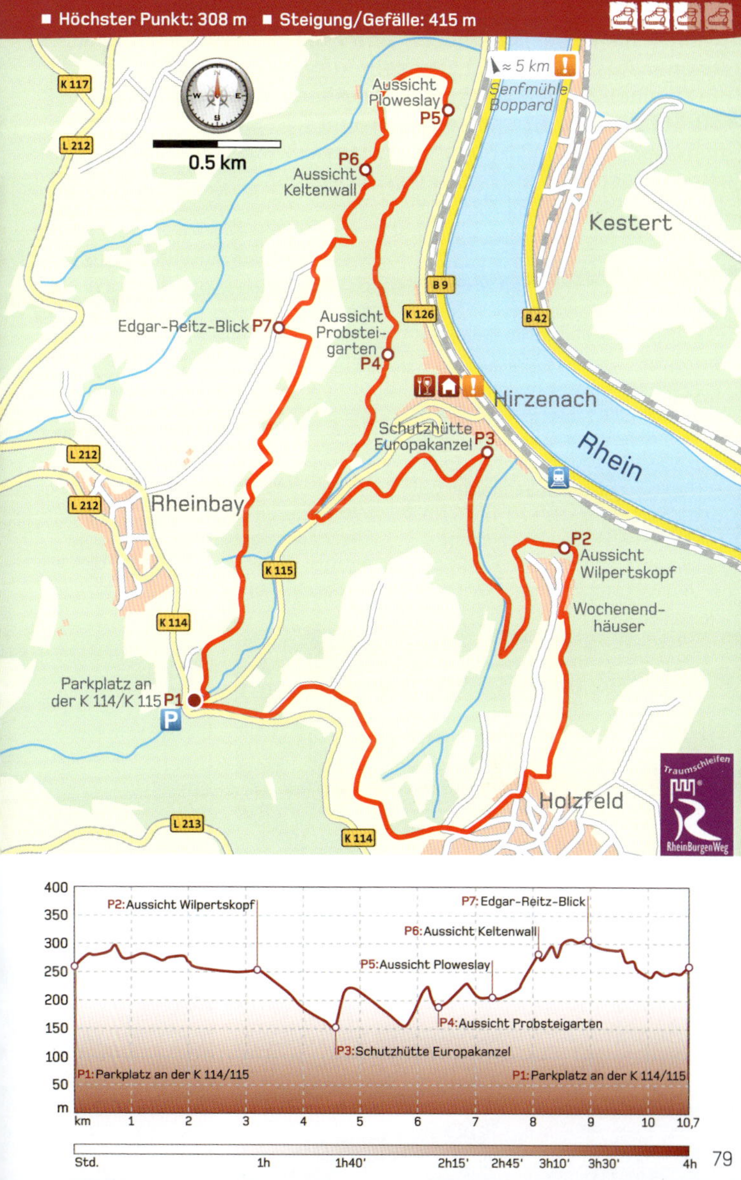

Rheingold – der Name verspricht nicht zu viel, denn diese Traumschleife besticht durch eine Vielzahl atemberaubend schöner Aussichten und eine sehr kurzweilige Wegführung durch einen der eindrucksvollsten Abschnitte des Welterbetals Mittelrhein. Etwas Kondition und Trittsicherheit sollte man aber schon mitbringen, um diesem traumhaften Weg seine goldene Seite abgewinnen zu können …

An der Kreuzung der K 114 und der K 115 beginnen wir am Wanderparkplatz „Padelsbach" (1) die Wanderung auf der Traumschleife Rheingold.

Wir queren die K 115, durchschreiten das Holzportal und folgen dem schmalen Pfad sanft bergan. Bald treffen wir auf einen asphaltierten Wirtschaftsweg, dem wir nach links folgen. Allmählich weichen die begleitenden Gehölze zurück, und als der Asphaltweg in freier Flur nach links knickt, wandern wir geradeaus zu einer nahen Kuppe. Dort präsentiert sich an einer einladenden Bank die Aussicht „Kalkofen", eine kleine Tafel macht auf die alte Tradition des Kalkbrennens aufmerksam. Wir genießen den ersten Ausblick und setzen die Tour, beschwingt durch diesen kurzweiligen Auftakt, fort.

Wir verlieren etwas an Höhe und tauchen erneut in die Gehölzzone ein, wo wir rechts auf einen Feldweg wechseln. Der bringt uns ohne

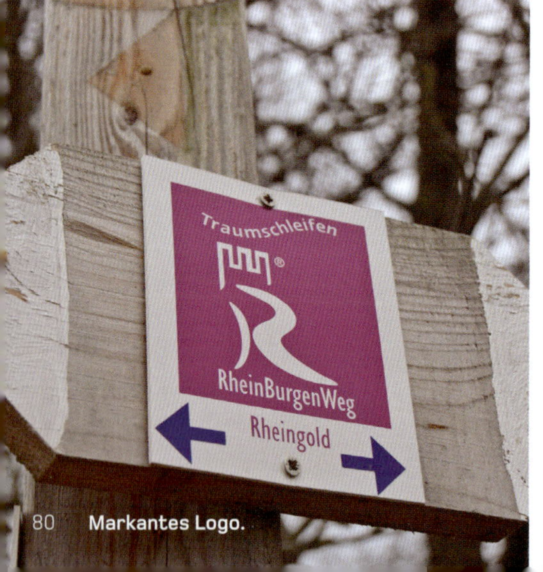

Markantes Logo.

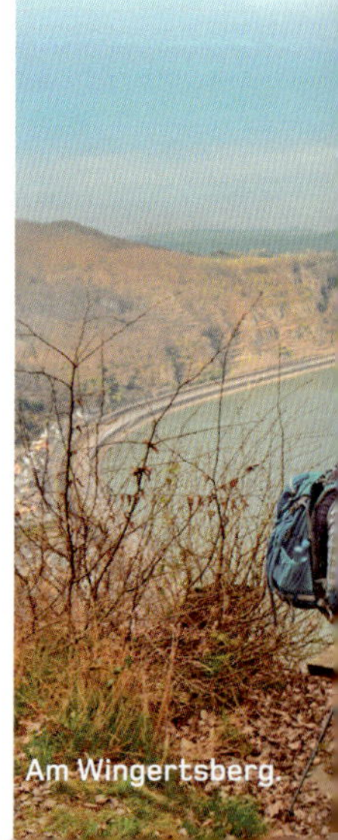
Am Wingertsberg.

merklichen Höhenunterschied an den Waldrand, wo wir kurz Asphalt unter den Sohlen spüren.
Nach **1.6 km** treffen wir dann am Ortsrand von Holzfeld ein und orientieren uns an einer Mehrfachkreuzung links. Wir passieren eine kleine Tafel, die uns auf die unterschiedlichen Reifezeiten diverser regionaler Kirschsorten aufmerksam macht, und staunen über die beachtliche Sortenvielfalt, die allein 23 Süßkirscharten umfasst.

Wir erreichen die Ringstraße im Ortskern und halten uns links, verlassen die Bebauung und dürfen bald auf steil abwärtsführendem Grasweg talwärts laufen. An einem Querweg in der „Leimkaul", einem ehemaligen Lehmabbau, treffen wir auf den RheinBurgenWeg, der uns vorerst bis zum Abzweig nach Hirzenach begleiten wird. Unser nächstes Zwischenziel ist jedoch zunächst die Siedlung der Wochenendhäuser nahe der Hangkante. Dort wechseln wir aus der Wiesenumgebung wieder in den bewaldeten Bereich. Gedämpft vernehmen wir die Geräusche des Rheintals, doch dann fesselt der erste grandiose Rheinblick unsere volle Aufmerksamkeit: Nach **3 km** bietet sich am „Wingertsberg" ein kleiner Rastplatz an, um die ersten tiefen Einblicke auf Vater Rhein zu genießen.

Wer es etwas entspannter möchte, der läuft noch 200 m weiter zum Wilpertskopf (2), wo neben einer großen Holzfigur eine urbequeme und perfekt positionierte Sinnesbank zur Pause einlädt. Nicht nur das Rheintal liegt im Blickfeld, auch Hirzenach und ein Teil unserer Wanderstrecke können wir bereits

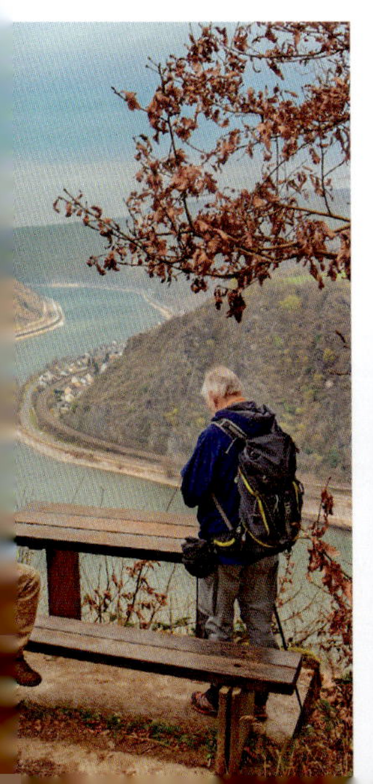

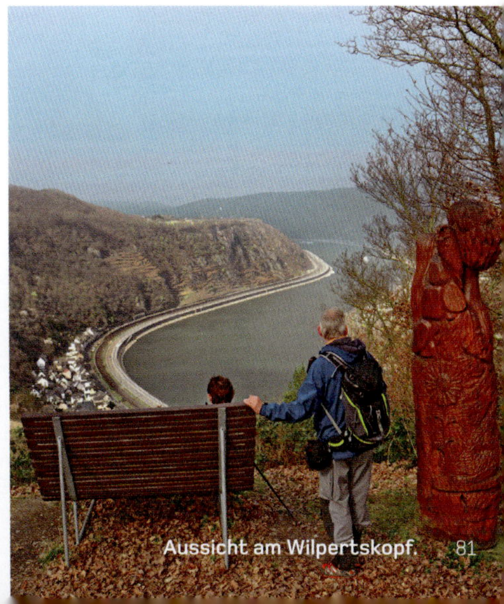

Aussicht am Wilpertskopf.

in Augenschein nehmen und ahnen sogleich: Der Aufstieg von der Europakanzel bergan wird uns einige Kräfte abverlangen ...

So tanken wir noch etwas Energie, bevor wir dem herrlichen Pfad durch urigen Eichenniederwald abwärtsfolgen. Am Rastplatz „Elberheide" knickt der Pfad ins Padelsbachtal ab und führt uns kontinuierlich talwärts.
Nach strammem Abstieg biegen wir scharf rechts auf einen Wirtschaftsweg ab und queren wenig später den Bach. Von hier sind es nur wenige Meter, dann verlässt uns der RheinBurgenWeg, der an dieser Stelle rechts nach Hirzenach abbiegt. Hier kann man zum Bahnhof und zur Gastronomie in den schmucken Ort absteigen.

! **Tipp:** Wer mit dem Zug bis Hirzenach anreist, kann dort in die Tour einsteigen.

Wir laufen auf der Traumschleife weiter und erreichen nach **4.6 km** die Schutzhütte „Europakanzel" (3). Nun ist Kondition gefragt! Auf engem Weinbergstreppchen und schmalem Felsenpfad erobern wir teils mit Seilsicherung den Felsgrat, den wir bereits vom Wingertskopf im Blick hatten. Nach halber Strecke steht eine Bank zum Verschnaufen bereit. Ginster säumen den Pfad, was besonders im Frühsommer für leuchtende Ablenkung sorgt. Schritt für Schritt erobern wir den Hang und atmen tief durch, als wir an einer Bank auf einen Waldweg nach rechts wechseln dürfen. Der senkt sich sanft ab und offenbart in lauschiger Waldumgebung so manchen Einblick in den felsigen Untergrund des Rheintals. Schließlich erreichen wir das Padelsbachtal und queren die K 115. Auf der anderen Seite wenden wir uns nach rechts und verlieren auf einem Wirtschaftsweg noch etwas an Höhe. Dann schicken uns die Logos scharf links auf einen Pfad, der sich den Berg emporschlängelt. Uns ist schon nach wenigen Schritten klar: Das wird wieder anstrengend ...

Zum Glück gibt es nach den Steilstücken immer wieder flachere Wegpassagen, und die enorm artenreiche Natur sorgt für Abwechslung. Besonders im Frühjahr, wenn die Äste noch kahl sind, erhaschen wir zudem schöne Blicke zum Rhein. Ein ausgesprochen schöner Blick bietet sich nach strammem Anstieg von einer Bank aus. Danach geht es mal wieder runter, bis wir nach **6.4 km** an einer Sinnesbank an der Aussicht „Probsteigarten" (4) wieder auf den RheinBurgenWeg stoßen. Der Ausblick ist grandios, und es fällt schwer, sich loszureißen.

Im Folgenden gewinnen wir erneut an Höhe, bis wir an einer Bank auf einen breiten Waldweg treffen. Hier trennen wir uns vom RheinBurgenWeg und biegen sofort wieder rechts auf einen urigen Pfad ab. Der führt uns durch den lichten Hangwald direkt an die Hangkante, wo wir den Wald verlassen und nun zwischen Wiesen und Gehölzen wandern dürfen. Das Hangplateau mit knorrigen Solitärbäumen, üp-

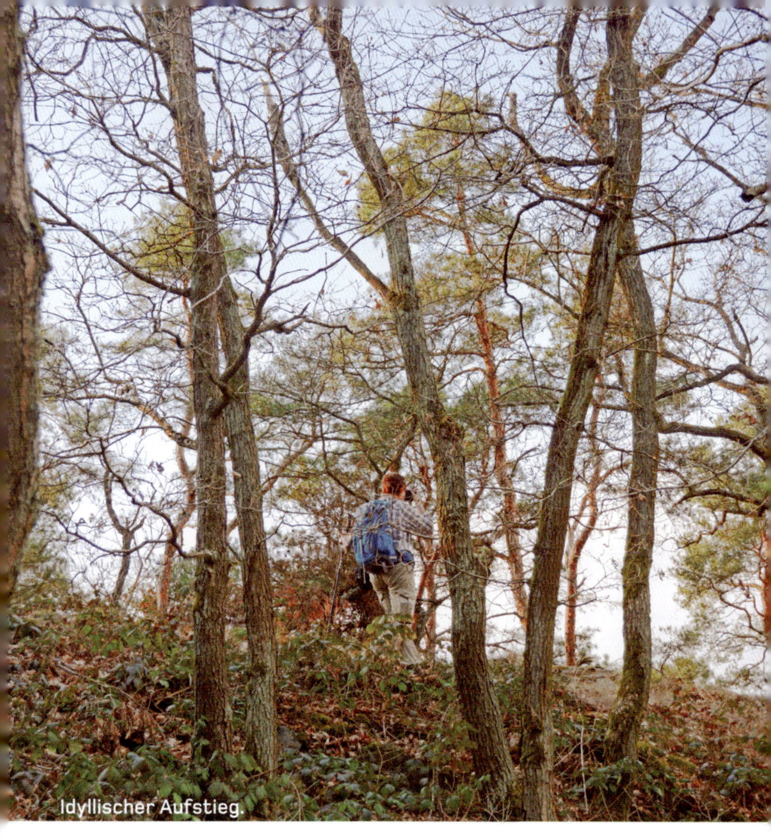
Idyllischer Aufstieg.

pigem Ginster und dichten Hecken verzaubert uns, doch es sind mal wieder die Aussichtsbastionen, die der Szene die Krone aufsetzen. So springt nach **7.3 km** am Rastplatz an der Ploweslay (5) der Funken der Rheinromantik endgültig über, und auf dem Wegstück zur nur 150 m entfernten Aussicht am „Ginsterstück" komplettieren auch noch die trutzigen Burgen der Feindlichen Brüder die grandiose Szene.
Im Bogen führt uns die Traumschleife weg vom Rhein, und nach kurzer Waldpassage lädt auf einem Felssporn eine geschwungene Sinnesbank zum Blick ins Weilerbachtal ein. Wenig später kreuzen wir am Abzweig des Eselspfads bzw. an der nahen Schutzhütte ein letztes Mal die Spur des RheinBurgenWegs.

An der Schutzhütte folgen wir der Traumschleife rechts in den Wald und erobern auf gewundenem Pfad erneut etliche Höhenmeter. Vorbei

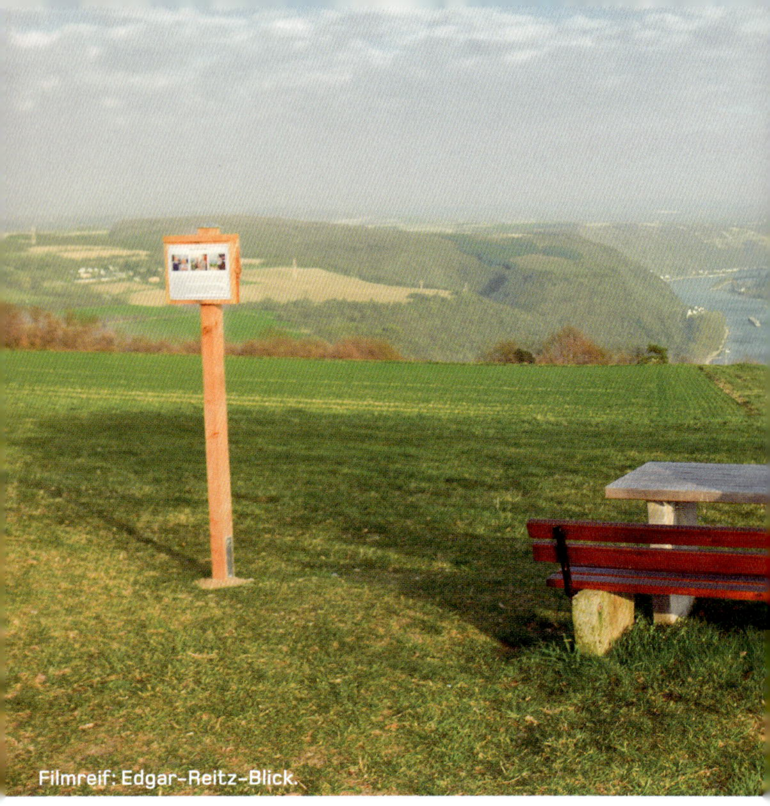

Filmreif: Edgar-Reitz-Blick.

an schroffen Felsklippen und einer willkommenen Sinnesbank tauchen wir in fast mediterrane Umgebung ein, denn nun säumen würzig duftende Kiefern den Pfad. Nach **8 km** nutzen wir eine Bank mit Burgenblick zum Verschnaufen und erfahren durch eine kleine Tafel, dass wir auf einem einstigen Keltenwall (6) Rast machen.

Prompt senkt sich der Pfad, dem Wall folgend, etwas ab, wir durchschreiten eine Senke, bevor es erneut bergan geht. Als wir schon fast am Waldrand angelangt sind, wiederholt sich dieses Auf und Ab noch einmal: Wir verlieren deutlich an Höhe und treffen unvermittelt auf der Felsklippe am Aussichtspunkt Niederwald ein. Von hier erklimmen wir endgültig das Rheinplateau und verlassen nach **8.4 km** den Wald. Wir folgen einem Feldweg nach links und erreichen wenig später an einer Bank in freier Flur den höchsten Punkt der Tour. Doch es ist vor allem die fantastische Panoramaaussicht,

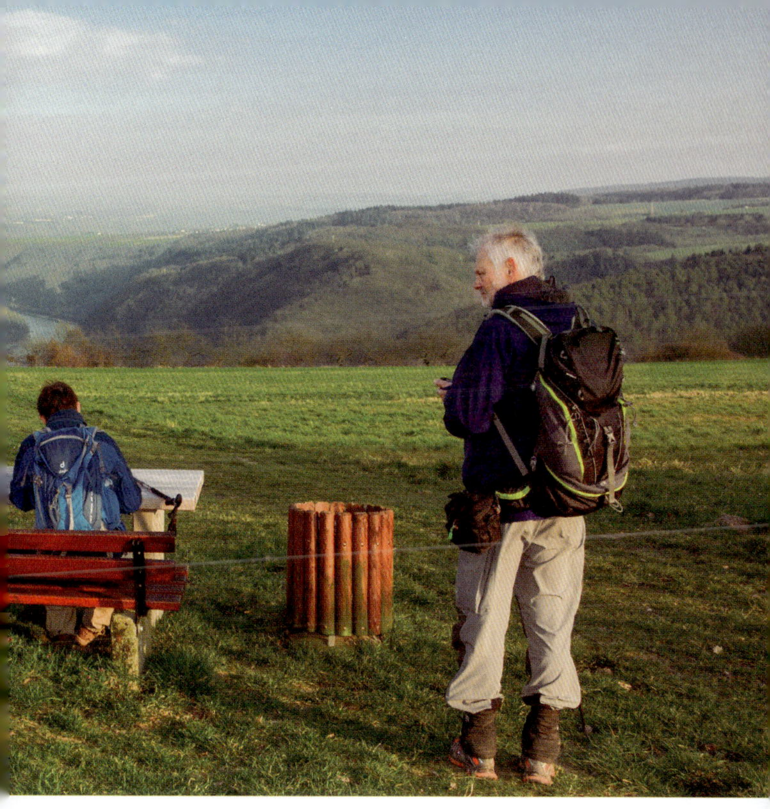

die uns voll in ihren Bann zieht. Wir wandern weiter über federnde Graswege mit einigen Schlenkern zum nahen Edgar-Reitz-Blick (7), wo mal wieder eine Bank zum Genießen des Blicks bereitsteht.

Jetzt beginnt der langsame Abstieg zum Padelsbachtal. Noch einmal schwelgen wir im Rheintalblick, bevor wir die Gehölzzone erreichen und mit einigen Richtungswechseln kurzweilig vorankommen. Im Wald queren wir einen Seitenbach des Padelsbachs und steigen ein wenig zum nahen Waldrand auf. Oben verlassen wir den Wald und wandern eine Weile am Waldrand nach links. Nach **10.3 km** tauchen wir dann endgültig in den Schatten der Bäume und verlieren weiter an Höhe. Schließlich erreichen wir an einem Hochsitz eine kleine Waldwiese und laufen hinab zum Padelsbach. Nach Querung des Bachs biegen wir unmittelbar vor der K 115 auf einen Pfad und treffen nach **10.7 km** ungemein erlebnis- und aussichtsreichen Kilometern wieder am Parkplatz (1) ein.

INFOS

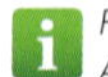

Romantischer Rhein Tourismus GmbH An der Königsbach 8, 56075 Koblenz ✆ 0261/97384722 ⓘ www.romantischer-rhein.de

▪ Tourist-Information-Boppard Marktplatz, 56154 Boppard ✆ 06742/3888 ⓘ www.boppard-tourismus.de

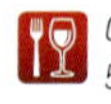

Gasthaus Hirsch, Rheinstr. 17, 56154 Hirzenach ✆ 06741/2601 ⓘ www.gasthaus-hirsch.net

▪ Gasthaus zum Anker, Rheinstr. 70, 56154 Hirzenach ✆ 06741/1683 ⓘ www.gasthaus-zum-anker-hirzenach.de

Gasthaus zum Rebstock, Rheinstr. 87, 56154 Hirzenach ✆ 06741/2539 ⓘ www.rebstock-hirzenach.de

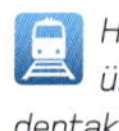

Hirzenach hat einen Bahnhof und ist über die Mittelrheinbahn im Stundentakt erreichbar. ⓘ www.mittelrheinbahn.de

▪ Taxi Kremser ✆ 06742/5530

▪ Taxi Gras ✆ 06742/82188

Ein echtes Kleinod unweit der Traumschleife Rheingold ist der Probsteigarten im Herzen von Hirzenach. Die symmetrische Gartenanlage gehört zu den ältesten und ursprünglichsten Barockgärten am Mittelrhein.

In der Rheinwerkstatt der Stiftung Bethesda in der Mainzer Straße in Boppard gibt es zwischen Mai und Oktober täglich um 10.15 und um 14.15 (und nach Vereinbarung) Gelegenheit, an einer Führung durch die Senfmühle im ehemaligen Klostergut teilzunehmen. Hier werden nach alter Tradition in denkmalgeschütztem Ambiente Senf und Rapsöl hergestellt. Im angeschlossenen Laden können die Köstlichkeiten erworben werden. ⓘ www.stiftung-bethesda.de/rwb/leistungsspektrum/feinkost/index.htm

Die Traumschleife Rheingold verläuft weitgehend auf Naturwegen, die bei nasser Witterung rutschig und schwer begehbar sein können. Einige Wegabschnitte erfordern zudem sehr gute Trittsicherheit und etwas Schwindelfreiheit. Knöchelhohe Wanderstiefel und Wanderstöcke sind daher empfehlenswert.

Die Wegstrecke ist für Hunde geeignet.

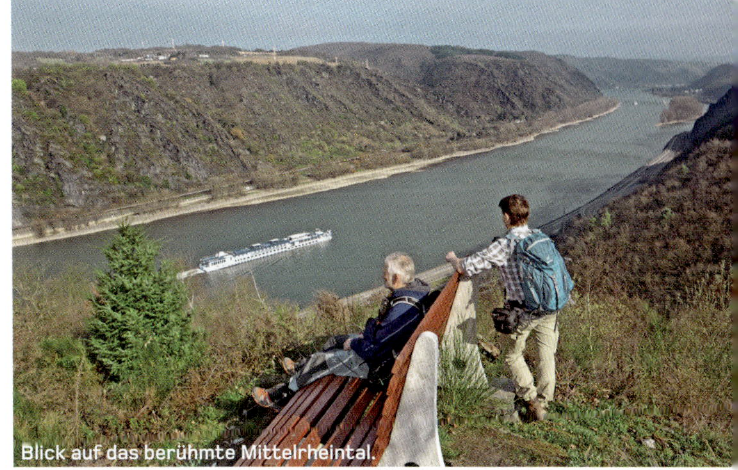
Blick auf das berühmte Mittelrheintal.

200 Kilometer Romantik

Auf der linken Rheinseite bietet der zertifizierte Qualitätswanderweg RheinBurgenWeg zwischen Bingen und dem berühmten Rolandsbogen bei Remagen hochkarätigen Wandergenuss. Auf rund 200 Kilometern erschließt dieser attraktive Fernwanderweg nicht nur herrliche Naturlandschaften, sondern führt auch zu 53 Burgen, Ruinen und Schlössern. Gelegenheit zur Zeitreise ins Mittelalter ist also auf Schritt und Tritt gegeben. Besonders spannend sind die Touren durchs Weltkulturerbe Oberes Mittelrheintal (zwischen Koblenz und Bingen), das der RheinBurgenWeg auf voller Länge durchstreift.

Immer wieder offenbaren sensationelle Aussichten tolle Blicke auf Vater Rhein oder winden sich uralte, fast alpine Pfade durch die steilen Hänge. In 13 Etappen überwindet der RheinBurgenWeg gut 6500 Höhenmeter. Dank zahlreicher Fähren besteht vor allem im Welterbetal die Gelegenheit, RheinBurgenWeg und Rheinsteig miteinander zu kombinieren.

9 Fünfseenblick

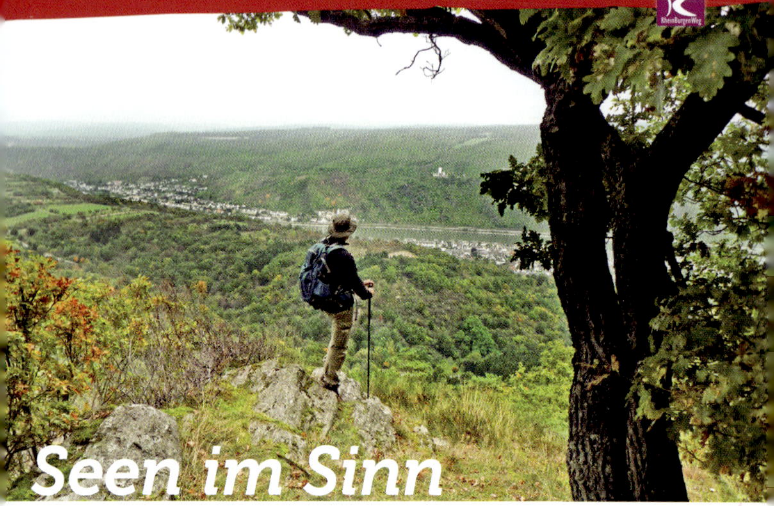

Seen im Sinn

- **Start/Ziel:** Bad Salzig Kurpark
- **Gesamtlänge:** 10.5 km
- **Gesamtzeit:** 3 Std. 15 Min.
- **Kalorien:** ♀ 858 ♂ 1006
- **Tour Download**: RS11TX7

Anfahrt: Bad Salzig ist entlang des Rheins über die B9 zu erreichen. Von der A 61 (Abfahrt Emmelshausen) folgt man ab Karbach der L 212 über Rheinbay und Weiler nach Bad Salzig.

8.3 | 25.6 % | 66.1 %

scan to go®

- **Parken:**
  - Kurpark Salzbornstraße (L 212) N50° 12' 09.2'' • E7° 07' 34.8''

- **Wegpunkte:**

P1: Kurpark Bad Salzig
32 U 401985 5562083

P2: Sinnesbank und Burgenblick
32 U 402508 5561756

P3: Sinnesbank und Rheinblick
32 U 402769 5561517

P4: Betende Nonne
32 U 403069 5560808

P5: Querung L 212
32 U 401680 5560369

P6: Fünfseenblick
32 U 401147 5560903

P7: Hochleiblick
32 U 401081 5561215

■ Höchster Punkt: 470 m ■ Steigung/Gefälle: 476 m

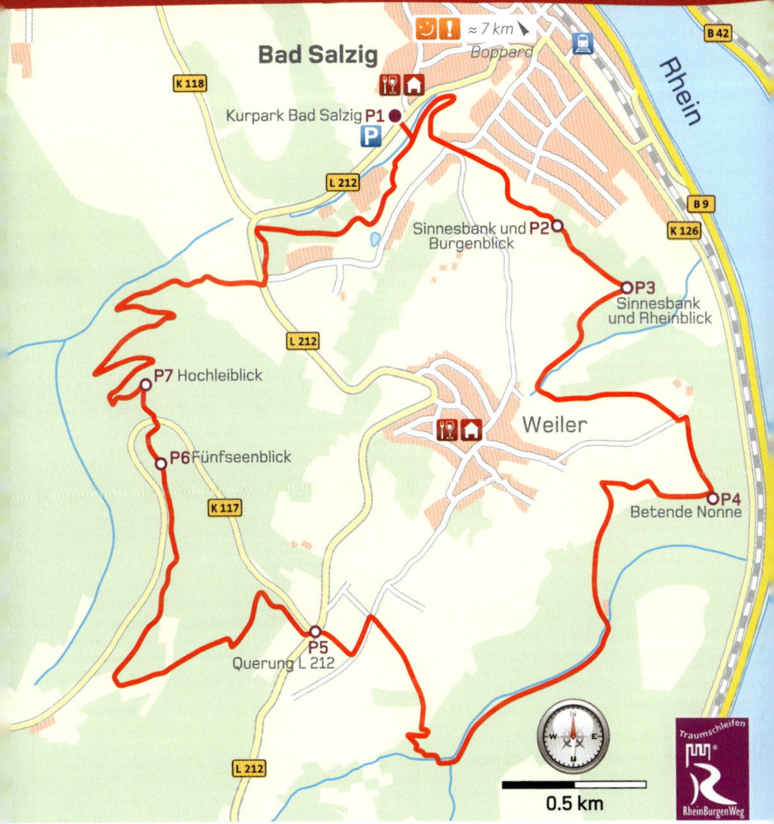

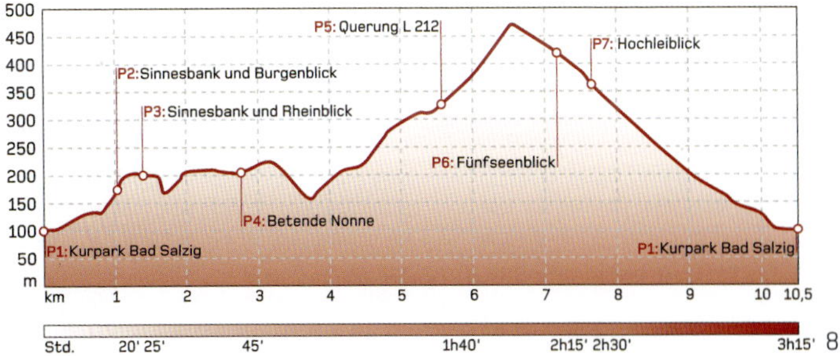

Die Traumschleife Fünfseenblick vereint gepflegte Kurparkumgebung mit idyllischen Pfaden entlang des Rheinplateaus und durch urige Eichenwälder. Dazu gibt es sagenhaft schöne Ausblicke, die mit dem Fünfseenblick vom Aussichtsturm gekrönt werden.

Am Kurpark von Bad Salzig (1), nahe dem Parkhotel, beginnt die Rundtour auf der Traumschleife Fünfseenblick. Zunächst schlendern wir gemütlich zum kleinen Bach, queren ihn und biegen dann links auf einen befestigten Fußweg ab. Sanft ansteigend, gelangen wir zu einer Kreuzung, wo wir auf den RheinBurgenWeg treffen, der bis zum Weilerbach weitgehend parallel verläuft.

Auf gemeinsamer Trasse steigen wir weiter aufwärts und verlassen nach 0.5 km das gepflegte Parkareal am Rand eines Wohnviertels. Geradeaus folgen wir der Zufahrt zum Sportplatz, dürfen aber am Wendeplatz schon nach 120 m geradeaus auf einen Naturpfad wechseln. Wir laufen unterhalb des Sportplatzes entlang und treten bald in ein Gehölz ein. Nach kurzem Abstieg beginnt die Eroberung des Rheinplateaus. Auf urigem Pfad gewinnen wir rasch an Höhe und sind entzückt, als wir die erste Felsklippe erreichen, auf der eine Sinnesbank zum Genießen der sagenhaft schönen Aussicht auf den Rhein und die beiden rechtsrheinischen Burgen Liebenstein und Sterrenberg (2) einlädt. Auch ein Rastplatz steht bereit, von dem aus man ebenfalls die „Feindlichen Brüder" bestens im Visier hat.

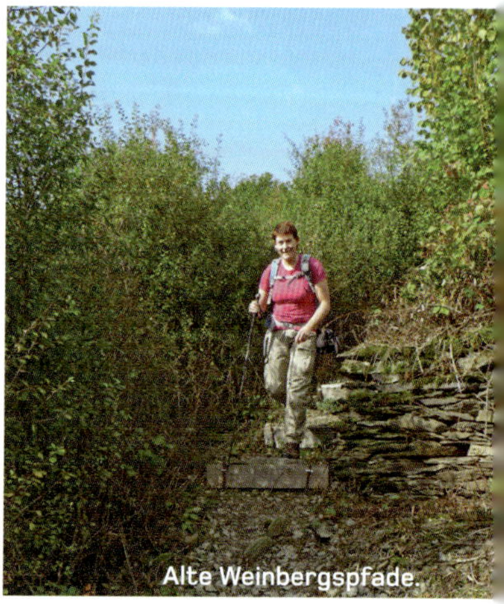
Alte Weinbergspfade.

Anschließend wandern wir, weiter ansteigend, auf tollem Pfad und erreichen die nächste Felsnase, auf der eine Bank erneut Gelegenheit zum entspannten „Fernsehen" gibt.

Nun sind wir fast oben und freuen uns am gedrungen gewachsenen Laubmischwald, der typisch für diesen Abschnitt des Mittelrheintals ist. Nach 1.4 km erreichen wir eine jäh abfallende Felsklippe, an der unsere Traumschleife scharf rechts auf einen steinigen Pfad abbiegt. Zuvor lädt aber eine weitere urbequeme Sinnesbank (3) zum Verweilen ein, diesmal mit einem tollen Blick rheinaufwärts. Nachdem wir uns vom Ausblick losgerissen haben, folgen wir dem Pfad hinab ins Ziehbachtal und dürfen dabei durch längst aufgelassene Anbauflächen streifen, die mittlerweile von Hecken und Gräsern in Besitz genommen wurden.

Als wir im Tal eintreffen, tauchen wir mitten in einen Gehölzdschungel ab, der uns nun sanft aufwärtsführt. Knapp außerhalb der Sichtweite von Weiler queren wir das Ziehbachtal und nutzen an einem Wegweiser einen Pfad, der uns einige Meter bergan zu einer offenen Wiese führt. Hier treffen wir auf einen breiten Feldweg, dem wir nun durch die offene Streuobstlandschaft des Rheinplateaus nach links folgen. Am Anwesen von Haus Rheinberg spüren wir kurz Asphalt unter den Sohlen, wechseln aber sogleich wieder auf einen herrlich federnden Grasweg, der

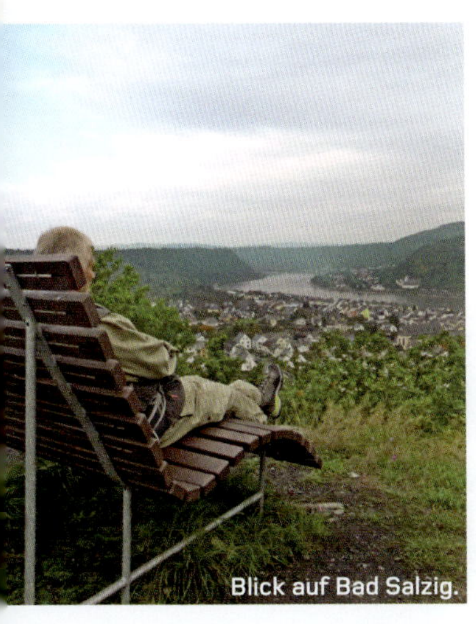
Blick auf Bad Salzig.

uns unmittelbar an der Hangkante entlangführt. Ab und an erhaschen wir einen Blick zum Rhein. Nach **2.8 km** treffen wir dann an der Ziehley ein, einem Aussichtspunkt mit Rastplatz an der Skulptur der „Betenden Nonne" (4). Der Überlieferung nach floh einst eine Klosterschwester vor Mordgesellen bis hierher und fand vom Felsen keinen Ausweg mehr. Ihre innigen Gebete wurden von der Gottesmutter Maria erhört, und sie erstarrte als betende Nonne zu Stein. Heute ist vom steinernen Antlitz der Nonne nichts mehr übrig, aber eine Holzskulptur erinnert an die fromme Legende.

Nun nehmen wir Abschied vom Rheintal und wenden uns auf einem Feldweg nach Westen. Am Rand von Weiler biegen wir an einem Nussbaum scharf links ab und wandern hinunter ins Weilerbachtal. Dort queren wir im Wald den Bach und wenden uns nach rechts aufwärts. Leise murmelt der Bach neben uns, während linker Hand der steile Hang emporragt. Nach **3.9 km** verabschiedet sich der RheinBurgenWeg endgültig nach links, während wir dem Weilerbach weiter treu bleiben. Mit sanfter Steigung wandern wir durch den hochgewachsenen Wald und freuen uns an der zunehmenden Stille, denn die Vegetation schirmt uns immer mehr von den Geräuschen des geschäftigen Rheintals ab. Als wir eine Weggabelung erreichen, halten wir uns rechts und queren etwas unterhalb den Bach an einer Bank. Wir biegen halb rechts ab und queren einen Nebenbach. Nun

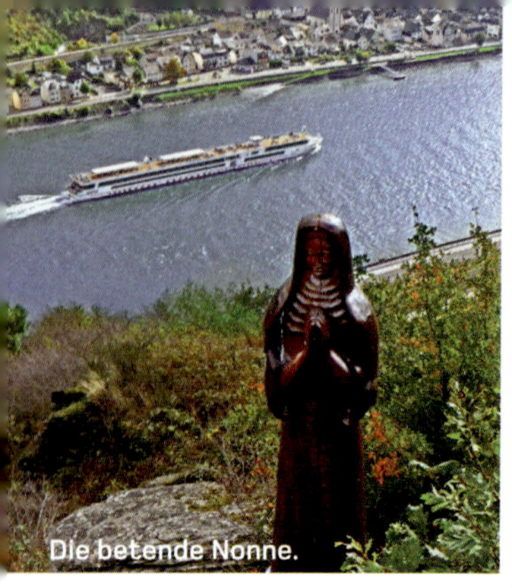
Die betende Nonne.

wird es etwas anstrengender, aber, abgelenkt von der herrlichen Natur, bewältigen wir den folgenden Aufstieg über einige Kehren problemlos. Dann weicht der Wald zurück, und Gehölze rahmen unseren Weg ein. Schließlich entlässt uns die Traumschleife aber doch in offene Flur, und wir genießen es, nach der Enge des Tals und des Waldes, den Blick über die Felder schweifen zu lassen. Linker Hand erhebt sich markant der Sendemast der Fleckertshöhe, und wir ahnen, dass der weitere Streckenverlauf etwas anstrengender werden könnte ...

Doch zunächst erreichen wir mit einem Links-rechts-Versatz die L 212, die wir an einer Kreuzung nach **5.6 km** vorsichtig queren (5). Auf der anderen Seite laufen wir einige Meter bergan zu einer Weggabelung und nutzen dann den rechts abzweigenden Wirtschaftsweg, auf dem wir den Endanstieg beginnen. Zunächst gestaltet der sich noch moderat, in einer Linkskurve gibt es sogar eine Bank. Doch als wir

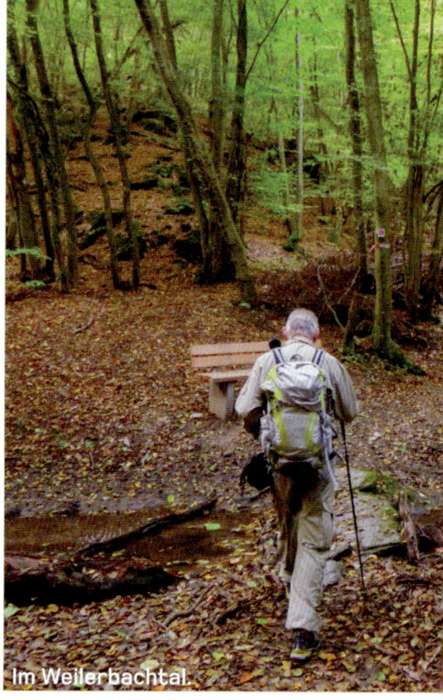
Im Weilerbachtal.

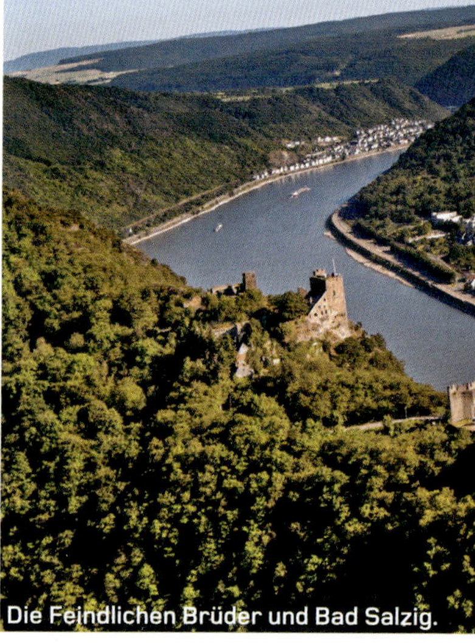
Die Feindlichen Brüder und Bad Salzig.

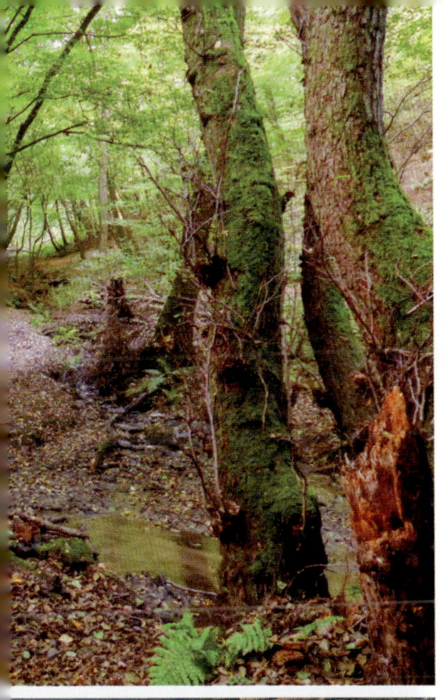

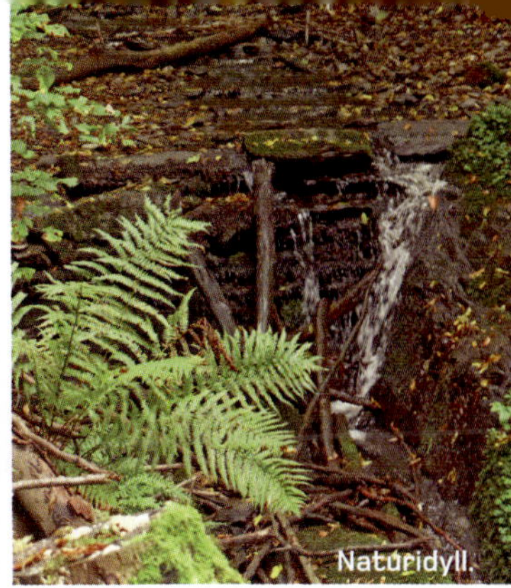

Naturidyll.

scharf rechts abbiegen, wird die Herausforderung größer, denn nun führt der Fünfseenblick neben einer Leitung fast in der Falllinie bergan. Nur gut, dass nach **6.1 km** eine hochwillkommene Bank mit Blick zum Rheintal zum Verschnaufen parat steht.

Nach dieser kurzen Unterbrechung gelingt der weitere Anstieg, und wir atmen erleichtert auf, als wir an einem Wegweiser rechts zum nahen Waldrand abbiegen dürfen. Dort gibt eine Tafel Auskunft über die Sendeanlagen auf der Fleckertshöhe, die nun scheinbar zum Greifen nah liegen.

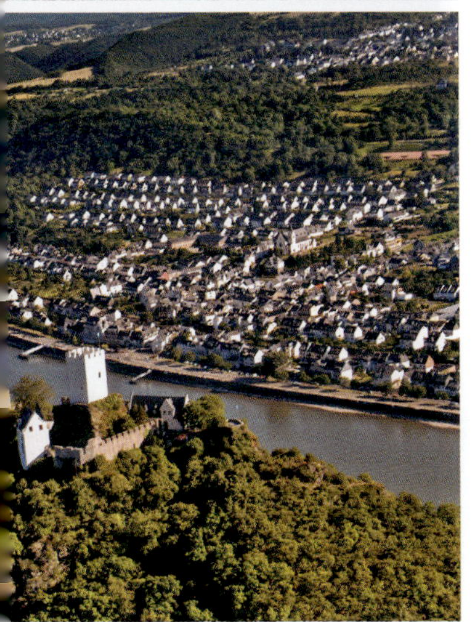

Doch wir wenden uns jetzt ganz der Natur zu, die mit jedem Schritt begeisternder wird. Denn der Fünfseenblick führt uns nun hinein in einen wahren Zauberwald aus niedrigen Krüppeleichen. Heidekraut und Moose und der immer wieder ans Tageslicht tretende Hunsrückschiefer schaffen eine tolle Landschaft, durch die wir auf herrlichem Pfad wandern dürfen. Es geht kontinuierlich abwärts, und so können wir mit allen Sinnen die Natur um uns herum wahrnehmen. Einziger Wermutstropfen ist (besonders an schönen Sommerwochenenden) der Verkehrslärm der nahen Straße. Doch bevor wir dort eintreffen, hält die Traumschleife einen weiteren, sprichwörtlichen Höhepunkt für uns bereit: Der neu gebaute Aussichtsturm (6) neben dem Pfad ist rasch erobert, und oben werden wir dann tatsächlich mit einem Fünfseenblick belohnt, den Windungen des Rheins sei Dank.

Nachdem wir den Turm verlassen haben, senkt sich der Pfad zur K 117 ab. Wir queren nach 7.5 km die Straße auf Höhe eines Rastplatzes, der ebenfalls eine schöne Aussicht zum Rhein bietet.

Unser Pfad taucht jedoch sogleich wieder in den Eichenwald ab und entfernt sich zügig von der Straße. Das Gefälle wird deutlicher, und bald knickt der Pfad in einer ersten Kehre nach links.

! Hier lohnt es sich aber, zuvor einen 50 m kurzen Abstecher nach rechts zu machen: Denn dort bietet der Hochleiblick (7) eine an Caspar David Friedrichs berühmtes Bild erinnernde Perspektive auf Bad Salzig und die Feindlichen Brüder.

Zurück auf der Traumschleife, widmen wir uns nun ganz dem Abstieg. Noch einmal dürfen wir die ruhige Waldumgebung genießen und dabei den allmählichen Übergang

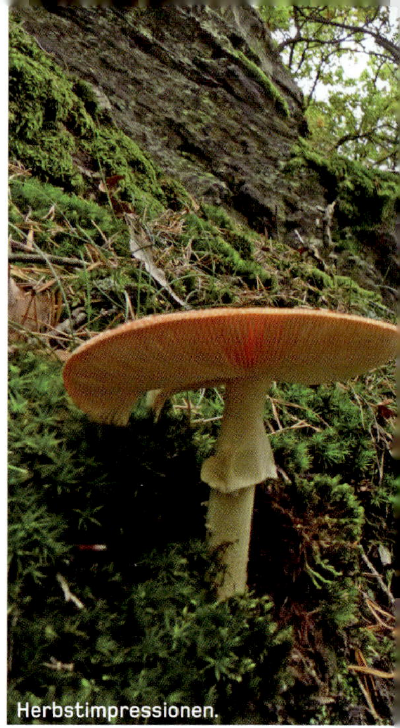
Herbstimpressionen.

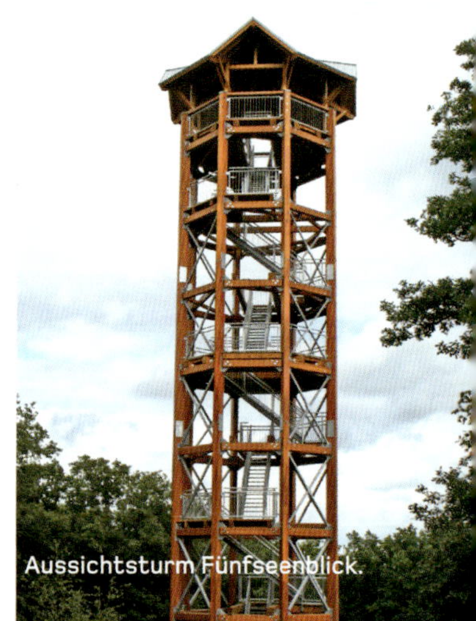
Aussichtsturm Fünfseenblick.

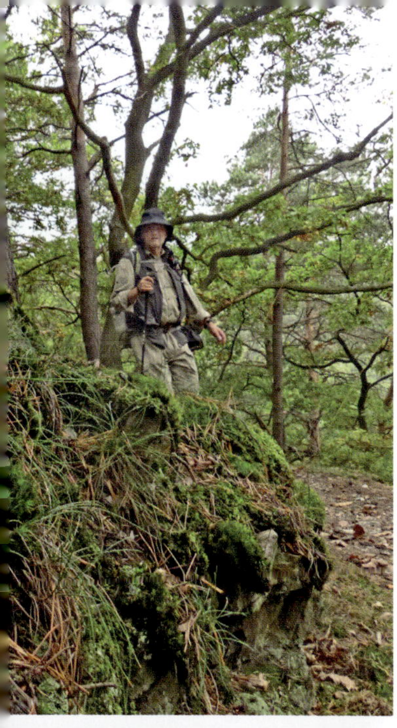

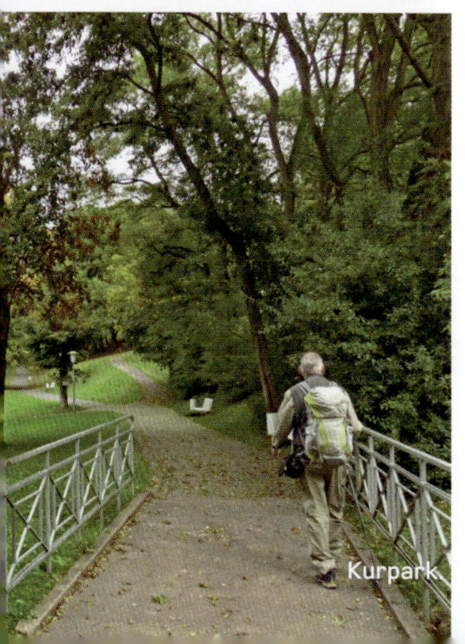
Kurpark

zu normal gewachsenem Mischwald erleben. Nach deutlichem Höhenverlust erreichen wir an einer Bank und einem Marterl einen querenden Forstweg. Hier biegen wir nach **8.9 km** rechts ab und werden nun kurzzeitig von Nadelwald begleitet. Allmählich dringen erste Geräusche an unser Ohr. Die Umgebung wandelt sich zu Gehölz, und an einer Weggabelung halten wir uns links. Nur wenige Meter später schicken uns die Logos dann rechts auf einen Grasweg, der uns zur L 212 bringt. Wir queren die Straße auf Höhe der Zufahrt zum Sanatorium und dürfen dann aber noch einmal in den von Nadelbäumen dominierten Wald eintreten. Kurz bevor wir wieder an der Straße eintreffen, knickt der Fünfseenblick nach rechts und führt uns nun durch die ersten Ausläufer des Kurparks. Langsam wandelt sich die bisherige Waldatmosphäre zum Park, und als wir das Zentralgebäude links liegen lassen, begrüßen uns erste Beete.

Unterhalb des vom Weg aus nicht sichtbaren Teichs biegen wir links auf einen Asphaltweg ab, der uns nun Richtung Hauptgebäude führt. Doch das lassen wir dann endgültig links liegen, folgen dem bereits vom Anfang her bekannten Bächlein ins Zentrum des Parks und treffen schließlich nach **10.5 km** wieder am Portal (1) dieser sehr kurzweiligen und aussichtsreichen Traumschleife ein.

INFOS

Romantischer Rhein Tourismus GmbH An der Königsbach 8, 56075 Koblenz 0261/97384722 www.romantischer-rhein.de

- *Tourist Information Boppard Marktplatz, 56154 Boppard 06742/3888 www.boppard-tourismus.de*

Landgasthof Eiserner Ritter, Zur Peterskirche 10, 56154 Boppard-Weiler 06842/93000

Parkhotel Bad Salzig, Römerstraße 38, 56154 Boppard-Bad Salzig 06742/93930 www.park-villa.de

- *Hotel Perle am Rhein, Rheinbabenallee 15, 56154 Boppard-Bad Salzig 06742/6224 www.perle-am-rhein.com*

Bad Salzig hat einen Bahnhof und ist über die Mittelrheinbahn im Stundentakt erreichbar. www.mittelrheinbahn.de

- *Taxi Kremser 06742/5530*
- *Taxi Gras 06742/82188*

Wie wäre es mit einer vergnüglichen Rundfahrt mit der Bopparder Stadtwegebahn „Rheinexpress"? Auf der 30-minütigen Rundfahrt bekommt man viele Bopparder Sehenswürdigkeiten ganz bequem vom Zug aus zu Gesicht. Haltestellen gibt es am Marktplatz, am Rheinufer zwischen den Schiffsanlegern Nr. 8 und 9 und an der Talstation des Sessellifts. Abfahrt ist alle 15 Minuten. April bis Okt.: tgl. 9.30–18 Uhr www.boppard.mittelrhein.net

Zwischen April und Oktober starten täglich mehrere Schiffstouren nach Kamp-Bornhofen, zur Loreley oder nach Boppard. Unterwegs kann man die Burgen Liebenstein und Sterrenberg oder den berühmten Loreleyfelsen aus neuer Perspektive erleben. Personenschiffahrt Winand, Loreley-Linie, Rheinuferstr. 55–56, 56341 Kamp-Bornhofen 06773/341 www.loreley-linie.de

Die Traumschleife Fünfseenblick nutzt oft naturbelassene Pfade und Wegstrecken, die bei nasser Witterung rutschig und schwierig zu begehen sein können. Gute Trittsicherheit und knöchelhohe Wanderstiefel sowie Wanderstöcke sind daher sinnvoll. Am schönsten wirkt die Traumschleife im Herbst, wenn sich das Laub färbt.

Die Wegstrecke ist für Hunde geeignet.

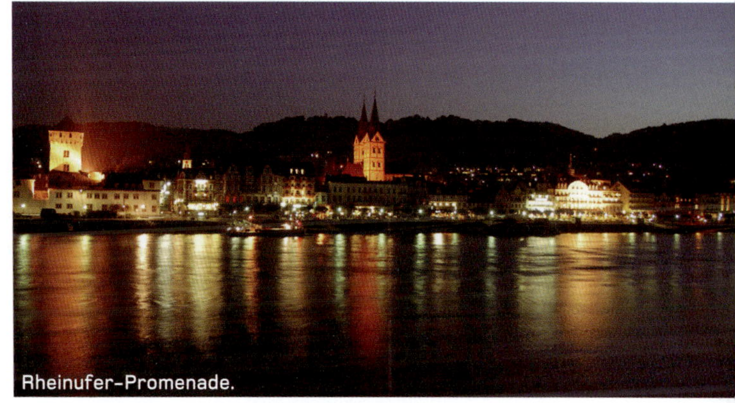
Rheinufer-Promenade.

Bürgerkrieg im Mittelalter

Finsteres Mittelalter: Mitte des 14. Jahrhunderts herrscht Unruhe in Boppard! Die Truppen des ungeliebten Erzbischofs von Trier haben die Stadt eingenommen, Kurfürst Balduin unterjocht die Bürger. Diese wehren sich mit Aufständen, Überfälle sind an der Tagesordnung – unruhige Zeiten in der alten Keltenstadt am Rhein.

1340 beschließt der Kirchenfürst daher zur Sicherung seines Besitzes (und Lebens) den Bau einer Wasserburg. Ein wuchtiges Gebäude im Kastellstil entsteht, welches auch heftigsten Angriffen trotzen kann. 1499 gelang es den verzweifelten Bürgern, die Anlage mit einer riesigen Feuersbrunst zu zerstören. Anfang des 16. Jahrhunderts erstürmt der Geächtete Johann von Eltz zunächst die Stadt, verschleppt den Kommandanten der Festung und ruft anschließend die komplette Plünderung der Burg aus. Zum Glück betraf das in erster Linie das Inventar, sodass heutige Besucher noch immer in der Burgkapelle die wertvollen Fresken aus dem 14. Jahrhundert, die zu den bedeutendsten im Rheintal zählen, bewundern können. Im Laufe der Jahrhunderte wurden zahlreiche An- und Umbauten durchgeführt. Heute befindet sich in der Burg das Städtische Museum. Ein Teil der Ausstellung ist einem der berühmtesten Söhne der Stadt gewidmet – dem Meistermöbelbauer Thonet, berühmt für seine zeitlosen Sitzgelegenheiten. ⓘ www.boppard-tourismus.de

10 Traumschleife Marienberg

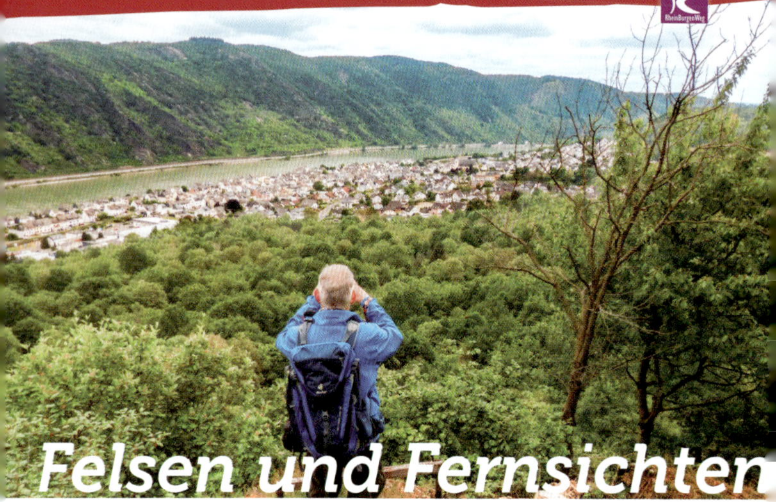

Felsen und Fernsichten

■ **Start/Ziel:** Marienberger Park, Boppard
■ **Gesamtlänge:** 12 km
■ **Gesamtzeit:** 4 Std.
■ **Kalorien:** ♀ 939 ♂ 1103
■ **Tour Download**: RSX5T13

■ **Anfahrt:** Entlang des Rheins gelangt man auf der B9 nach Boppard. Dort folgt man dem Parkleitsystem zum P1, wo man kostenfrei parken kann.

36.6 % 61.6 %

■ **Parken:**
■ Parkdeck Marienberg
N50° 13´ 47.8´´ • E7° 35´ 48.2´´

■ **Wegpunkte:**
P1: Park Marienberg
32 U 399878 5564868
P2: Abzweig Josefinental
32 U 399285 5564194
P3: Boppard-Blick
32 U 399988 5563707
P4: Fhs. Buchenau
32 U 400585 5562525
P5: Friedenskreuz
32 U 401482 5562441
P6: Sinnesbank & Burgenblick
32 U 401122 5563688
P7: Thonet-Tempel
32 U 400599 5564667
P8: Eisenbolzhütte
32 U 399935 5564557

scan to go®

■ Höchster Punkt: 267 m ■ Steigung/Gefälle: 453 m

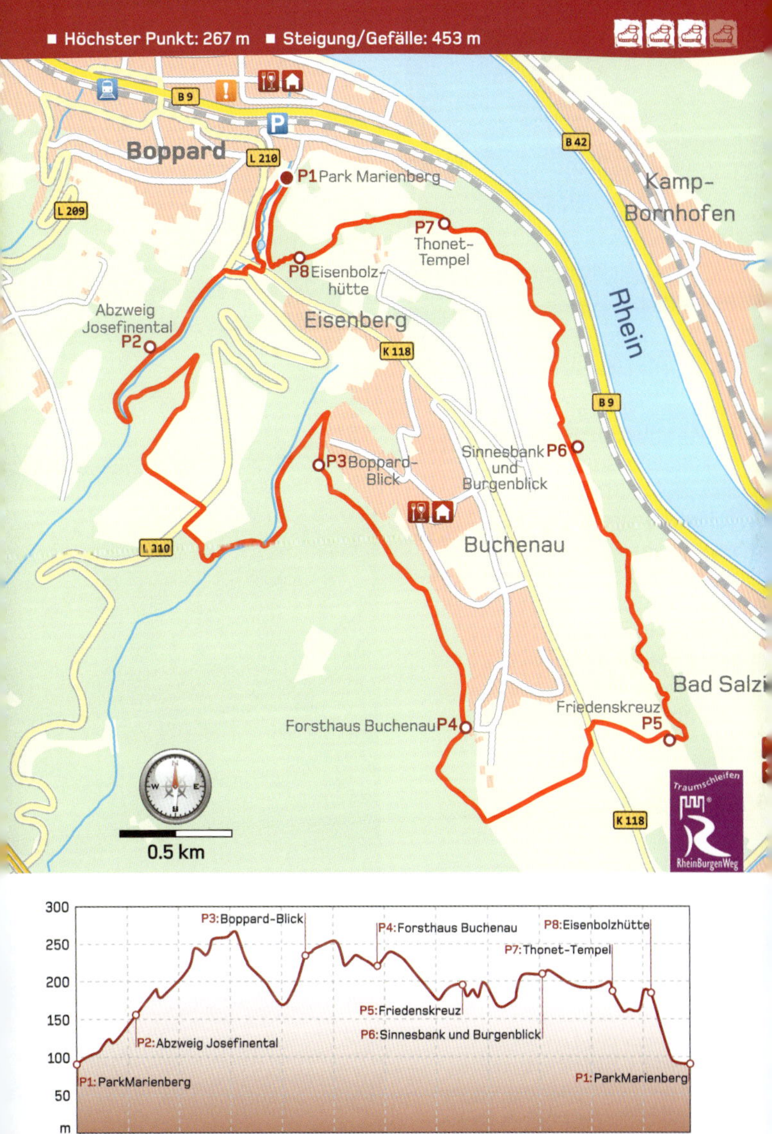

Std. 25' 1h30' 2h 2h30' 3h10' 3h30' 3h45' 4h

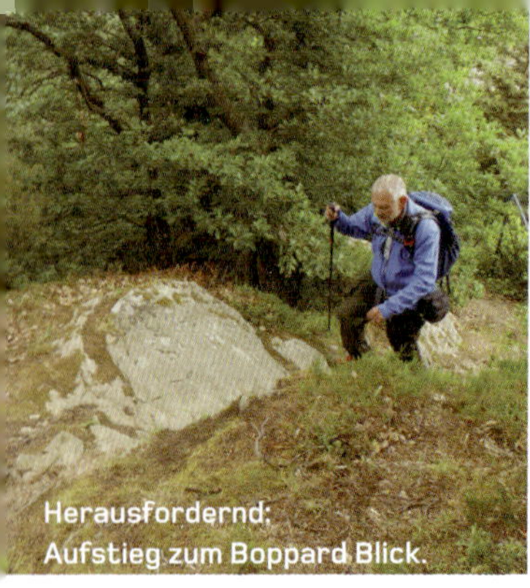

Herausfordernd: Aufstieg zum Boppard Blick.

Vom gepflegten Bopparder Marienberger Park aus führt uns die Traumschleife durch das idyllische Bruder Michels Tal und urige Krüppeleichenwälder zu ausgedehnten Streuobstarealen bei Buchenau. Zurück an der Hangkante des Rheintals erwartet uns eine anspruchsvolle und grandiose Pfadpassage, die uns zudem tolle Ausblicke beschert.

Zuweg: Vom Parkdeck P1 an der Marienberger Straße folgt man der Parkstraße nach links und biegt dann an der Realschule rechts auf den Fußweg zum Marienberger Park ab. Nach 400 m erreicht man das Portal der Traumschleife im Park.

Mitten im Marienberger Park **(1)**, dessen Ursprünge bis ins 18. Jahrhundert zurückreichen, beginnen wir die Wanderung auf der Traumschleife Marienberg. Wir absolvieren die Tour gegen den Uhr-

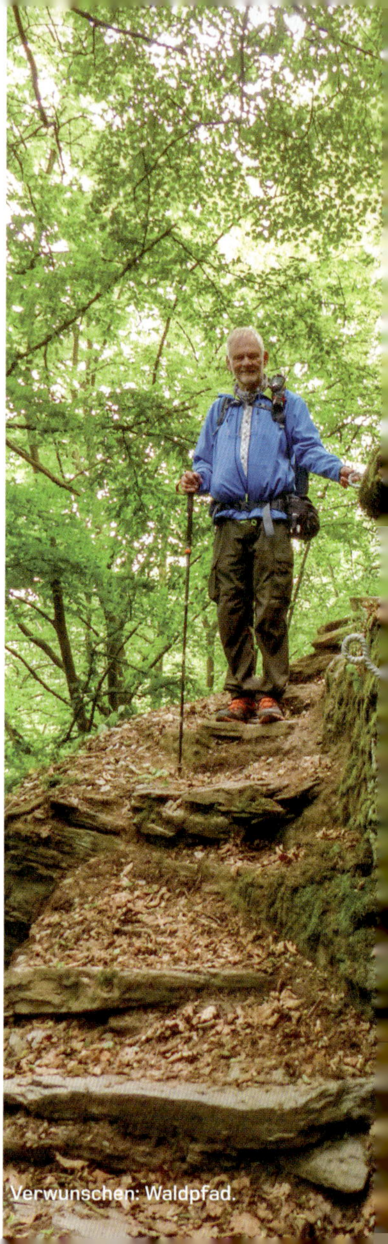

Verwunschen: Waldpfad.

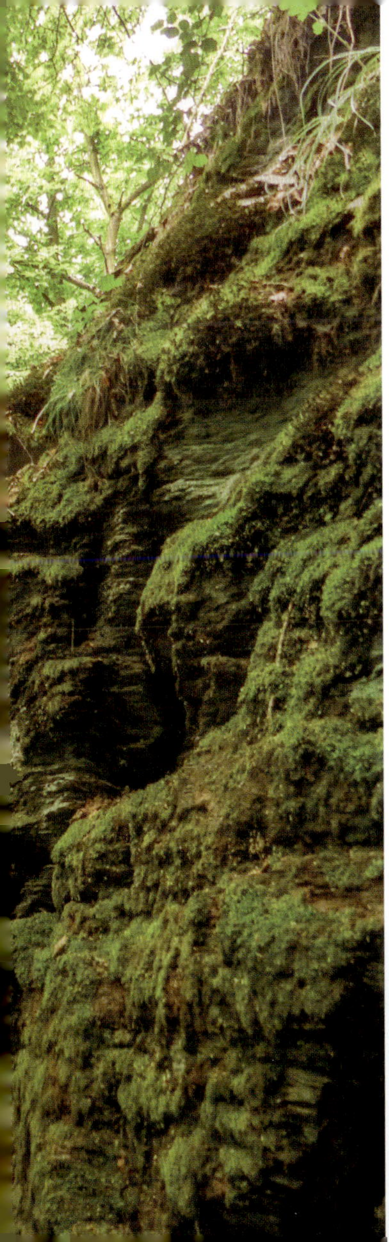

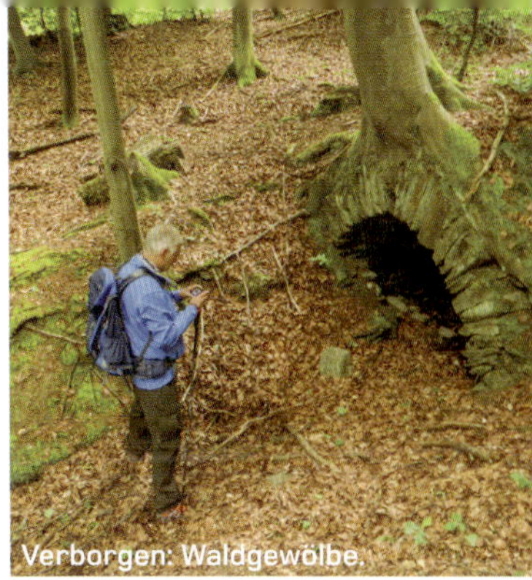
Verborgen: Waldgewölbe.

zeigersinn und biegen daher an der Portaltafel auf den rechten Fußweg ab, der uns bald unmittelbar am leise plätschernden Bruder Michels Bach entlang führt.

Nach diesem entspannten Auftakt laufen wir im Bogen leicht bergan und treffen am Rand des Sees auf den Rückweg der Traumschleife. Nun biegen wir aber rechts ab, umrunden den See und stoßen am Ende unterhalb des Straßendamms auf einen Asphaltweg. Dem folgen wir nach links und nutzen dann die Unterführung unter der K 118 hindurch. Auf der anderen Seite wenden wir uns rechts auf einen Pfad, der zwischen Straßendamm und einer Weide durchs Grün führt. Nach einer Linkskurve steigen wir bergan und gelangen so zur L 210. Wir queren die Straße und laufen auf dem Bankett 90 m nach rechts, bis links der Wanderweg ins Bruder Michels Tal abzweigt.

Schnell hüllt uns der dichte Wald ein und der Straßenlärm verklingt. Einen Steg und einen links abzweigenden

Pfad ignorieren wir und folgen dem links plätschernden Bach talaufwärts. Nach **1.2 km** zweigt rechts ein Pfad ins Josefinental **(2)** ab, wir aber bleiben noch am Bruder Michels Bach und wandern weiter gemächlich bergan und lassen uns von der urigen Atmosphäre des idyllischen Tals verzaubern. Nach einer Weile gabelt sich unser Pfad und wir nutzen den linken Pfad, der uns wenig später zur Entsäuerungsanlage und zum Holzsteg über den Bach bringt.

Wir queren den Bach und wenden uns auf dem Waldweg nach links. Lange geht es nicht talwärts, denn schon an der nächsten Weggabelung schicken uns die Logos rechts bergan. Auf dem zunächst noch etwas holprigen Weg gewinnen wir deutlich an Höhe. Mit einer Spitzkehre nach rechts schrauben wir uns nach **2.1 km** weiter bergan und können rechts durchs Blattwerk einige Blicke zum Rheintal und auf den Bopparder Hamm erhaschen. Dann flacht der Weg ab und wir kommen dem Waldrand recht nahe.

An einer Gruppe mächtiger Eichen halten wir uns rechts und folgen einem gewundenen Pfad mit etwas Auf und Ab durch den lichten Mischwald. Schließlich verlassen wir den Wald nach **2.7 km** und biegen links ab. Die Traumschleife führt uns durch eine ausgedehnte Streuobstwiese bis zur L 210, die wir aufmerksam queren. Auf der anderen Seite biegen wir rechts auf einen begleitenden Grasweg ab, der uns zum nahen Waldrand bringt. Hier knickt der Weg nach links und wir steigen erst noch am Waldrand, bald aber auf schmalem steilen Pfad ins nächste Tal ab. An einem Querweg geht es 30 m nach links, bevor ein Stichpfad uns zum Steg über den Mittelbach führt.

Wir queren das leise rieselnde Bächlein und freuen uns, als wir pfadig dem Bachlauf nach links mitten durch die idyllische Talaue folgen dürfen. Nach kurzem Anstieg endet diese tolle Pfadpassage an einem Waldweg. Wir biegen links ab und laufen nun gemütlich berg-

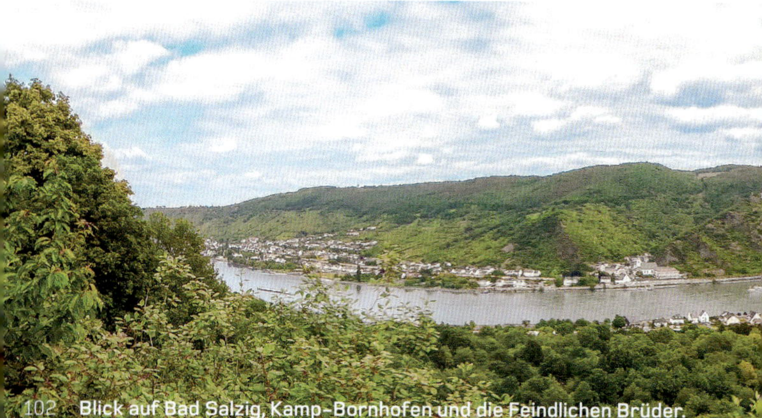

 Blick auf Bad Salzig, Kamp-Bornhofen und die Feindlichen Brüder.

ab. Als ein Nebenbach einmündet, bietet eine Bank Gelegenheit zum Verweilen, doch uns zieht es weiter. Bald erreichen wir in einer Senke eine Weggabelung: hier biegen wir rechts ab und spüren rasch: es geht wieder bergan.

Nach zunächst noch moderatem Anstieg erreichen wir am Rand der ersten Häuser von Buchenau einen Aussichtspunkt Richtung Rhein. Doch es soll noch besser kommen. Wir folgen den Logos mit scharfem Knick nach rechts und nutzen einen steilen Pfad zwischen Felsriegel und Häusern, um weiter Höhe zu gewinnen. Nachdem die Häuser zurückweichen, spüren wir auch den ein oder anderen Fels unter den Sohlen, Trittsicherheit ist nun notwendig. Nach **4.5 km** werden wir für die Anstrengung belohnt, denn auf einer Klippe steht eine Bank mit herrlicher Aussicht auf Boppard **(3)** und das Rheintal zur verdienten Pause bereit. Mit frischen Kräften biegen wir hinter der Bank rechts auf einen grasigen Waldweg und wandern nun zunächst ohne große Höhendifferenz durch den urigen, von Krüppeleichen und anderen Laubbäumen dominierten Wald. Nur 150 m später dürfen wir den Abzweig nach links auf einen weiteren Waldweg nicht übersehen. Nun wird der Wald wieder dichter und höher und wir kommen gut voran. Nach einer leichten Rechtskurve biegt die Traumschleife links mit einigen Stufen auf einen Pfad ab, der sich deutlich absenkt. Einen querenden Forstweg ignorieren wir und setzen den Abstieg auf dem Pfad geradeaus weiter fort. Erst als wir auf einen Waldweg stoßen, wenden wir uns nach rechts und laufen nun entlang der Hangflanke parallel zum zuvor gequerten Forstweg weiter.

Nach **5.4 km** trifft unser Naturweg auf diesen Forstweg. Wir folgen dem Weg und halten uns an der folgenden Gabelung links. Bald weicht linkerhand der Wald üppigen Hecken, doch unser Blick schweift darüber hinweg und wir erspähen die beiden Burgen der „Feindlichen

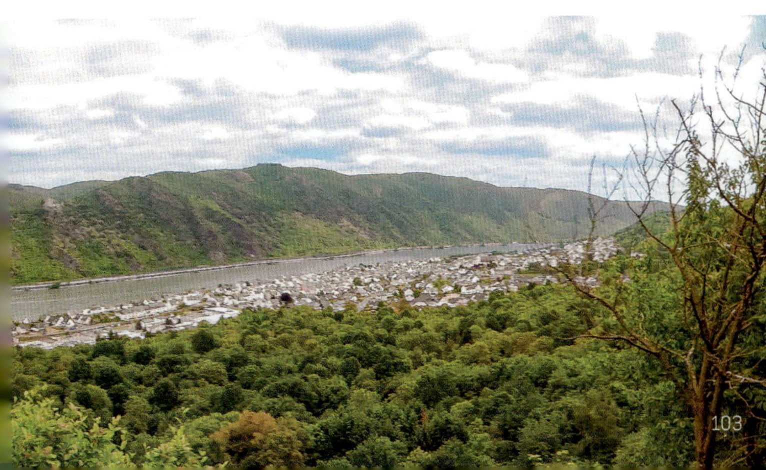

Brüder" auf der rechten Rheinseite. Voraus gibt es auch etwas zu sehen: hoch ragt über den Waldwipfeln der Aussichtsturm am Fünfseenblick in den Himmel (siehe Traumschleife Fünfseenblick S. 88).

Von der Siedlung Buchenau bekommen wir nur ein paar Hausdächer zu sehen, und als wir wieder in den Wald eintreten und einen Asphaltweg queren, liegt links das Forsthaus Buchenau **(4)**. Wir behalten unsere Richtung bei, biegen nur leicht rechts auf einen federnden Waldweg ab, der uns mit einigen Schlenkern zu einer Waldquelle führt. Vom Wasser ist kaum etwas auszumachen, doch der markante Mauerbogen unter der mächtigen Wurzel einer Buche ist unübersehbar.

Wenige Meter später treffen wir auf einen Waldweg und wandern links weiter. Sanft senkt sich der Weg ab und führt uns an den Waldrand, den wir bei der nächsten Kreuzung erreichen. Die Traumschleife folgt rechts dem Waldrand, während links eine unter Naturschutz stehende Wiese artenreiche Flora zu bieten hat. An einem kleinen Wegkreuz folgen wir der Markierung scharf links auf einen Feldweg. Nun geht es mitten durch uralte Streuobstwiesen abwärts. Auch üppige Brombeerhecken säumen den Weg und bieten im Sommer vitaminreiche Naschereien.

Nach **7 km** erreichen wir die K 118. Statt sie sogleich zu queren, laufen wir noch etwa 100 m auf dem parallelen Feldweg nach links

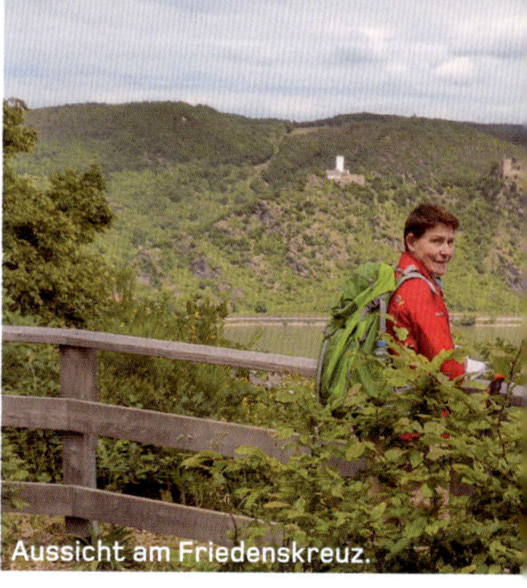
Aussicht am Friedenskreuz.

und queren dann die Straße auf Höhe eines kleinen Parkplatzes. Dort biegen wir auf einen asphaltierten Wirtschaftsweg ab, der uns sanft bergan führt. Wiesen wogen neben dem Weg und auch Streuobstbäume verleihen dem Hochplateau ein besonderes Flair. Bald endet der Asphalt und wir laufen auf befestigtem Feldweg weiter. Unweit des Friedenskreuzes stoßen wir auf einen Querweg und biegen rechts ab. Nach **7.5 km** genießen wir vom Friedenskreuz **(5)** eine tolle Aussicht auf den Rhein und die Feindlichen Brüder.

Unmittelbar rechts neben der Aussicht setzt sich unsere Traumschleife fort. Ein steiler Pfad mit Treppenstufen führt ins dämmrige Grün des dichten, niedrig gewachsenen Hangwaldes. Beim anspruchsvollen Abstieg ist sehr gute Trittsicherheit gefordert, denn immer wieder sind auch felsige Partien zu meistern. Dann flacht der Pfad ab und führt mitten durch die steile Hangflanke. Auch hier sind

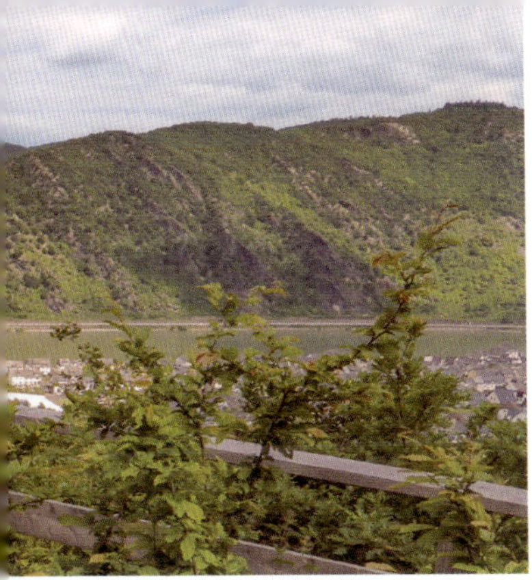

immer wieder kniffelige Stellen zu bewältigen, die teilweise mit Stufen und Sicherungen versehen sind. Wir passieren eine tolle Aussicht zum Rhein und statten kurz der Hangkante eine Stippvisite ab, bevor sich der Pfad erneut absenkt. In stetem Auf und Ab führt er uns sehr kurzweilig flussabwärts. Nach **8.5 km** steigen wir neben einer Klippe bergan und freuen uns, dass hier eine aussichtsreiche Bank zur Pause bereit steht. Anschließend setzen wir den Aufstieg fort und erreichen schließlich wieder das Rheinplateau und einen bequemen Feldweg, dem wir nach rechts folgen.

Nach **9 km** steht an der Hangante eine einladende Sinnesbank bereit, von der wir den Burgenblick **(6)** perfekt genießen können. Nur 100 m später dürfen wir den breiten Weg verlassen und rechts auf einen Pfad wechseln. Der führt uns unmittelbar an der Hangkante entlang und bringt uns erst an die Aussicht „Steinerner Mann" und wenig später noch zu „Baedekers Ruh". Von beiden Punkten ergeben sich tolle Rheintalblicke.

Nach **10.3 km** biegen wir an einer Gabelung rechts ab und stehen kurz darauf am filigranen Tempel auf der Thonethöhe **(7)**. Boppard liegt perfekt im Blickfeld und auch den Verlauf des Rheinsteigs durch die Filsener Ley auf der rechten Rheinseite können wir ausgiebig in Augenschein nehmen. Nach erholsamer Rast folgen wir dem kurvenreichen Pfad noch etwas, biegen aber in einer Rechtskehre nach links in den Wald ab. Wir verlieren noch etwas an Höhe, bevor es durch dschungelartigen Urwald ein kurzes Stück eben weiter geht. Doch noch einmal schwingt sich die Traumschleife bergwärts. Stramm führt der Pfad uns aufwärts, bis wir eine Heckenzone erreichen und tief durchatmen.

Wenig später treffen wir auf einen Waldweg, halten uns rechts und stehen nach **11.1 km** an der Schutzhütte Eisenbolz **(8)**. Der Ausblick auf Boppard und den Bopparder Hamm ist grandios und es fällt uns schwer, uns davon loszureißen. Der folgende Abstieg auf steilem Serpentinenpfad erfordert vollste Aufmerksamkeit. Schließlich ist es geschafft und wir erreichen wieder den Park Marienberg. Wir biegen rechts ab und laufen am See vorbei zum Portal **(1)**, wo sich nach **12 km** der Kreis dieser sehr abwechslungsreichen, teilweise aber durchaus anspruchsvollen Rundtour schließt.

INFOS

Tourist Information Boppard, Marktplatz, 56154 Boppard
06742/3888
www.boppard-tourismus.de
■ *Romantischer Rhein Tourismus GmbH, An der Königsbach 8, 56075 Koblenz*
0261/9738570
www.romantischer-rhein.de

Cafe am Markt, Oberstraße 145, 56154 Boppard 06742/2484
www.hauptsache-schokolade.de
■ *Hotel Ebertor, Heerstra. 172, 56154 Boppard 06742/8070 www.ebertor.de*
■ *Restaurant Alte Schmiede, Kronengasse 24, 56154 Boppard 06742/81142*
www.alteschmiede-boppard.de
Di Ruhetag

Bellevue Rheinhotel, Rheinallee 41, 56154 Boppard 06742/1020
www.bellevue-boppard.de
■ *Park Hotel Bad Salzig, Römerstr. 38, 56154 Boppard-Bad Salzig*
06742/93930 www.park-villa.de

Boppard hat einen Bahnhof und ist über die Mittelrheinbahn im Stundentakt erreichbar.
www.mittelrheinbahn.de

Taxi Kremser 06742/5530
■ *Taxi Gras 06742/82188*

Fachwerkidylle
In der Altstadt von Boppard lohnt ein Gang durch die engen Gassen, in denen sich einige uralte Fachwerkhäuser verstecken. Das älteste Fachwerkhaus stammt aus dem Jahr 1519. Heute beherbergt das „Teehäusje" einen kleinen Teeladen nebst Teestube und lädt zum Verweilen ein.
Teehäusje, Untere Marktstr. 8-10, 56154 Boppard 06742/5798
www.bopparder-teehaeusje.de

Die Traumschleife Marienberg verläuft häufig auf Naturwegen und Pfaden, die bei nasser Witterung rutschig sein können. Einige anspruchsvolle Passagen erfordern sehr gute Trittsicherheit. Knöchelhohe Wanderstiefel und Wanderstöcke sind empfehlenswert.

Die Wegstrecke weist keine unüberwindbaren Hindernisse für Hunde auf. Am Bruder Michels Bach haben Hunde Zugang zum Wasser.

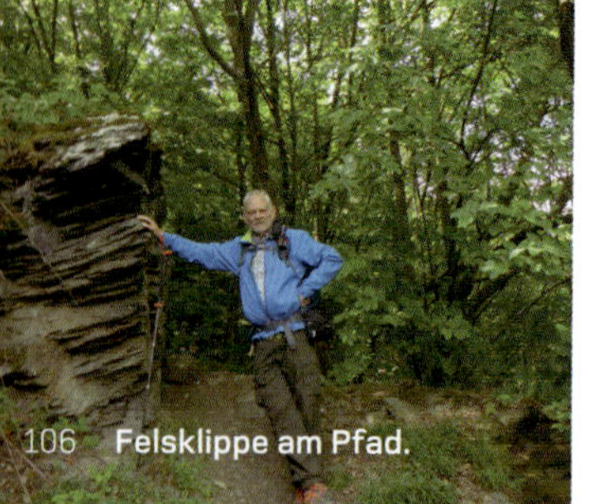
 Felsklippe am Pfad.

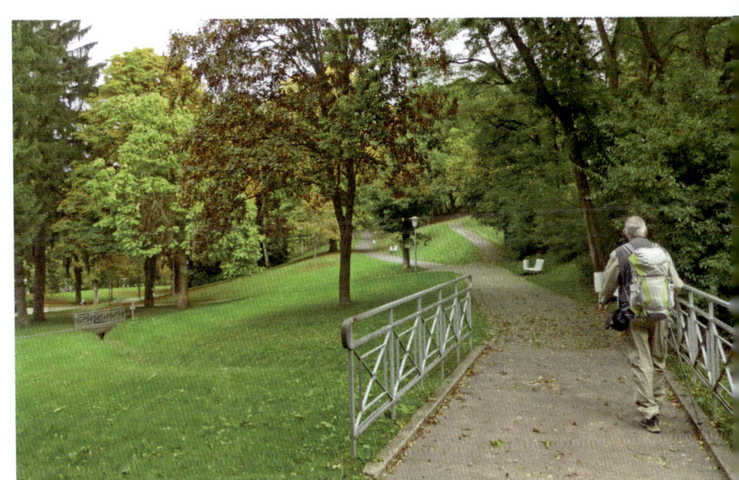

Heilende Wasser

Schon Mitte des 18. Jahrhunderts war bekannt, dass es im heutigen Bad Salzig eine Quelle mit salzig schmeckendem Wasser gibt. Doch erst zu Beginn des 20. Jahrhunderts fanden in Bad Salzig erste Erkundungsbohrungen statt. Dabei wurden in Tiefen von 281 m bzw. 449 m im Abstand mehrerer Jahre zwei Mineralquellen erschlossen, womit dem Betreiben eines Heilbades nichts mehr im Wege stand. Die Barbara- und die wärmere Leonorenquelle lieferten kohlensäurereiches und salzhaltiges Heilwasser und ermöglichten 1907 die Eröffnung des Heilbades.

Auch heute befindet sich in Bad Salzig noch ein Kurklinikum, allerdings werden die Mineralquellen nicht mehr therapeutisch eingesetzt. Unweit des klassizistischen Bäderhauses gibt es noch immer einen öffentlich zugänglichen Trinkbrunnen.

Einladend ist auch der weitläufige und gepflegte Kurpark rund um die Klinik. Vor allem der alte Baumbestand lädt zum Verweilen und Entspannen ein.

11 Elfenlay

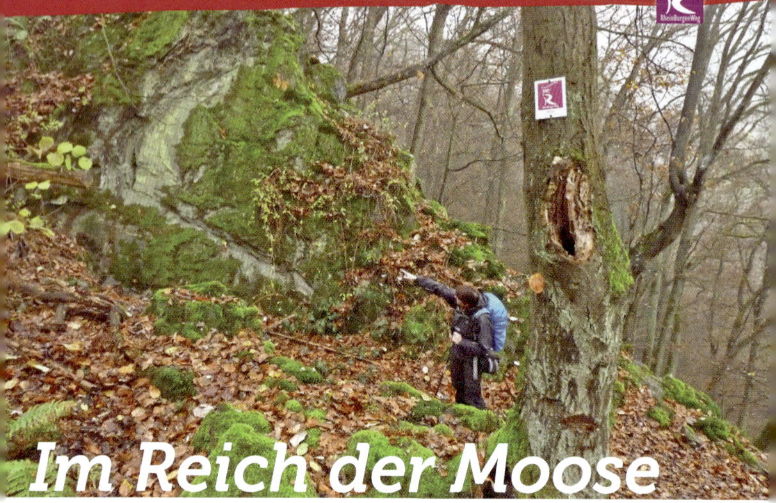

Im Reich der Moose

- **Start/Ziel:** Bahnunterführung „Boppard Elfenlay"
- **Gesamtlänge:** 10.8 km
- **Gesamtzeit:** 3 Std. 45 Min.
- **Kalorien:** ♀ 882 ♂ 1036
- **Tour Download**: RS1XTX8

- **Anfahrt:** Boppard erreicht man über die B 9. Von der A 61 (Ausfahrt Boppard) gelangt man über die L 209 nach Boppard.

38.9 % | 59 %

scan to go®

- **Parken:**
  - Remigiusplatz/Mühltal N50° 14' 06.6'' • E7° 34' 38.0''
  - Flogtstraße (nur Sa., So. und feiertags) N50° 14' 05.1'' • E7° 34' 38.9''

- **Wegpunkte:**

P1: Einstieg Traumschleife 32 U 398526 5565654
P2: Ausblick Elfenlay 32 U 398234 5565670
P3: Kurt-Alich-Blick 32 U 398067 5565681
P4: Bahnquerung 32 U 397482 5566215
P5: Blick Talgrund Tunnel 32 U 396964 5565968
P6: Viaduktblick 32 U 396764 5565521
P7: Liesenfelds Hütte 32 U 396759 5565284
P8: Sabelskopf Hütte 32 U 398531 5565061

■ Höchster Punkt: 343 m ■ Steigung/Gefälle: 451 m

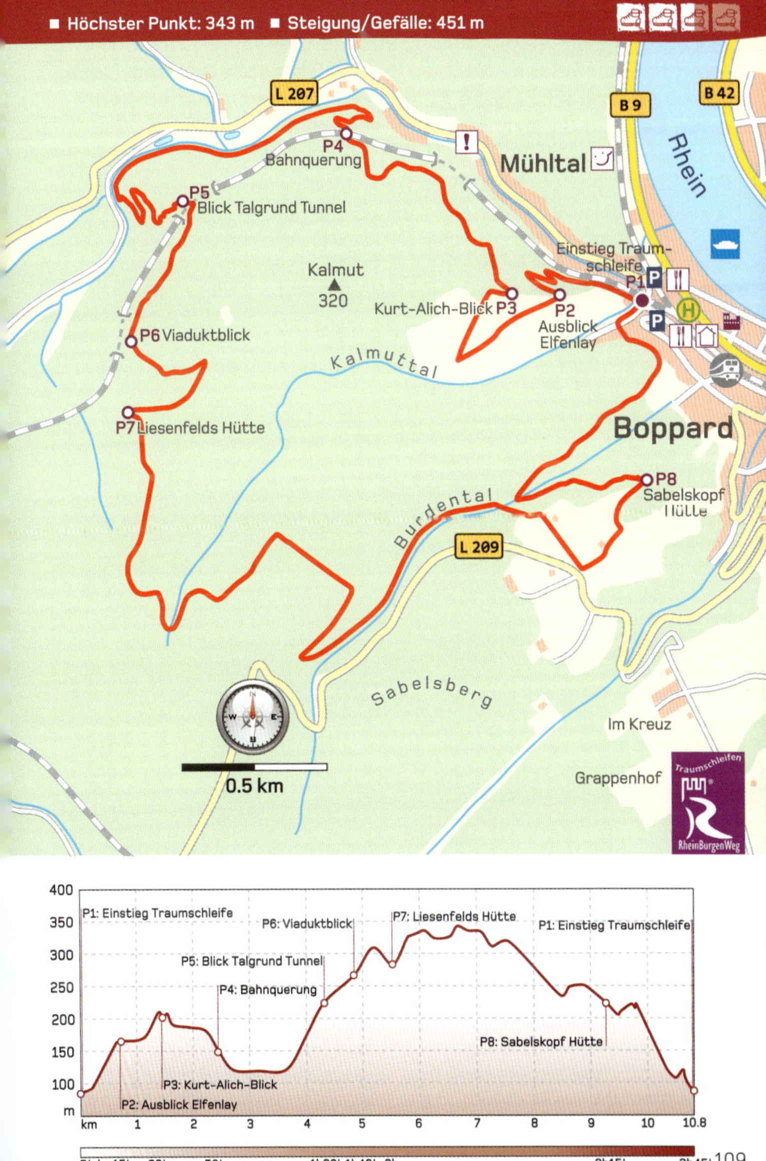

Gleich drei idyllische Täler erschließt die Traumschleife Elfenlay und führt uns dabei durch rauschende Wälder, zu moosbewachsenen Felsen und über luftige Streuobstwiesen. Dazu gibt es sagenhaft schöne Ausblicke und immer wieder spannende Begegnungen mit der Hunsrückbahn.

Da wir die Elfenlay gegen den Uhrzeigersinn erobern wollen, wenden wir uns gleich nach der Unterführung der Hunsrückbahn (1) rechts der gleichnamigen Sackgasse zu. Rasch erreichen wir das Ende der Straße und dürfen nun einem schmalen Pfad zwischen Berghang und Hunsrückbahn ins Mühltal folgen. Wir begleiten die Gleise der Hunsrückbahn am Beginn der Steilstrecke, und bald beginnt auch für uns die erste Herausforderung. Der Pfad knickt links ab, und nun gilt es, den steilen Hang in Serpentinen zu erobern. Zum Glück spendet der mittelhohe Laubmischwald Schatten, während wir Meter für Meter an Höhe gewinnen.

Schon nach den ersten kurzweiligen **250 m** sorgt ein traumhaft schöner Ausblick an der Hangkante dafür, dass wir erst mal innehalten und den Blick auf Vater Rhein genießen. Danach widmen wir uns weiter dem Pfadanstieg, der mit weiteren Schlenkern bergan führt. Dann öffnet sich erneut die Waldkulisse, und wieder bleiben wir unwillkürlich stehen und nehmen die Einladung der bereitstehenden Bank gerne an. Wir haben die Elfenlay (2) erklommen und können nun aus luftiger Höhe das Rheintalpanorama und die Stadtansicht von Boppard in Ruhe auskosten. Mühsam reißen wir uns von der tollen Aussicht los und wandern nun eben auf uralten Weinbergswegen ins unberührte Kalmuttal. Bald bleiben die knorrigen Rebstöcke zurück, und üppige Hecken geben dem Abschnitt einen urwüchsigen Charakter.

Nach **1.1 km** erreichen wir eine Wegkreuzung nebst Bank. Hier halten wir uns, geführt von den markanten Logos, rechts und machen weitere Höhenmeter gut. Kaum haben wir die Kuppe des Berges erreicht, weisen Schilder nach rechts. Klar lassen wir uns diesen Abstecher nicht entgehen und kommen wenige Meter später in den Genuss, den Kurt-Alich-Blick (3) wahlweise von einer Bank oder vom etwas unterhalb gelegenen Felsen zu genießen. Vor allem im Herbst, wenn feuchte Nebelfetzen über dem Tal liegen, scheint Caspar David Friedrichs berühmter Wanderer über dem Fluss sehr gegenwärtig zu sein.

Beschwingt von so beeindruckenden Aussichten, setzen wir die Tour auf der Traumschleife fort und lassen uns pfadig zurück in den urigen Hangwald führen. An einer Bank senkt sich der Pfad deutlich ab, und spätestens hier sind feste Wanderstiefel und gute Trittsicherheit Pflicht und ein Wanderstock sinnvoll.

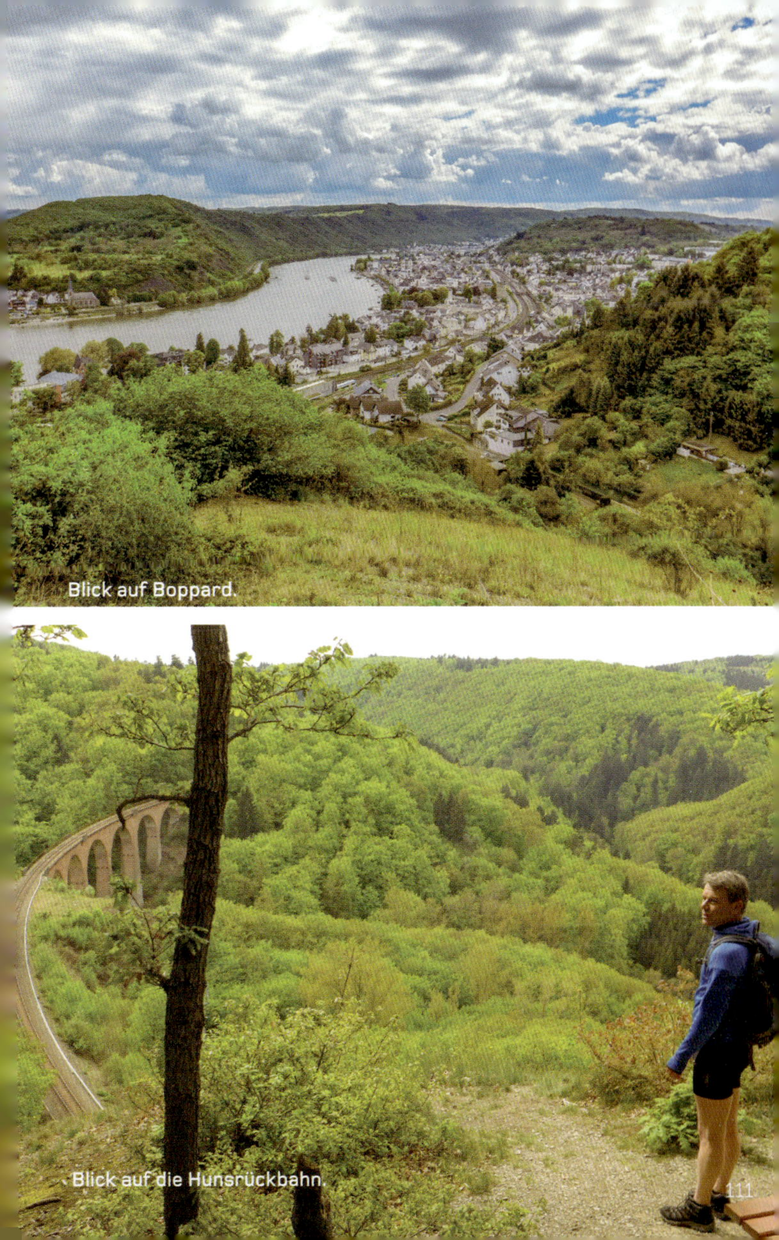
Blick auf Boppard.

Blick auf die Hunsrückbahn.

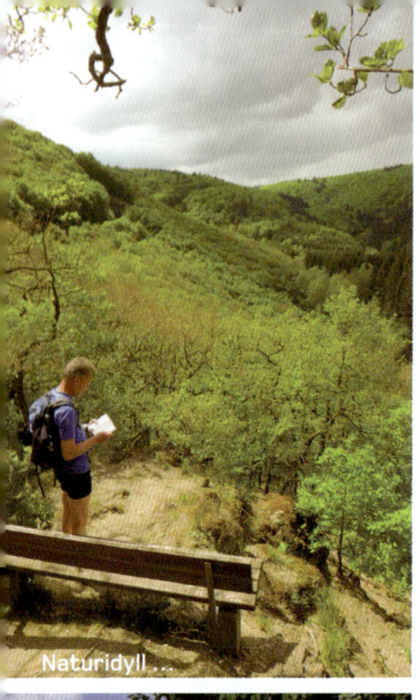

Naturidyll ...

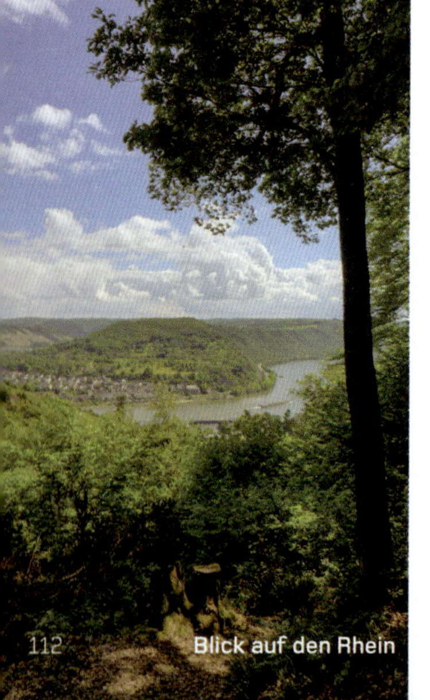

Blick auf den Rhein

Bald vereinigt sich unser Weg mit einem querenden Pfad, und deutlich flacher geht es links weiter. Auch der Wald wandelt sich: Die gedrungenen Eichen geben das Zepter an hohe schlanke Buchen ab, die nun den Laubmischwald dominieren.

Nach **2.2 km** halten wir uns an einer Weggabelung rechts und wandern weiter gemütlich talwärts. Dann ist es so weit: Voraus blinken die glatt polierten Gleise der Hunsrückbahn (4), die wir nun aufmerksam queren. Vorbei an imposanten Felsen im Wald nähern wir uns weiter dem Talgrund und erreichen schließlich eine Wegkreuzung nebst Bank. Hier wenden wir uns nach links und folgen fortan dem „Kronprinzenpfad" durchs Mühltal. Gekrönte Häupter lassen sich nicht blicken, aber dafür zieht uns der leise glucksende Mühlbach immer mehr in seinen Bann. Bald schon bewegen wir uns in unmittelbarer Nähe zum Bach und frönen der idyllischen Natur des Tals. Der Sagenweg verlässt uns, und nach **3.7 km** nehmen auch wir Abschied vom Mühltal.

Kaum haben wir uns mit dem Serpentinenpfad die ersten Meter vom Bach entfernt, ist wieder Kondition gefordert, denn nun beginnt der lange Aufstieg zum Rauher Berg. Doch die Strecke über die Serpentinen ist sehr kurzweilig, denn sowohl die niedrigen, teils skurril gewachsenen Eichen als auch die weichen Moospolster und die immer wieder aufragenden, verwitterten Felsen sorgen für stete Abwechslung. Und dann sind da noch diese einzigartigen Ausblicke! Den ersten erreichen wir an einer Bank auf einem Felssporn. Weit schweift der Blick übers Tal und mitten in der grünen Idylle gähnt das Tor des Rauherberg-Tunnels. Eine Tafel mit den Fahrzeiten der Hunsrückbahn zeigt auf einen Blick, ob sich das Warten auf die nächste Bahn, um sie zu fotografieren, lohnt. Der Aufstieg setzt sich pfadig fort und bringt uns bald über die Hunsrückbahn, genauer über den Talberg-Tunnel. Auch hier steht für Bahnfans eine Bank bereit, die einen Logenblick (5) auf die Gleise bietet. Doch selbst das ist noch steigerungsfähig, denn nach **4.9 km** bietet sich an einer Wegbiegung ein weiterer fantastischer Bahnausblick: Diesmal steht das Hubertusviadukt (6) im Fokus, und natürlich gibt es auch hier wieder eine Bank, um auf den nächsten Zug zu warten …

Wenig später endet der weiche Waldweg an einer Kreuzung. Hier wenden wir uns nach rechts und folgen einem breiten, teils befestigten Waldweg nun sogar leicht abwärts. Kaum haben wir die Hälfte der Strecke absolviert, lädt die unmittelbar an der Hangkante errichtete Liesenfelds Hütte (7) zum Verweilen und „Zug-Gucken" ein, denn auch hier hat man die Strecke der Hunsrückbahn und das Hubertusviadukt bestens im Blick. Unmittelbar an der Hütte knickt die Elfenlay scharf links ab und steigt noch einmal stramm an. Doch der Anstieg ist rasch überwunden und der Weg flacht mit einem Schwenk nach rechts deutlich ab. Nun laufen wir entlang eines Kamms und genießen auch hier wieder grandiose Blicke. Bei **Kilometer 6** beschließt die ebenfalls mit einer Bank bestückte, beeindruckende Aussicht „Hubertusschlucht" den Reigen der „Bahnblicke". Denn nun kehrt die Traumschleife der Hunsrückbahn den Rücken und führt uns pfadig zu einem breiten Querweg. Ein Wegweiser gibt die Richtung vor, und ein enger Pfad bringt uns zu einer idyllischen Waldwiese, die zum ungestörten Waldpicknick einlädt. Anschließend treffen wir auf einen breiten Weg und folgen diesem rechts mit einer weiten Kurve um das obere Kalmuttal herum. Lange bleiben wir nicht auf dem Forstweg, denn schon schicken uns die Logos auf einen neuen Pfad, der mit steilen Stufen die Böschung erklimmt. Oben schlängelt sich der Pfad durch den lichten Nadelwald und endet an einem Waldweg. Dem wenden wir uns links zu und wandern bald durch lichtdurchfluteten Eichenwald sanft bergab.

So nähern wir uns mit einigen Richtungswechseln dem Burdental. Mit scharfem Knick nach links beginnen wir nach **7.6 km** den Abstieg durch das tief eingeschnittene Tal, das zunächst nur wenig unterhalb der L 209 verläuft. Doch allmählich vergrößert sich der Abstand, und die Vegetation schirmt die Verkehrsgeräusche ab. Je tiefer wir kommen, umso mehr wandelt sich die anfangs enge, dunkle Schlucht zum idyllischen Tal. Denn bald übernehmen Laubgehölze die Regie und geben dem Tal einen urigen Charakter. Doch so ganz sind die Anstrengungen noch nicht überstanden. Das wird sofort klar, als uns die

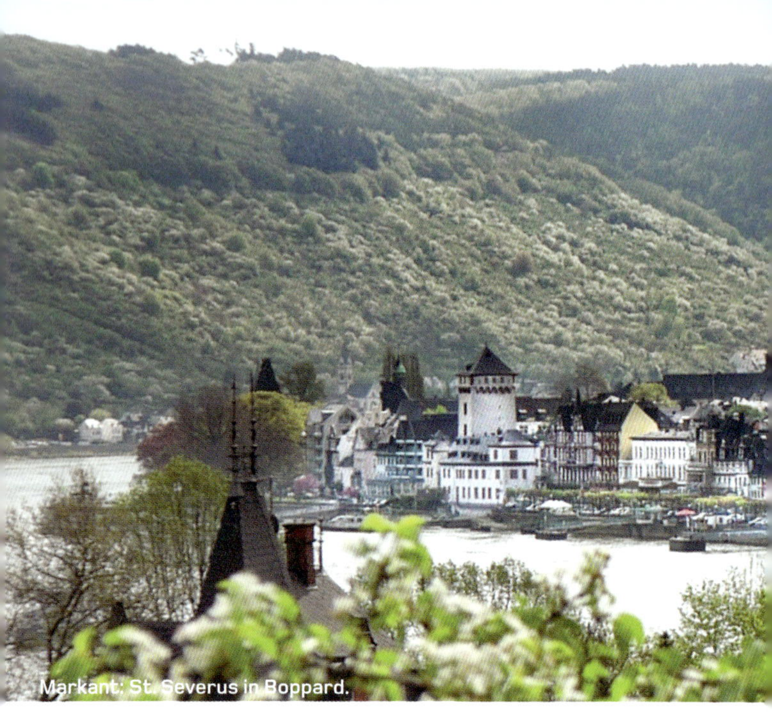
Markant: St. Severus in Boppard.

Logos nach **8.5 km** unvermittelt rechts über das Bächlein hinweg wieder steil bergan schicken. Aber der Aufstieg zur Hangkante ist rasch geschafft und wird von einem Wechsel in offenes Weideland markiert. Mitten durch die eingezäunten Streuobstwiesen folgen wir dem Feldweg, bis wir fast an der L 209 auf den Hunsrückhöhenweg stoßen. Gemeinsam wenden wir uns nach links und laufen durch die offene Landschaft sanft abwärts. Bald bleiben die Weiden hinter uns zurück, und der Weg taucht wieder in Gehölze ab. Nach **9.3 km** ist es dann Zeit für den nächsten Höhepunkt: Wir erreichen die Sabelskopf Hütte (8), die einen traumhaft schönen Ausblick auf den Rhein und Boppard bietet. Sofort ist die Mühe beim Anstieg aufs Plateau vergessen, denn für so eine Aussicht hat sich die kleine Anstrengung auf jeden Fall gelohnt.

Auch die Fortsetzung der Tour bietet reizvolle Spannung. Pfadig geht es durch den steilen Hang abwärts. An einer Weggabelung schwingt sich die Traumschleife dann noch einmal nach links kurz bergan, passiert einen mächtigen Felsen und windet sich durchs urige

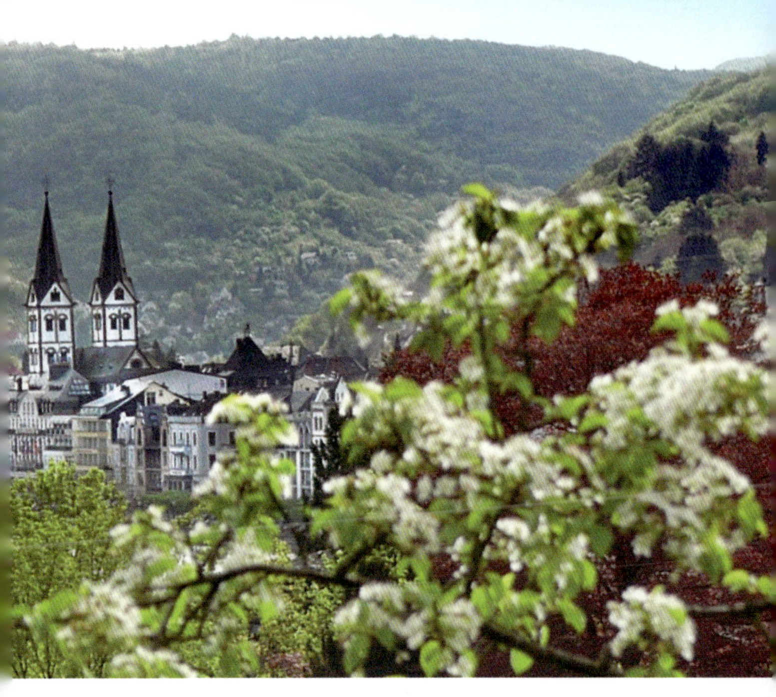

Gehölz, bevor wir nach 9.8 km den Burdenbach erneut queren und uns danach dem Endabstieg nach Boppard widmen.

Uralte, akkurate Weinbergsmauern begleiten unseren Abstieg, und bald eröffnen sich einzigartige Blicke auf die markante Stadtsilhouette Boppards. Unmittelbar bevor wir das erste Haus erreichen, weisen uns die Logos nach 10.5 km den Weg nach links auf einen neuen Pfad. Oberhalb von Gärten queren wir den Hang und passieren am Ende einen kleinen Fichtenwald. Dann betreten wir durch ein Wildschutzgatter einen Garten. Auch am unteren Ende geht es durch eine Gittertür, dann stehen wir auf der Sackgasse vor einer Weinstube. Wir folgen der Straße abwärts und sehen vor uns bereits die Bahnunterführung der Hunsrückbahn. Nach 10.8 km endet dort (1) diese sehr aussichtsreiche und reizvolle Tour auf der Elfenlay.

INFOS

Romantischer Rhein Tourismus GmbH An der Königsbach 8, 56075 Koblenz 0261/97384722 www.romantischer-rhein.de
■ Zum Stausee 198, 66679 Losheim am See 06872/9018100 www.saar-hunsrueck-steig.de
■ Tourist-Information Boppard Marktplatz, 56154 Boppard 06742/3888 www.boppard.de

Gaststätte Zum Schoppenstecher, Kalmuttal 2, 56154 Boppard 06742/3092 Mi. & Sa. Ruhetag
■ Weinstube Restaurant Fondels Mühle, Mühltal 8, 56154 Boppard 06742/5775 Mo. Ruhetag
■ Mühlenschänke, Mühltal 13, 56154 Boppard 06742/896754 Di. Ruhetag
■ Weingut Felsenkeller, Mühltal 21, 56154 Boppard 06742/2154 Di. Ruhetag

Hotel Ebertor, Heerstr. 172, 56154 Boppard 06742/8070 www.ebertor.de
■ Baudobriga Rheinhotel, Rheinallee 43, 56154 Boppard 06742/80550 www.baudobriga.de
■ Pension „Bei Schinderhannes & Julchen", Seminarstr. 9, 56154 Boppard 06742/3173 www.schinderhannes-und-julchen.de

Boppard ist gut per Bahn zu erreichen. www.bahn.de

Taxi Gras 06742/82188

Boppard ist eine der wenigen Rheinstädte, deren Uferpromenade zum Schlendern und Verweilen einlädt. Zahlreiche gastronomische Betriebe und Winzer bieten Speis und Trank an. Doch auch in puncto Kultur hat Boppard mehr als die Kurfürstliche Burg zu bieten. Vor allem der ehrwürdigen Kirche St. Severus am Marktplatz sollte man einen Besuch abstatten, denn dieser romanische Sakralbau aus dem späten 12. Jahrhundert ist absolut sehenswert.
www.boppard-tourismus.de

Einen echten Adrenalinschub bekommt man bei der Tour auf dem Bopparder Klettersteig. Der ebenfalls als Traumschleife markierte ca. 5.1 km lange Rundweg bietet Nervenkitzel auf Leitern, Stiegen und Felswandquerungen. Klettergurte können an der Aral Tankstelle ausgeliehen werden (gegen Gebühr). Die schwierigsten Passagen können auch auf Pfaden umgangen werden.
www.boppard-tourismus.de

▶ Zusätzliche Informationen Tour 12 (Mittelrhein Klettersteig.) ▶ Seite 118

Die Traumschleife Elfenlay verläuft hauptsächlich auf Naturwegen und nutzt zahlreiche Pfade. Bei nasser Witterung können daher manche Wegabschnitte rutschig und schwer zu begehen sein. Gute Trittsicherheit und festes, knöchelhohes Schuhwerk sowie Wanderstöcke sind daher wichtig.

Die Wegstrecke ist für Hunde geeignet.

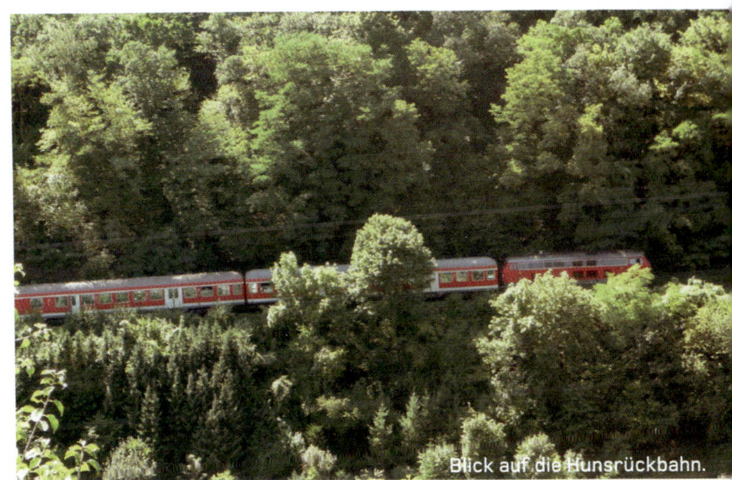

Blick auf die Hunsrückbahn.

Steile Strecke

Die Hunsrückbahn von Boppard nach Emmelshausen ist nicht nur eine der schönsten Bahnstrecken in Deutschland, sie ist auch die steilste reguläre Bahnlinie. Auf der 8.5 km langen Steilstrecke sind immerhin 336 Höhenmeter zu überwinden, was die modernen Triebwagen jedoch problemlos schaffen.

Am eindrucksvollsten erlebt man diese reizvolle Strecke bei der Kombination aus Wandern und Bahnfahrt. Hervorragend eignet sich dafür der eigens neu angelegte Hunsrückbahn-Wanderweg. So kann man beispielsweise zunächst mit der Bahn von Boppard nach Buchholz fahren und dort dann auf dem Wanderweg zurück nach Boppard laufen. Unterwegs gelangt man (teils gemeinsam mit der Traumschleife Elfenlay) zu den schönsten Aussichtspunkten auf die Bahnstrecke. Natürlich ist auch die umgekehrte Reihenfolge möglich. Geplant ist, den Wanderweg bis Emmelshausen zu verlängern.

Auf der Homepage kann man einen Flyer zum derzeit 8 km langen Weg mit Kartenskizze herunterladen. Nähere Informationen: ⓘ www.hunsrueckbahn.de

12 Mittelrhein Klettersteig

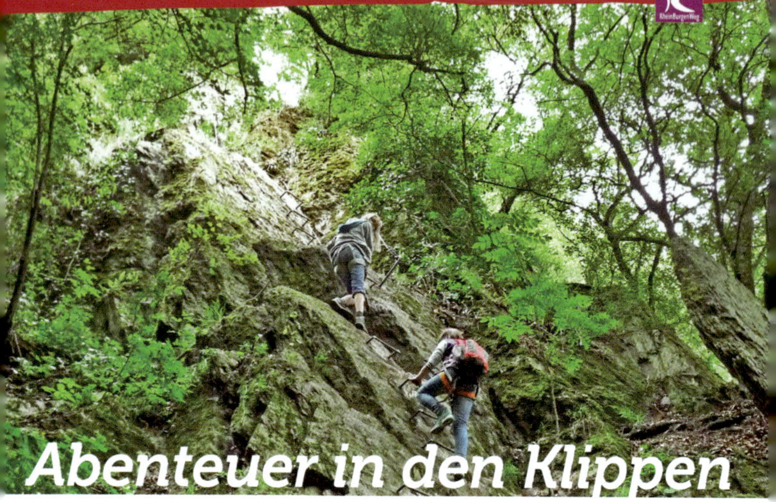

Abenteuer in den Klippen

- **Start und Ziel:** Boppard, Zum Mühlchen
- **Gesamtlänge:** 5.1 km (davon 3 km RBW)
- **Gesamtzeit:** 3 Std.
- **Kalorien:** ♀ 529 ♂ 619
- **Tour Download**: RSX9TX9

- **Anfahrt:** Entlang des Rheins gelangt man auf der B 9 nach Boppard.

8.9 | 88.8 %

- **Parken:**
  - Talstation N50° 14' 06.2'' • E7° 34' 37.4''

- **Wegpunkte:**

P1: Boppard, Zum Mühlchen
32 U 398450 5565799

P2: Einstieg Klettersteig
32 U 398426 5565948

P3: Umgehung
32 U 398348 5566267

P4: Rastplatz & Aussicht
32 U 398382 5566972

P5: Engelseiche
32 U 397949 5567507

P6: Vierseenblick
32 U 398095 5566986

P7: Gedeonseck
32 U 398197 5566718

scan to go®

■ Höchster Punkt: 306 m ■ Steigung/Gefälle: 286 m

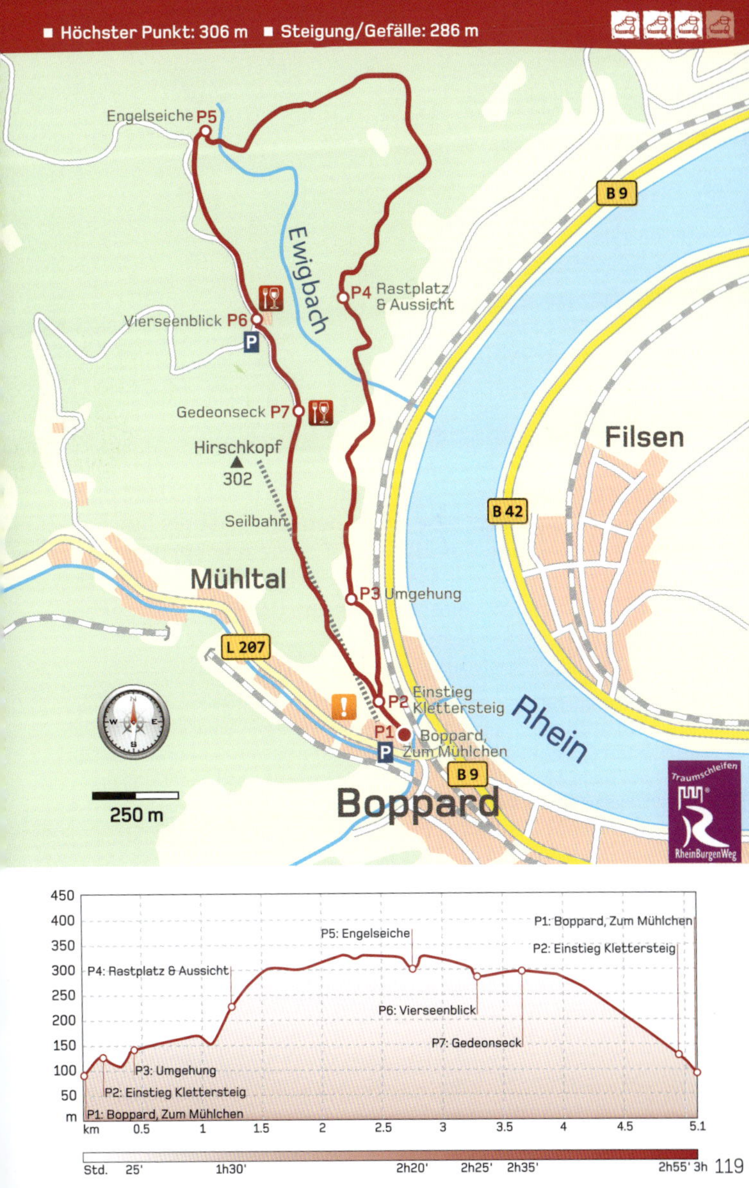

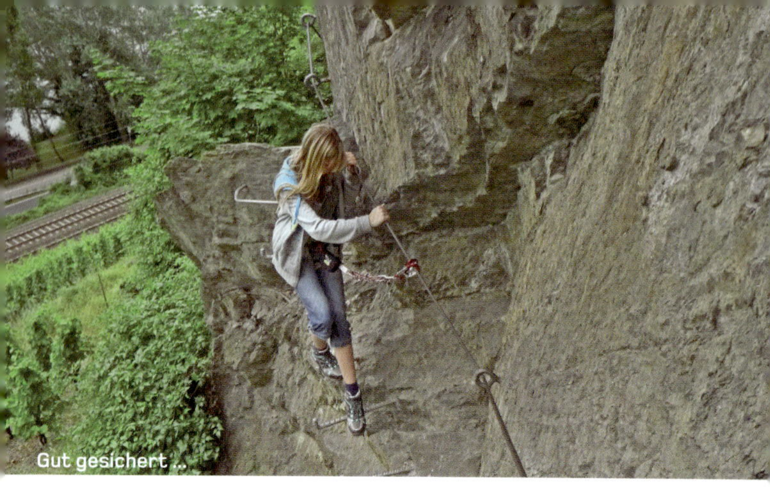
Gut gesichert ...

Abenteuer und Ausblicke – zwei Worte, die diesen Klettersteig an der Rheinschleife beschreiben. Ein Erlebnis der Extraklasse erwartet den Wanderer auf diesem anspruchsvollen Rundkurs um Boppard. Mit der richtigen Ausrüstung ist am Ende klar: Schöner kann Wandern im UNESCO-Welterbe Oberes Mittelrheintal kaum sein.

Wir starten zu dieser besonderen Rundtour am großen Parkplatz (1) unweit des Bahndamms neben dem Gasthof Zum Mühlchen in Boppard. Direkt neben der Gaststätte zeigen Wegweiser unter anderem zum Klettersteig.

Wir folgen dem engen Pfad an Häusern und Gärten vorbei und beginnen den Aufstieg zum Hirschkopf. Ein Blick zurück lohnt sich, bietet sich uns doch eine prima Aussicht auf Boppard.

Nach nur 200 m trennen wir uns vom regulären Rheinburgenweg, der weiter unter der Seilbahntrasse in Serpentinen bergan strebt. Wir biegen an einer Bank und einer Hinweistafel zu den Gefahren des Klettersteigs (2) nach rechts ab und kommen bereits nach 10 Metern in den Genuss der ersten Leiter.

Abwärts geht es zunächst auf der fest montierten und griffigen Metallleiter. Für weniger trittsichere oder nicht schwindelfreie Wanderer gibt es nach dieser ersten Kletterhürde eine wanderbare Alternative in Form der neuen Traumschleife (magentafarbene Logos) (▶Traumschleifen Band 1 & 2).
Die Traumschleife biegt nach links und führt oberhalb der eigent-

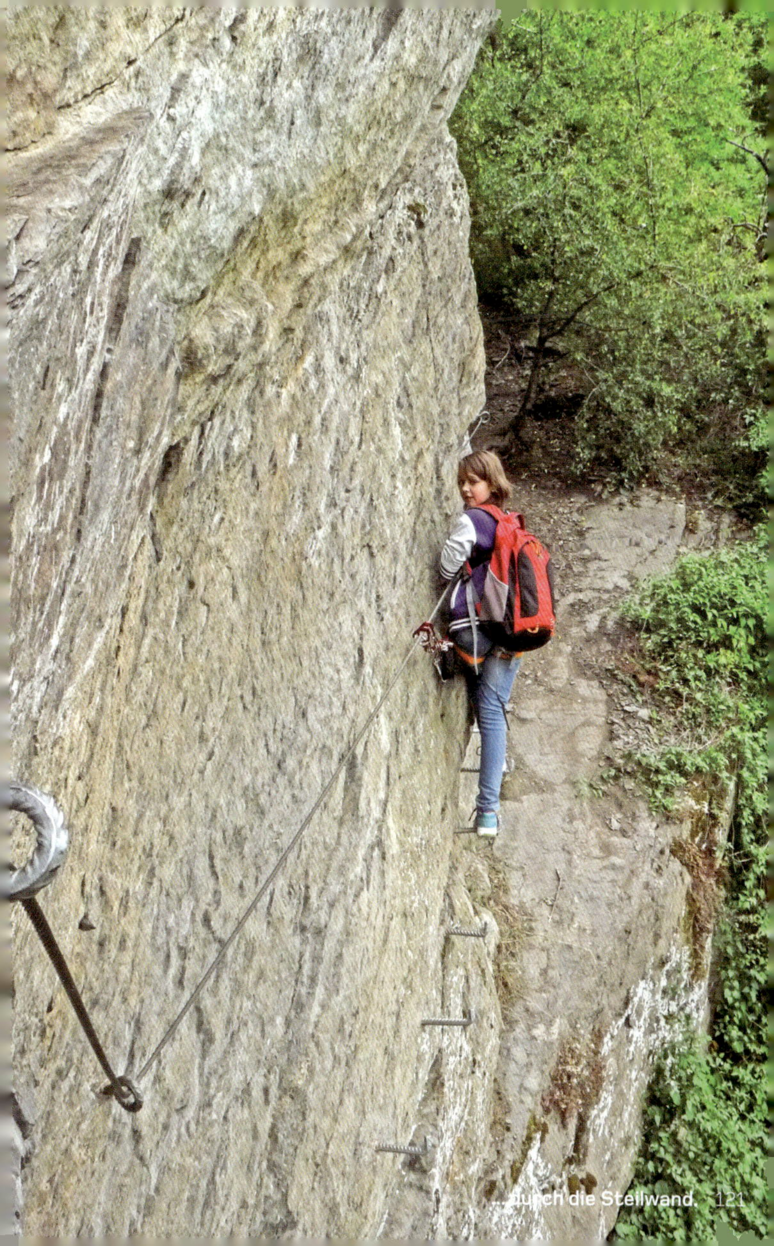

… durch die Steilwand.

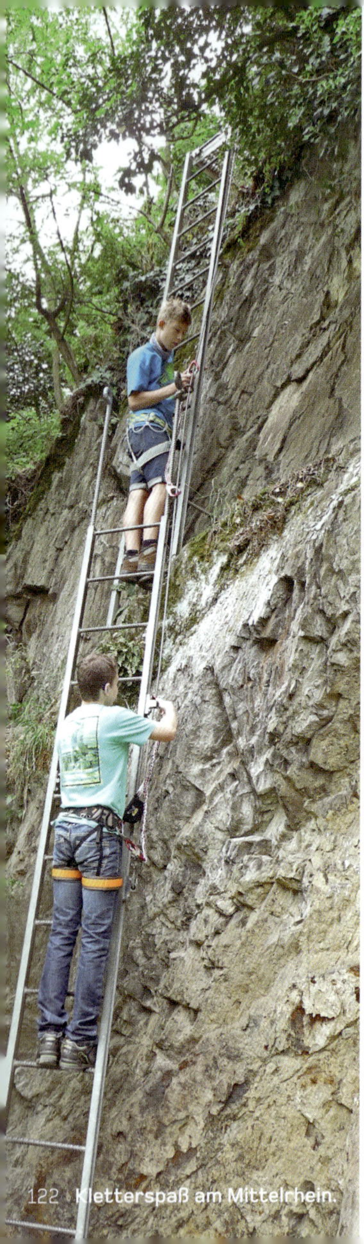

lichen Klettersteigroute durch den Hang. Diese Variante umgeht die anspruchsvollen Kletterpassagen und trifft bei (3) wieder auf den Klettersteig.

Wir stürzen uns aber ins Klettersteigvergnügen und folgen der sehr abwechslungsreich, aber auch anspruchsvoll gestalteten Route. Gerade führt eine Leiterkombination noch steil abwärts, da gilt es bereits wieder den nächsten Aufstieg mithilfe von Eisenbügeln, die felsenfest verankert sind, zu überwinden. Besonders spektakulär wird es nach insgesamt **450 m**: Hier heißt es, auf Trittbügeln, eine Hand immer am sichernden Stahlseil, die horizontale Querung einer Felswand zu meistern. Klar, dass man dabei auch stets einen tollen Blick ins Rheintal hat, den man aber tunlichst bei einer kurzen Pause genießen sollte, denn der Klettersteig verlangt absolute Aufmerksamkeit.

Insgesamt ist die Kletterei ein tolles Erlebnis und macht Jung und Alt Spaß. In diesen sehr beeindru-

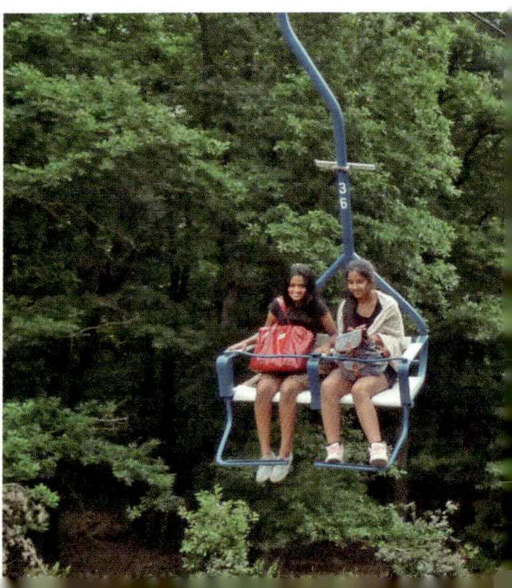

ckenden Abschnitt mündet auch die Umgehung mittels Traumschleife (3) – für Kinder eine gute Alternative! – und es geht zunächst fast höhenparallel am Hang entlang weiter. Ein Naturpfad führt uns durch Gebüsch und aufgelassene Weinberge, der Blick schweift über den Bopparder Hamm und den Rheinbogen, während es stetig hinunter zum Ewigbach geht.

! Wem der nun bevorstehende, zwar letzte, aber doch noch mal sehr anstrengende Steilaufstieg über die Trittbügel zu viel ist, der wendet sich hier nach rechts und erreicht nach nur 200 Metern den lokalen Wanderweg Nr. 3, der entlang der B 9 nach Boppard zurückführt (eventuell auch eine Familienvariante).

Wir stellen uns der Herausforderung und nehmen die aufragenden Felsklippen über Trittbügel in Angriff. Kritische Passagen sind durch Stahlseile bestens gesichert. Oben angekommen, belohnt eine Sitzgruppe (4) mit tollem Ausblick für die Anstrengungen.

Gut erholt, setzen wir den Aufstieg nun auf weichem Waldpfad fort. Die Kletterei liegt hinter uns, aber noch sind es knapp 80 Höhenmeter zum höchsten Punkt der heutigen Wanderung. Die RheinBurgenWeg-Klettersteig-Logos weisen uns den Weg durch den Wald (die Gegenrichtung ist nicht ganz so gut ausgeschildert; es empfiehlt sich aber sowieso, den Klettersteig, wie beschrieben, zu laufen).

Nach insgesamt 1.8 km passieren wir eine Aussicht zum Jakobsberg. Nur 200 Meter später mündet unser Pfad auf einen von links kommenden Waldweg. Wir biegen nach rechts, um nur 120 Meter später auf den breiten Lokalweg Nr. 37 zu stoßen. Hier halten wir uns links und laufen leicht aufwärts. Dann heißt es kurz aufpassen: Wir verlassen Weg Nr. 37 und biegen für 10 Meter nach links, dann rechts auf einen Pfad ab. Dieser führt durch herrlichen Mischwald ca. 200 Meter

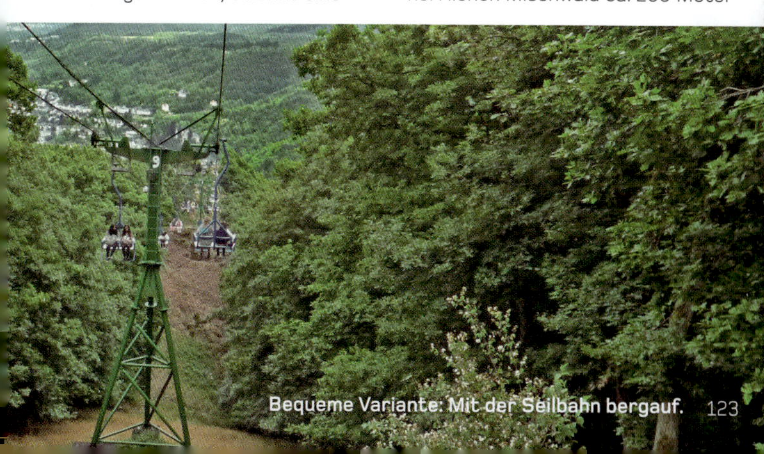

Bequeme Variante: Mit der Seilbahn bergauf.

bergan, bis wir links auf einen Waldweg schwenken. Wir wandern auf dem weichen Weg abwärts, wechseln aber 100 Meter später rechts auf einen ansteigenden Pfad. Diesem folgen wir an der Hangflanke aufwärts durch Krüppeleichenwald zu einer schönen Aussichtskuppe.

Schließlich erreichen wir unweit seines Ursprungs den Ewigbach, queren ihn und stoßen nach insgesamt **3.1 km** auf die Hauptroute des RheinBurgenWegs. Hier endet der Klettersteig (eine Hinweistafel macht auf ihn aufmerksam), und wir wenden uns nach links, um nur 60 Meter später die Schutzhütte an der mächtigen Engelseiche **(5)** zu erreichen.

Ab hier folgen wir dem RheinBurgen-Weg am Mountainbike-Parcours vorbei zurück nach Boppard. Vor allem der Vierseenblick **(6)** und das Gedeonseck **(7)** stellen dabei mit der atemberaubend schönen Aussicht auf die Rheinschleife weitere Höhepunkte dar.

Nach insgesamt **4.9 km** passieren wir den Einstieg zum Klettersteig und erreichen nur 200 Meter später wieder den Ausgangspunkt unserer Wanderung **(1)**.

> **!** Wer zu müde zum Abstieg ist, der kann vom Gedeonseck dem Wanderweg folgen und gelangt so zur Bergstation der Seilbahn.

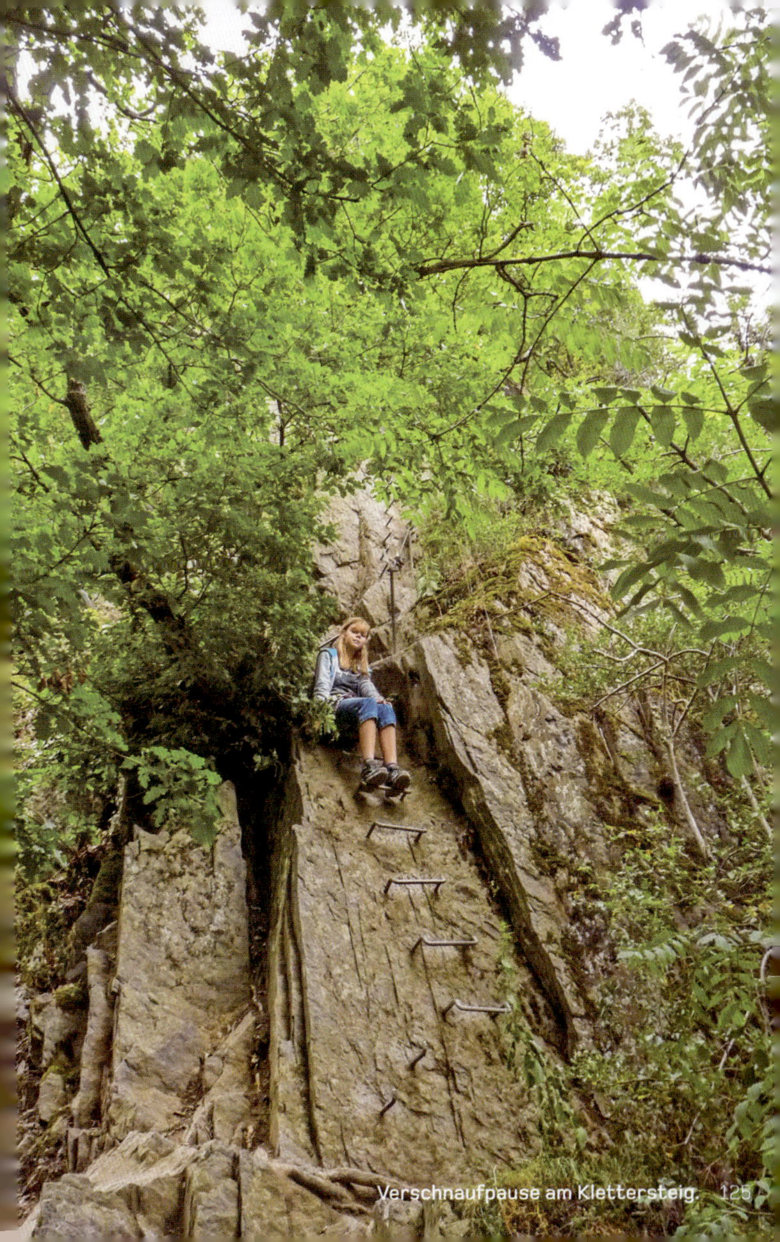

Verschnaufpause am Klettersteig.

INFOS

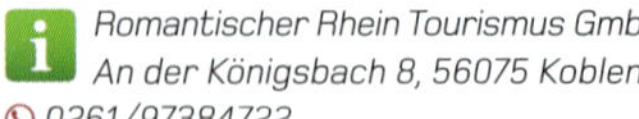

Romantischer Rhein Tourismus GmbH An der Königsbach 8, 56075 Koblenz 0261/97384722 www.romantischer-rhein.de

▪ *Tourist-Information Boppard Marktplatz (Altes Rathaus), 56154 Boppard 06742/3888 www.boppard-tourismus.de*

Vier-Seen-Blick, 56154 Boppard 06742/3540 April bis Okt.

▪ *Gedeonseck, 56154 Boppard 06742/2675 April bis Okt. tgl. 10 bis 18 Uhr (während des Sesselliftbetriebs); Nov.–März geschlossen www.gedeonseck-boppard.de*

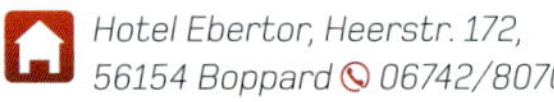

Hotel Ebertor, Heerstr. 172, 56154 Boppard 06742/8070 www.ebertor.de

▪ *Baudobriga Rheinhotel, Rheinallee 43, 56154 Boppard 06742/80550 www.baudobriga.de*

▪ *Pension „Bei Schinderhannes & Julchen", Seminarstr. 9, 56154 Boppard 06742/3173 www.schinderhannes-und-julchen.de*

Boppard hat einen Bahnhof und ist gut per Zug zu erreichen.

Taxi Gras 06742/82188

Wer nach der Kletterpartie zu müde zum Abstieg ist, der kann vom Gedeonseck zur nahen Bergstation des Sessellifts laufen und von dort sehr gemütlich zu Tal schweben. Bezahlt wird dann unten in der Talstation. 1. April bis 31. Okt. 06742/2510 www.sesselbahn-boppard.de

▪ *Der Klettersteig Boppard verlangt absolute Trittsicherheit und auch ein Mindestmaß an Schwindelfreiheit! Festes Schuhwerk ist Pflicht: Kletterausrüstung kann an der Aral-Tankstelle gegen Gebühr und Kaution ausgeliehen werden. Unterwegs besteht während der Wandersaison Einkehrmöglichkeit am Vierseenblick und am Gedeonseck.*

Der Mittelrhein Klettersteig verlangt absolute Trittsicherheit und an den Kletterpassagen auch Schwindelfreiheit. Die Leitern an den Kletterstellen können über einen Bypass umgangen werden. Bei Eis und Schnee ist die Strecke nicht begehbar.

Die Wegstrecke ist für Hunde nicht geeignet.

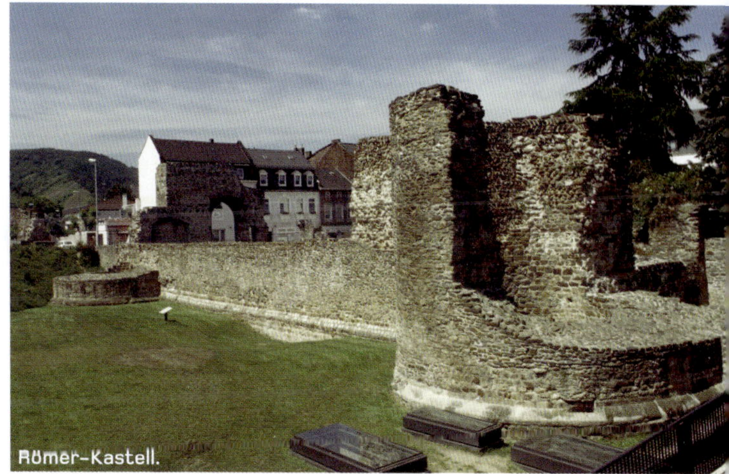
Römer-Kastell.

Boppards uralte Wurzeln

Boppard hat uralte Wurzeln. Auch wenn heute vor allem die Reste der römischen Bauten ins Auge fallen, die Römer waren nicht die ersten, die sich im heutigen Boppard niedergelassen haben. In der Umgebung von Boppard weisen beispielweise Reste von Ringwallanlagen auf keltische Siedlungen hin. Die Römer haben sich zunächst im Mühltal niedergelassen, bevor sie im 4. Jahrhundert direkt am Rhein das sehr wehrhafte Kastell von Bodobrica (damaliger Name von Boppard) erbauten. Mit einer Länge von 308 m und einer Breite von 154 m erreichte es eine beachtliche Größe. Zahlreiche Türme verstärkten die trutzigen, bis zu 9 m hohen Mauern auf der Landseite.

Heute zeugen neben der Stadtmauer unweit des Bahnhofs Mauerreste vom einstigen Römerkastell, das nach dem Weggang der Römer die Keimzelle späterer Besiedlung bildete.

Die römischen Mauern in Boppard gehören zu den besterhaltenen in Deutschland und sind frei zugänglich.

13 Fürstenweg

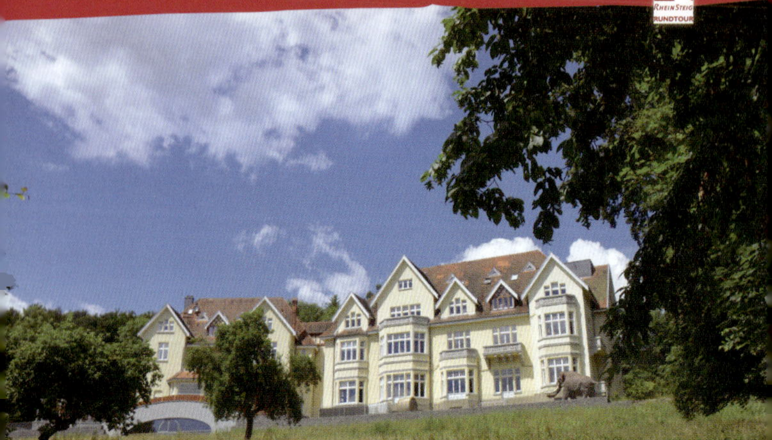

RheinSteig Rundtour

Hoheiten im Wald

- **Start/Ziel:** Parkplatz Monrepos
- **Gesamtlänge:** 10.8 km
- **Gesamtzeit:** 3 Std. 30 Min.
- **Kalorien:** ♀ 807 ♂ 948
- **Tour Download**: RSX8T10

- **Anfahrt:** B 42 bis nach Neuwied, weiter auf der L 255 (Rasselsteiner Straße) entlang der Wied bis zur Ausschilderung „Monrepos". Im Ortsteil Segendorf über die K 110 bis zum Parkplatz des Museums Monrepos.

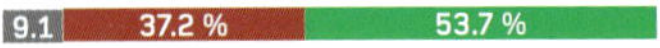

9.1	37.2 %	53.7 %

scan to go®

- **Parken:**
  - Parkplatz Monrepos
    N50° 28' 46.5'' • E7° 26' 43.7''
  - Parkplatz K 110
    N50° 28' 23.6'' • E7° 27' 35.4''
  - Parkplatz Burg Altwied
    N50° 28' 59.4'' • E7° 28' 07.3''
  - Parkplatz Laubachsmühle
    N50° 29' 42.0'' • E7° 28' 15.6''

- **Wegpunkte:**

P1: Parkplatz Monrepos
32 U 389707 5593110

P2: Skihütte 32 U 389608 5592845

P3: Aussicht Rheintal
32 U 390586 5592521

P4: Burgruine Altwied
32 U 391362 5593471

P5: Laubachsmühle
32 U 391550 5594786

P6: Schutzhütte 32 U 389942 5593924

P7: Schloss Monrepos
32 U 389593 5593277

■ Höchster Punkt: 319 m ■ Steigung/Gefälle: 345 m

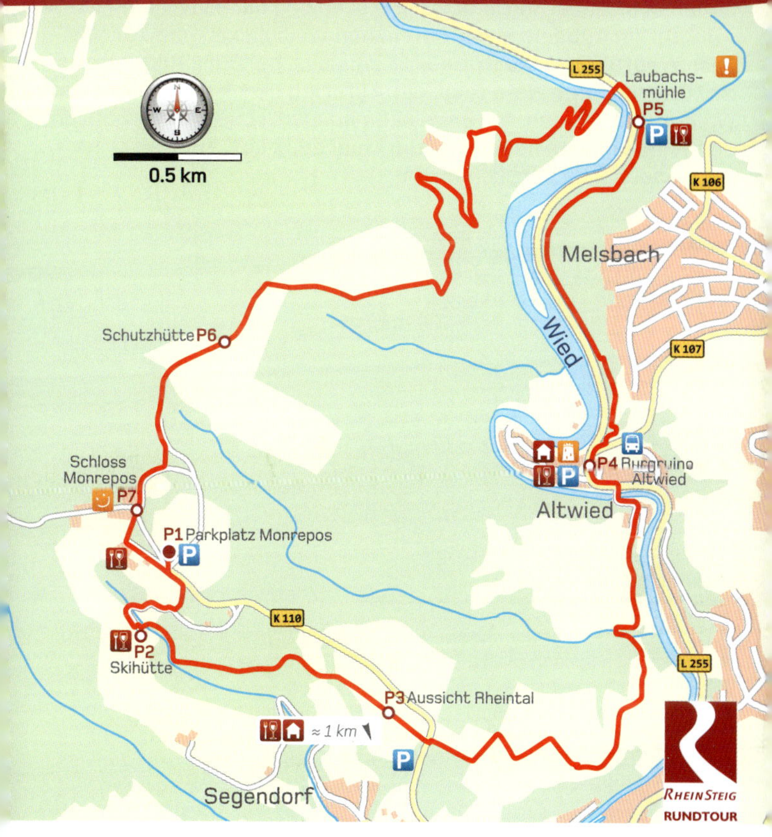

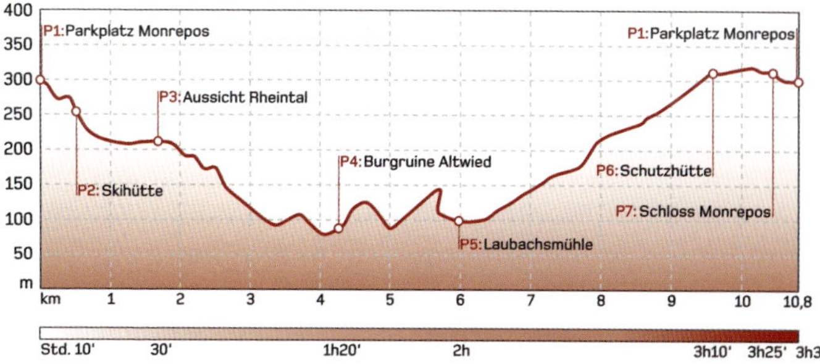

Heute bewegen wir uns auf fürstlichem Gebiet. Entsprechend hoheitsvoll unterhält uns der Fürstenweg nach idyllischem Auftakt im Aubachtal mit herrlichen Weitblicken und kurzweiliger Wegführung. Nach einer Stippvisite bei Burg Altwied und der Querung der Wied folgt der Aufstieg durch die fürstlichen Wälder und Wiesen. Am Ende säumen exotische Baumgiganten den Weg, und das neue Museum Monrepos lädt zur Zeitreise ins menschliche Verstehen ein.

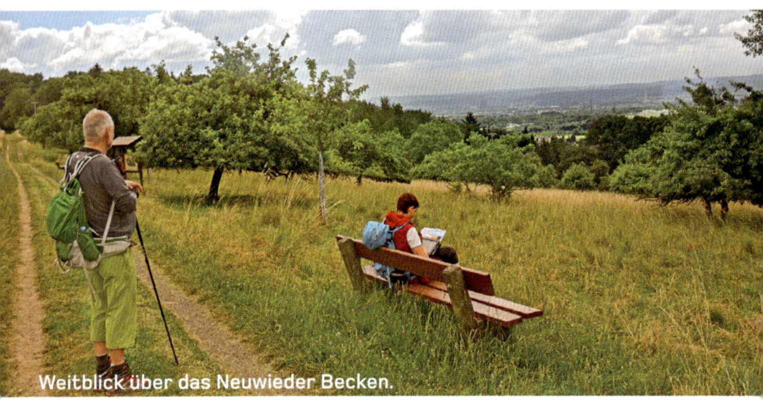
Weitblick über das Neuwieder Becken.

Am großen Parkplatz des Museums Monrepos (1) beginnen wir die Tour auf dem Fürstenweg, die wir gegen den Uhrzeigersinn absolvieren.
Wir laufen die wenigen Meter zur Zufahrtsstraße und wandern etwa 50 m auf der Straße nach links. Dann dürfen wir bereits rechts auf einen Pfad abbiegen, der uns mit stetem Gefälle in den schattigen Wald des Aubachtals führt. Bald treffen wir auf einen breiten Waldweg und vertrauen uns diesem nach rechts an. Wir verlieren weiter an Höhe und passieren ein Gerätehaus, bevor wir mit einer Linkskurve das untere Ende der Skipiste von Segendorf erreichen. Hier lädt auch im Sommer immer am Wochenende die Skihütte (2) zur ersten Einkehr ein. Unmittelbar an der Hütte biegen wir links auf einen Wiesenpfad ab, der uns vollends ins Bachtal führt. Vom Bach ist allerdings vorerst nichts auszumachen, denn der verläuft hier unterirdisch gefasst. Wir tauchen erneut in den Wald ein und treffen nach 750 m an einem Wegweiser auf den Rheinsteig. Diesem folgt der Fürstenweg nun bis zur Laubachsmühle.

Wir wenden uns nach links und wandern gemütlich unter dem Blätterdach. Wir laufen durch eine Senke und gewinnen danach etwas an Höhe, bevor wir die Deckung des Waldes verlassen.

Bald breiten sich um uns herum wogende Wiesen aus, und nach **1.7 km** genießen wir von Bänken den herrlichen Blick zum Rhein (3), der bei klarer Sicht bis weit in die Vulkaneifel reicht.

Beschwingt wandern wir weiter und queren die K 110, wobei uns zwei hölzerne Wandergesellen genau im Blick haben. Die Schutzhütte und Bänke des Waldfestplatzes Segendorf lassen wir rechts liegen und wandern am Waldrand entlang weiter. Ein Insektenhotel verbreitet emsiges Summen, als sich der Weg sanft absenkt und ein erster herrlicher Blick über das Neuwieder Becken möglich ist.

! Am Parkplatz des Waldfestgeländes ist ebenfalls der Einstieg in den Fürstenweg möglich.

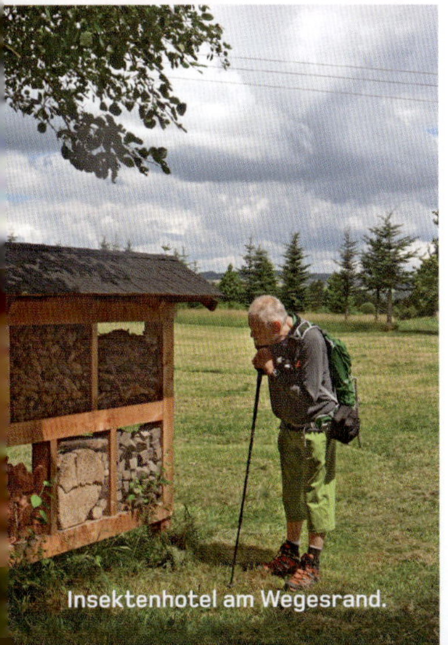

Insektenhotel am Wegesrand.

Etwas unterhalb knickt unsere Trasse nach links in freie Flur, und der Abstieg ins Wiedtal beginnt. Mit einigen Richtungswechseln geht es im Zickzack durch die Hangwiesen abwärts, wobei uns stets eine prächtige Aussicht begleitet. Nach **2.3 km** biegen wir links auf einen Feldweg ab, der nun deutlich flacher verläuft.

Bald gesellt sich der Wiedweg zu uns, und solchermaßen dreifach geführt, wechseln wir von den Wiesen mal wieder in den Wald. Dort queren wir den Taleinschnitt des Morbachs, bevor wir uns wieder dem Wiedtal nähern.

Dann ist es so weit: Wir spüren Asphalt unter den Sohlen, und bald sind die ersten Häuser von Altwied erreicht. Den Fluß queren wir über eine uralte Steinbrücke, um uns danach links der nahen Burg zuzuwenden. Nach **4.3 km** ragen die alten Gemäuer der Burg Altwied (4), deren Ursprünge immerhin im 12. Jahrhundert liegen, hoch und eindrucksvoll in den Himmel.

Der Fürstenweg passiert das Burgareal unterhalb und biegt an der Kreuzung der L 255 mit der

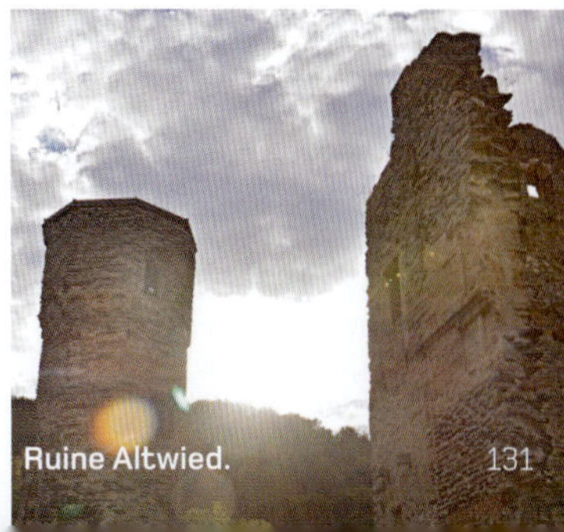

Ruine Altwied.

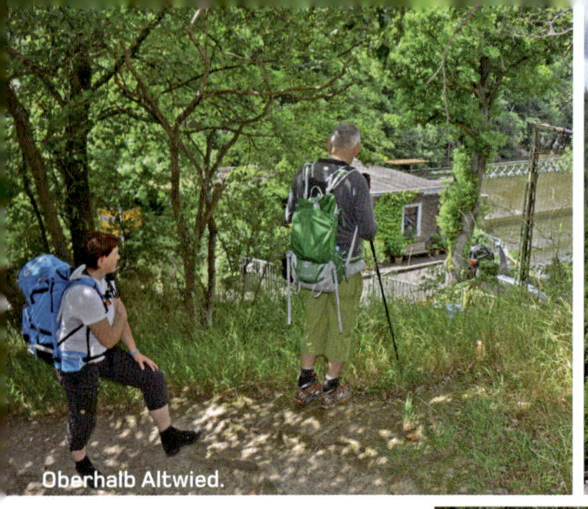
Oberhalb Altwied.

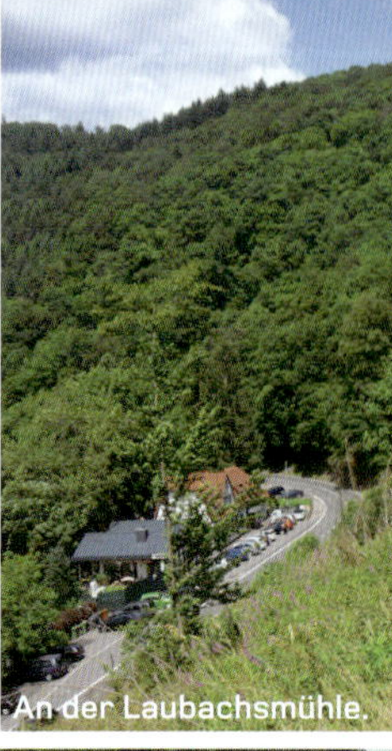
An der Laubachsmühle.

K 107 nach rechts ab. Doch nur wenig später queren wir die K 107 und wenden uns einem ansteigenden Pfad im Wald zu. Nach kurzem Anstieg biegen wir links auf einen fast hangparallelen Pfad ab, der uns wenig später zu einer kleinen Schutzhütte am Wegesrand bringt. Von hier haben wir die Wied im Blick, und auch die Burg können wir durch die Blätter erahnen.

Der Serpentinenpfad führt uns an schroffen Felsen vorbei wieder talwärts, und nach **5 km** treffen wir an einem Rastplatz knapp oberhalb der L 255 auf einen Forstweg. Hier wenden wir uns nach rechts und spüren bald, dass es mal wieder bergan geht. Der Blick ins Tal lenkt von der Anstrengung ab, und nahe einer kleinen Schutzhütte ist diese erste Herausforderung dann auch schon gemeistert. Wir halten uns links auf einem recht steil abwärts führenden Weg und peilen dabei bereits die gut sichtbare Laubachsmühle an. Nach **6 km** treffen wir an der einladenden Mühle (5) ein, verabschieden uns vom Rheinsteig und queren die Straße.

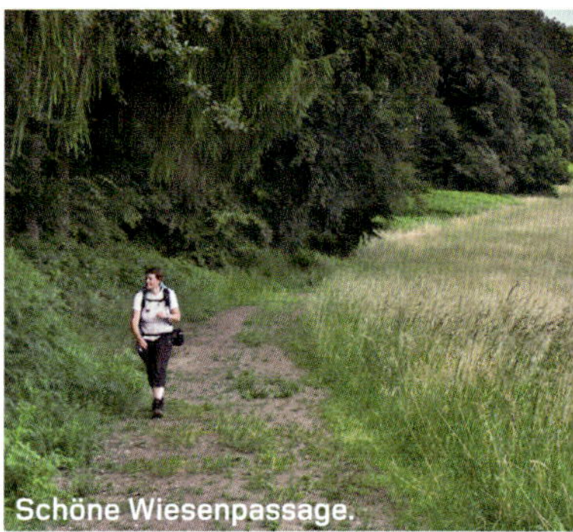
Schöne Wiesenpassage.

Kurz folgt der Fürstenweg der L 255, doch dann dürfen wir die Straße verlassen und die Wied ein zweites Mal per überdachter Holzbrücke queren. Am anderen Ufer wandern wir links auf dem Uferweg weiter und freuen uns an der Talaue. Als wir an einer Weggabelung eintreffen, knickt der Fürstenweg scharf rechts ab.

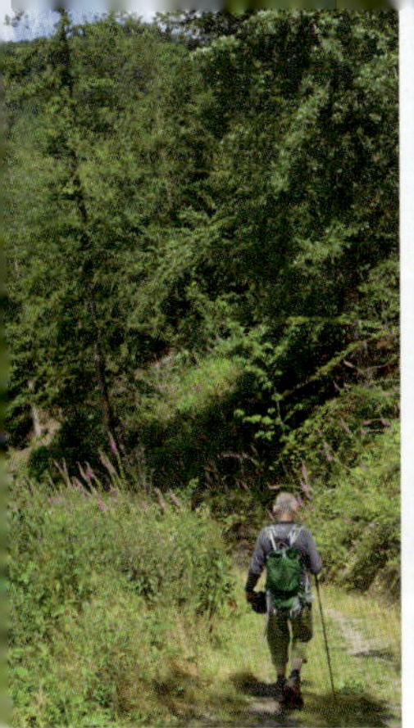

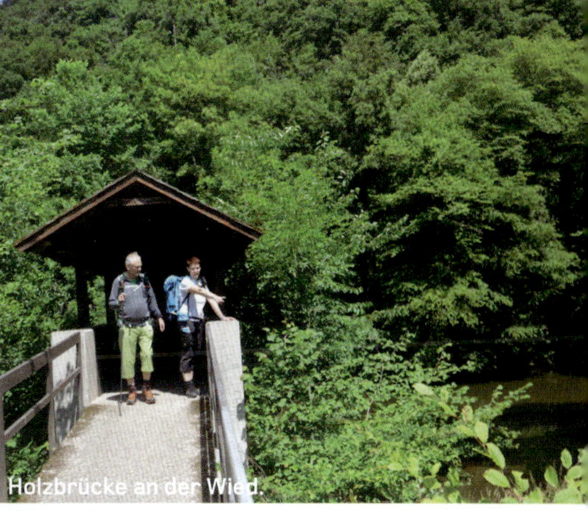

Holzbrücke an der Wied.

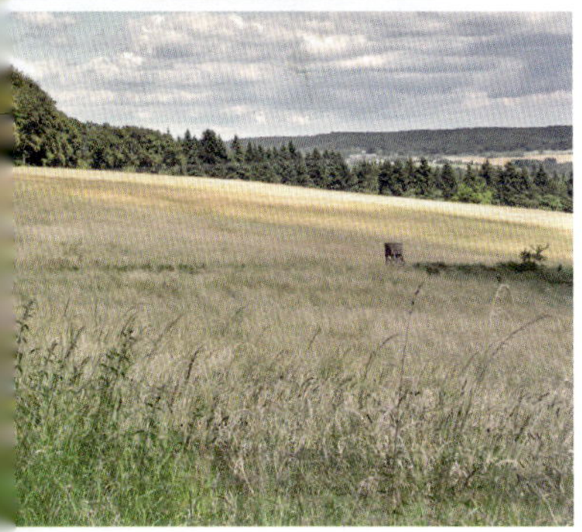

Schon nach den ersten Schritten wird uns klar: Der Anstieg zurück auf die Höhe hat soeben begonnen! Schritt für Schritt schrauben wir uns höher und absolvieren dabei einige scharfe Abbiegungen, die aber alle bestens markiert sind. Bald umfängt uns auch wieder schattiger Wald, was besonders an warmen Tagen wohltuend ist. Erst nach **6.9 km** tauschen wir eine offene Wiese gegen den Wald ein und erfreuen uns im Frühsommer an einer bunten Blütenpracht.

Wir treffen auf einen befestigten Querweg und biegen links ab. Mittlerweile befinden wir uns schon auf halber Hanghöhe und genießen es, kurzzeitig ohne Höhenunterschied zu laufen. Das ändert sich, als wir mit scharfer Rechtskehre erneut in den Wald eintauchen und der Weg durch raschelndes Laub wieder stetig bergan führt. An der nächsten Wegkreuzung biegen wir nach **8 km** scharf nach links ab und wandern nun durch einen von hohen Nadelbäumen durchsetzten Mischwald. Adlerfarne und üppiges Bodengrün begleiten uns zu einem Querweg, an dem wir uns nach rechts bergan wenden.

Dann erreichen wir den Waldrand, wo ehrwürdige alte Kastanien eine idyllische Baumallee bilden. Der Fürstenweg biegt hier links ab, und so kommen wir in den Genuss, die Allee aus nächster Nähe erleben zu dürfen. Nach **9 km** wendet sich der Fürstenweg jedoch der weiten Wiesenfläche zu, und wir gewinnen mitten durch die wogenden Gräser noch einmal etwas an Höhe. Am gegenüberliegenden Waldrand treffen wir auf einen Feldweg und laufen links weiter. Zuvor lohnt der Blick zurück, der über die Waldkuppen und das Wiedtal bis nach Rengsdorf reicht.

Wir folgen dem Waldrand und genießen das Wechselspiel zwischen Wald und Feldern. Nach **9.6 km** treffen wir an uralten Buchen auf einen Rastplatz und eine Schutzhütte (6). Unter den ausladenden Kronen der mächtigen Baumriesen lässt es sich ausgezeichnet ausruhen ...

Anschließend folgen wir dem Wirtschaftsweg nach Süden. Wir passieren die Residenz des alten Schloss Monrepos, von dem heute leider nichts mehr zu sehen ist. Dafür recken exotische Baumriesen ihre Äste gen Himmel: Blutbuche und Mammutbaum wirken sehr beeindruckend, und wir kommen uns daneben ziemlich winzig vor.

Nach **10.5 km** queren wir einen breiten Weg und stehen unvermittelt vor dem Museum Monrepos (7). Ein Mammut grüßt von der Terrasse und lädt zur Zeitreise ein. Der Fürstenweg setzt sich an dieser Stelle geradeaus fort und bringt uns nur 100 m später zur verlockenden Einkehrmöglichkeit am Hanhof. Hier biegen wir links ab und folgen der Zufahrt zurück zum Parkplatz (1), wo sich nach **10.8 km** der Kreis dieser abwechslungsreichen Rundtour schließt.

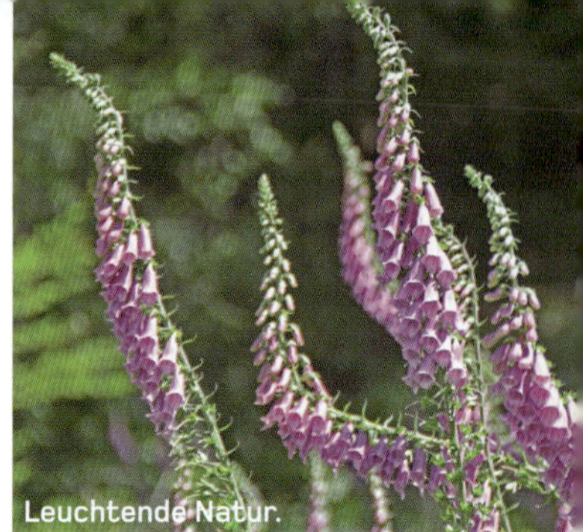
Leuchtende Natur.

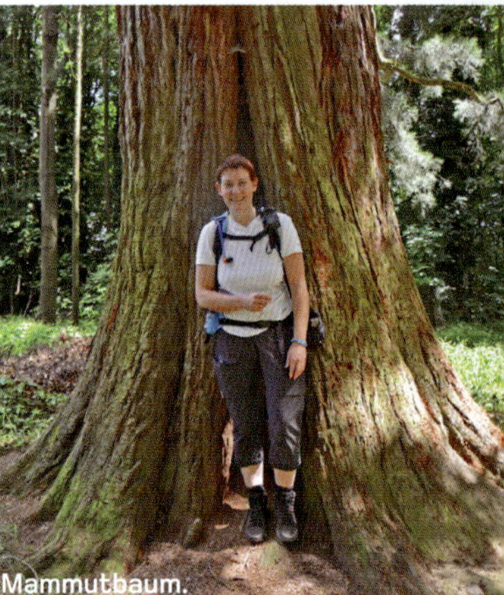
Mammutbaum.

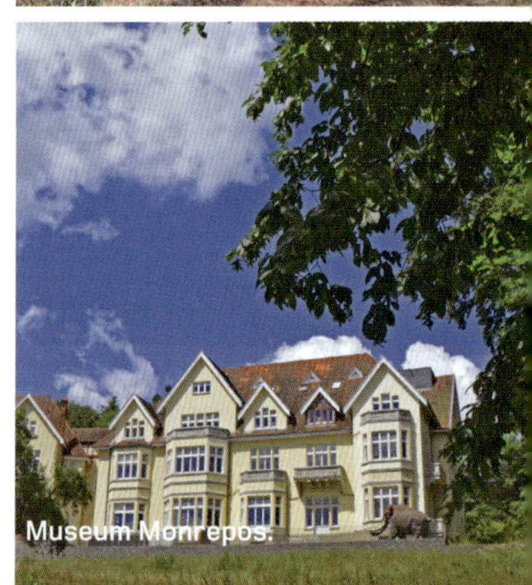
Museum Monrepos.

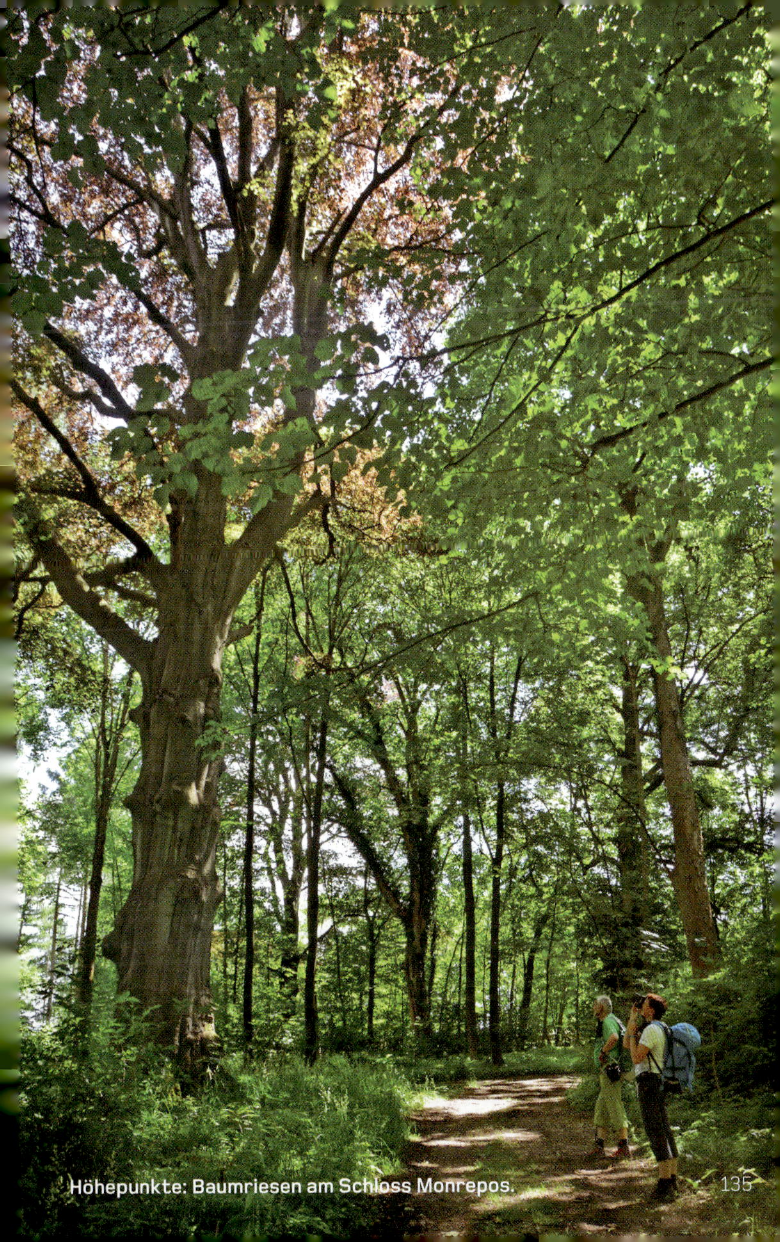

Höhepunkte: Baumriesen am Schloss Monrepos.

INFOS

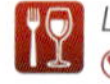
Romantischer Rhein Tourismus GmbH
An der Königsbach 8, 56075 Koblenz
02261/97384722
www.romantischer-rhein.de
■ Tourist - Information Pavillon Luisenplatz
Markstraße 63, 56564 Neuwied
02631 / 8025555 www.neuwied.de

Laubachsmühle, 56567 Neuwied
02631/55531 Mo. & Di. Ruhetag
www.laubachsmuehle.de
■ Gutsschänke Monrepos-Hanhof,
Monrepos 15, 56567 Neuwied,
02631/8739205 Mo. Ruhetag
www.gutsschaenke-hanhof.de
■ Mon Appetit-Bistro im Schloss Morepos
Mi.-Fr. 12-17:00 Uhr, Sa-So und an Feiertagen 12-18:00 Uhr
www.monrepos-rgzm.de

Neuwied ist per Bahn gut zu erreichen. Von dort kann man zwar nicht direkt nach Monrepos fahren, aber mit der Buslinie 59 gelangt man nach Segendorf oder mit der Buslinie 131 nach Altwied, wo man ebenfalls in den Weg einsteigen kann.
Ausführliche Infos unter:
www.neuwied.de/oepnv.html

Taxi Kurier 02631/55555

Von der Laubachsmühle lohnt sich ein kleiner Abstecher ins Laubachtal. Dort rauscht unweit des Rheinsteigs nicht nur der immerhin 8 m hohe Wasserfall von Melsbach zu Tal. Zusätzlich vermittelt der Wasserlehrpfad auch Wissenswertes zur Wasserwirtschaft und naturnahen Themen.

Nach mehrjähriger Renovierungszeit ist das ehemalige Museum für Archäologie des Eiszeitalters im Schloss Monrepos wieder geöffnet: In neuem Glanz gibt es spannende Einblicke ins Leben während der Steinzeit. Vor allem die Entwicklung des frühen Menschen wird anschaulich und spannend in der Dauerausstellung „Menschliches Verstehen" präsentiert.

02631/9772-0
www.monrepos-rgzm.de

Der Fürstenweg verläuft zwischen Aubachtal und Laubachsmühle gemeinsam mit dem Rheinsteig. Insgesamt nutzt er häufig naturbelassene Wege und einige Pfade, die gutes Schuhwerk erfordern. Bei feuchter Witterung können manche Wegabschnitte rutschig sein.

Die Wegstrecke ist für Hunde geeignet.

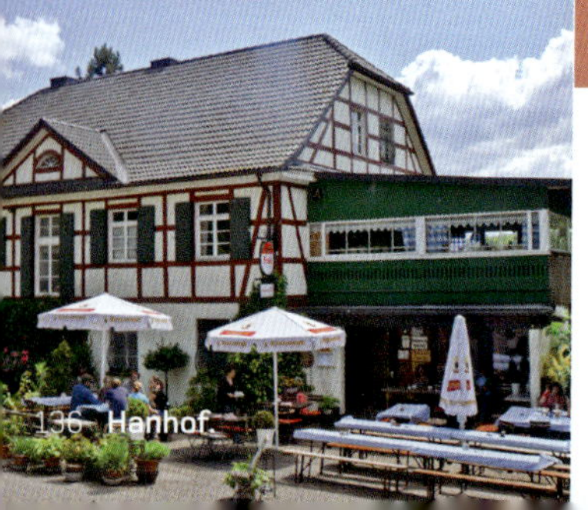

Hanhof

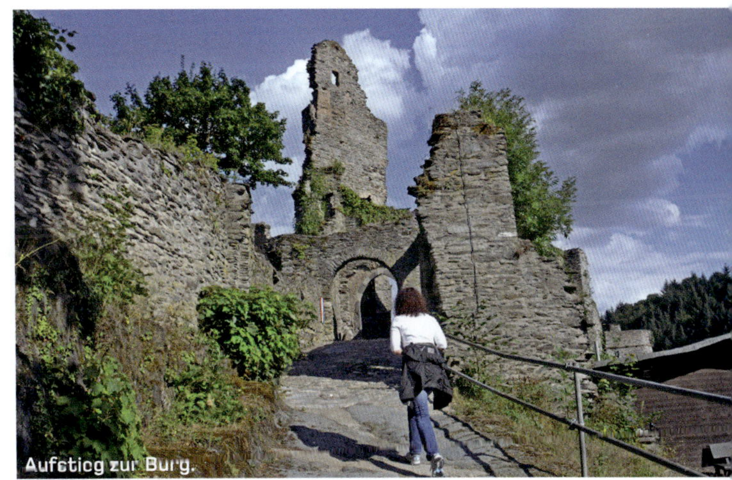
Aufstieg zur Burg.

Kleine Burg, große Geschichte(n)

Das hätte sich der Graf Metfried zu Wied 1129 beim Bau der Burg Altwied wohl nichtträumen lassen: Mephisto und Faust lieferten sich in den eindrucksvollen Mauern der heute teilweise renovierten Burgruine ebenso ein wortgewaltiges Duell wie die Räubertruppe um Hauptmann Karl und dessen Gegenspieler Spiegelberg. Ursprünglich war die Burganlage als Stammsitz der Grafen zu Wied erbaut worden und nach dem Ausbau im 13. und 14. Jahrhundert eine große Befestigungsanlage im Tal der Wied. Um die Burg entstand ein kleines Dorf, das jedoch dank seiner Burg ein „gefreiter"Ort war, also umfangreichere bürgerliche Rechte hatte als normale Siedlungen. Die Burg wurde nie belagert oder gestürmt, doch mit der Gründung von Neuwied begann der Niedergang. Die Grafen zogen im 17. Jahrhundert in das dort neu gebaute Residenzschloss, und Burg Altwied wurde dem Verfall preisgegeben. 1760 diente die Ruine als Steinbruch für den Bau von Schloss Monrepos, 1792 bediente man sich zum Bau der Festung Ehrenbreitstein. Erst Ende des 19. Jahrhunderts erinnerte sich der Fürst zu Wied an die alten Wurzeln und ließ einige Räume instand setzen. Seit 1927 liegt die Pflege der Burgruine in den Händen des Altwieder Heimatbundes. Besichtigung auf Anfrage und bei Festen und Veranstaltungen.

14 Breisiger Ländchen

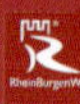

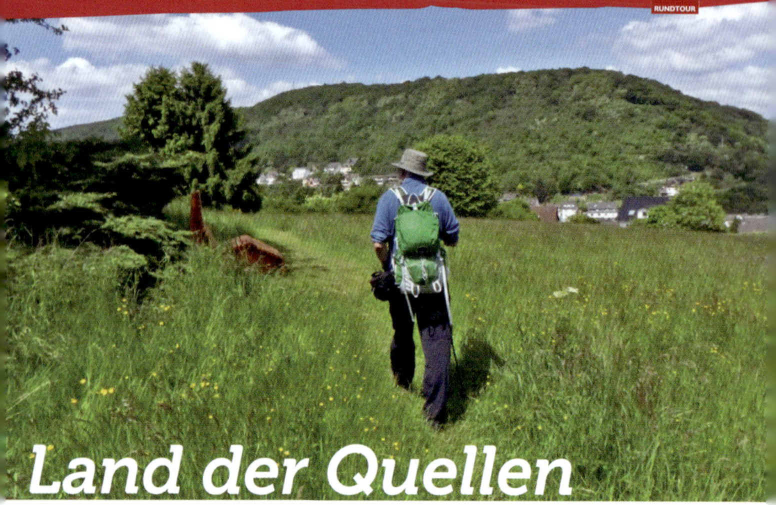

Land der Quellen

- **Start/Ziel:** Römer-Therme, Bad Breisig
- **Gesamtlänge:** 16.8 km
- **Gesamtzeit:** 5 Std. 15 Min.
- **Kalorien:** ♀ 1153 ♂ 1354
- **Tour Download**: RSX7T11

Anfahrt: Entlang des Rheins gelangt man mit der B 9 nach Bad Breisig, wo man an der Römer-Therme in der Brunnenstraße parken kann.

7.7 | 36.6 % | 55.7 %

scan to go®

Parken:

- P&R Parkplatz Bahnhof Bad Breisig
  N50° 30' 12.9' • E7° 18' 18.3''
- Wanderparkplatz Mönchsheide
  N50° 30' 31.6' • E7° 16' 04.2''

Wegpunkte:

P1: Römer-Therme Bad Breisig
32 U 379388 5596408

P2: Sinnesbank und Arenfels-Blick
32 U 379262 5596190

P3: Friedwald 32 U 379553 5595511

P4: Gönnersdorf 32 U 377015 5593967

P5: Wildgehege 32 U 376160 5595609

P6: Gutshof Mönchsheide
32 U 377003 5596799

P7: Eifelblickhütte
32 U 378346 5596618

P8: Aussicht Hahn
32 U 378882 5596677

■ Höchster Punkt: 235 m ■ Steigung/Gefälle: 378 m

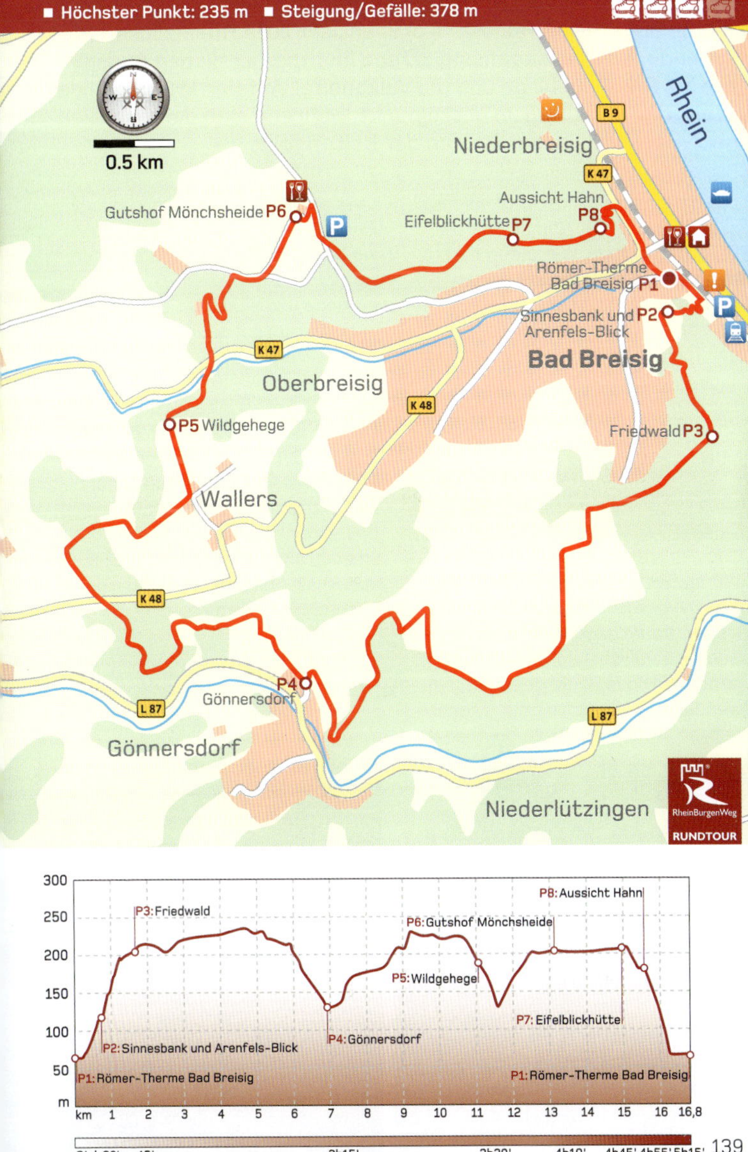

Heute erkunden wir die Umgebung von Bad Breisig. Der abwechslungsreiche Rundkurs präsentiert tolle Rheinblicke, rauschende Waldpassagen und offene Flur mit herrlichen Aussichten ins Siebengebirge und die Vulkaneifel. Auf der Mönchsheide steht der Segelflug im Mittelpunkt, während man beim Abstieg nach Bad Breisig den Spuren der Kelten folgt.

Los geht es direkt vor dem schmucken Gebäude der Römer-Therme (1) in Bad Breisig. Wir laufen durch den gepflegten Park und biegen rechts in die Brunnenstraße ein. Hier passieren wir den großen Parkplatz der Therme und biegen dann bei den Tennisplätzen rechts ab.

> ! Wer mit der Bahn anreist oder am Bahnhof parkt, stößt hier von vorne auf die Route.

Wir laufen zum Waldrand, wo wir den Geyersprudel rechts liegen lassen. Kaum haben wir die ersten Schritte auf dem schräg ansteigenden Pfad im Wald gemacht, wenden wir uns scharf nach rechts bergan. An dieser Stelle trennen wir uns vom RheinBurgenWeg und vom Quellenweg, die beide geradeaus weiter nach Brohl-Lützing führen. Im Zickzack gewinnen wir deutlich an Höhe und sind froh, den Anstieg zunächst im schattigen Wald zu absolvieren.

Nach 0.6 km wird es vorübergehend flacher, und wir verlassen den Wald und wandern über eine herrliche Blumenwiese. Als der Weg scharf links bergan abknickt, steht eine Sinnesbank bereit, von der wir einen großartigen Ausblick (2) auf den Rhein und hinüber zu Schloss Arenfels genießen können.

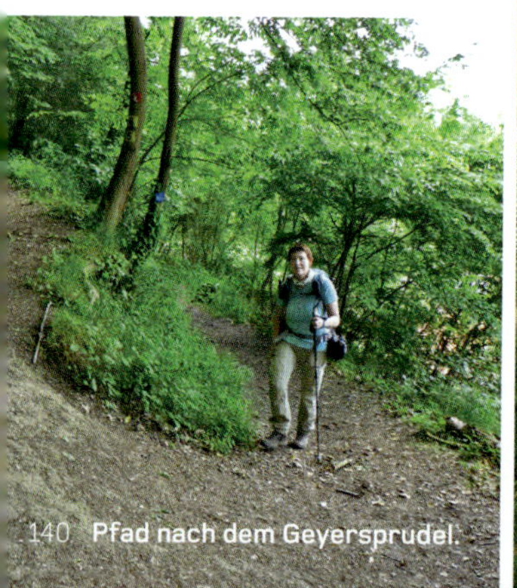

 Pfad nach dem Geyersprudel.

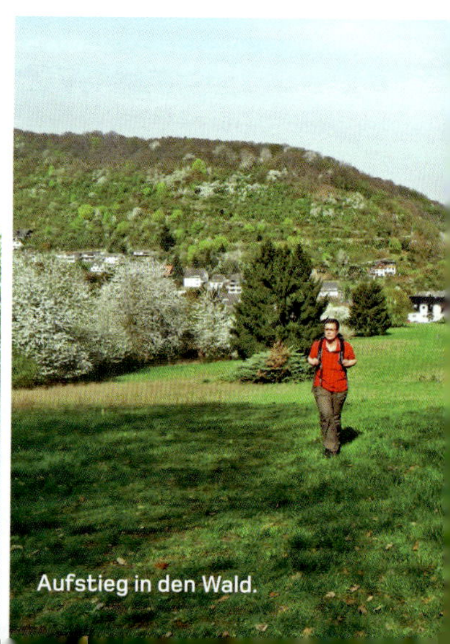

Aufstieg in den Wald.

Dann stellen wir uns dem Steilstück, das uns zu einer Schutzhütte am Waldrand bringt. Wir queren einen Forstweg und dürfen mit kleinem Links-Versatz bald wieder pfadig weiterwandern. Zwar führt die Route noch immer bergan, doch die Steigung ist moderat und bringt uns nicht außer Puste. Mehrfach überstehen wir dank guter Markierung Versätze an breiten Querwegen, bis wir an einem Rettungspunkt am Rand der Bebauung ein weiteres Mal scharf links bergan abbiegen. Diesmal helfen einige Treppenstufen Höhe gutzumachen, bevor wir uns auf einem idyllischen Waldpfad wiederfinden.

Noch einmal gilt es, einen Versatz an einem Querweg zu meistern (diesmal nach rechts), dann dürfen wir ganz dem Waldwandern frönen. Weich federt der Waldboden unter den Sohlen, und der Alltagsstress rückt weit in den Hintergrund. Nach **1.7 km** laufen wir an der Kreuzung an einem Wasserhaus geradeaus bergan. Bei genauem Hinschauen fallen uns nun kleine Plaketten an den Bäumen auf – kein Zweifel: Wir durchqueren gerade den Friedwald **(3)** von Bad Breisig. Bald liegt er hinter uns, und wir laufen ohne große Höhenunterschiede durch den vielfältigen Wald. Als wir eine Kreuzung am Waldrand erreichen, dürfen wir zunächst noch halb rechts auf einen Pfad abbiegen, der parallel zum Waldrand verläuft.

Erst nach **2.6 km** wechseln wir auf den befestigten Waldrandweg, der uns wenig später zu einer Kreuzung bringt. Hier biegen wir nun links ab und lassen den Wald hinter uns. Freie Flur umgibt uns, und nachdem wir die Anhöhe vollends erobert haben und rechts auf einen Wirtschaftsweg abgebogen sind, breitet sich bei klarem Wetter ein grandioser Panoramablick zum Rheintal und ins Siebengebirge aus. Kurz vor dem Lieshof wenden wir uns nach links. Ein Hinweisschild

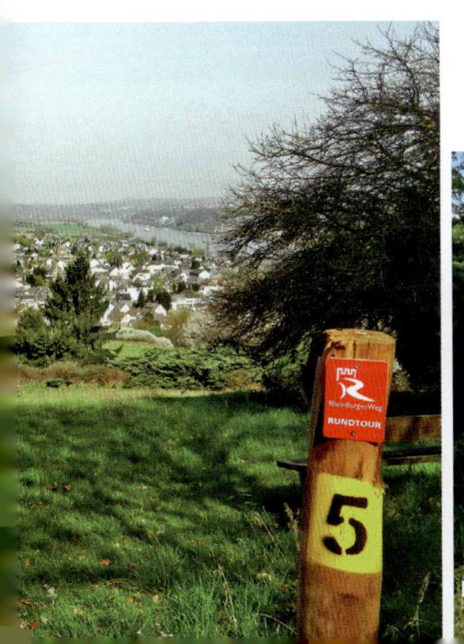

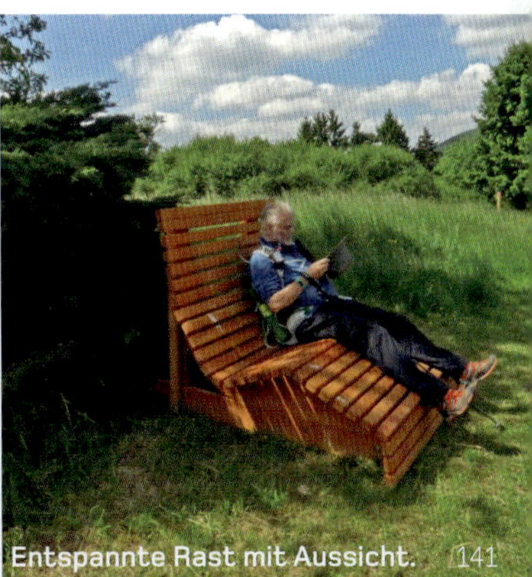

Entspannte Rast mit Aussicht.

macht uns darauf aufmerksam, dass wir nun ohne die gewohnte Markierung schnurstracks zum nächsten Waldrand laufen sollen. Das gelingt problemlos, unterwegs genießen wir weitere Fernblicke. Am Waldrand begrüßt uns wieder das rotweiße Logo. Wir laufen rechts weiter und folgen nun stets dem Waldrand, der mit ungewöhnlich hohen und alten Buchen und Eichen beeindruckt.

Nach der Einmündung eines Waldwegs von links kämpfen wir etwas mit dem holprigen Untergrund, doch als sich unser Weg nach einer Rechtskurve vom Wald entfernt und wir (erneut ohne Markierung) durch die Felder streifen, wird das Wegformat wieder besser. Bei erster Gelegenheit nutzen wir einen nach links abzweigenden Feldweg und erreichen nach **5.2 km** wieder den Waldrand. Dort folgen wir der Markierung rechts zum nahen Wegweiser „Dietenkopf". Hier wenden wir uns nach links und freuen uns an den uralten Streuobstbäumen, die rechter Hand den Weg begleiten, auch eine Sinnesbank steht bereit.

Bald wandern wir zudem auf Gras, und auf der Waldrandseite säumen im Sommer hellgelb blühende Ginsterbüsche die Route. Voraus öffnet sich der Blick ins Vinxtbachtal und zur markanten Silhouette der Burg Olbrück, bevor wir in ein Wäldchen eintauchen. Stetig verlieren wir an Höhe, was besonders nach Verlassen des Waldes auffällt. Nun unterqueren wir eine sehr breite Stromtrasse und fühlen groben Schotter unter den Sohlen.

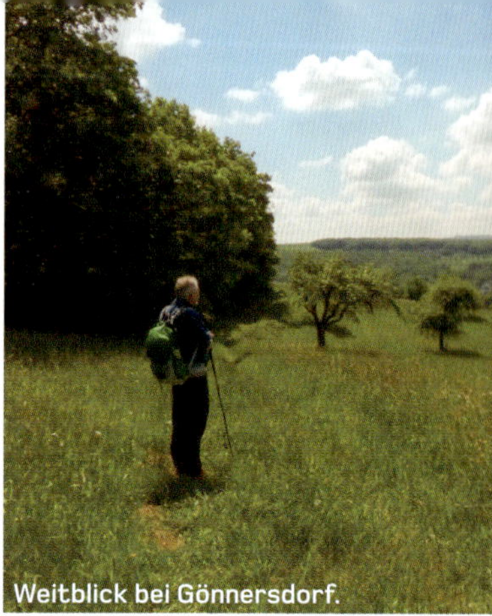
Weitblick bei Gönnersdorf.

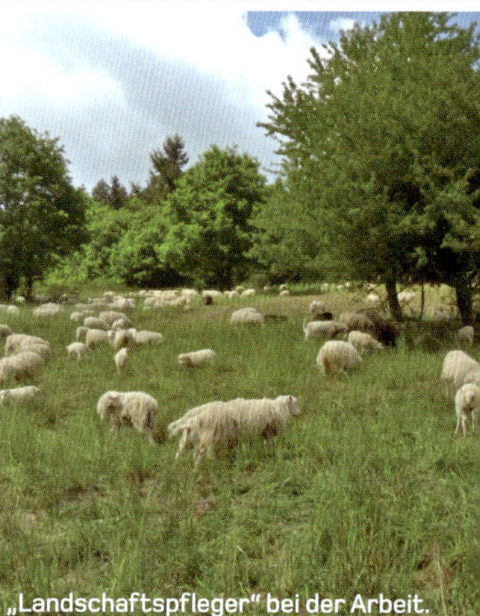
„Landschaftspfleger" bei der Arbeit.

Erst als die Leitung hinter uns zurückbleibt und wir einen Bogen geschlagen haben, können wir uns an der idyllischen Umgebung aus wogenden Wiesen freuen. Nach **6.9 km** erreichen wir Gönnersdorf und biegen am Friedhof **(4)** auf einen befestigten Feldweg ab. Rasch

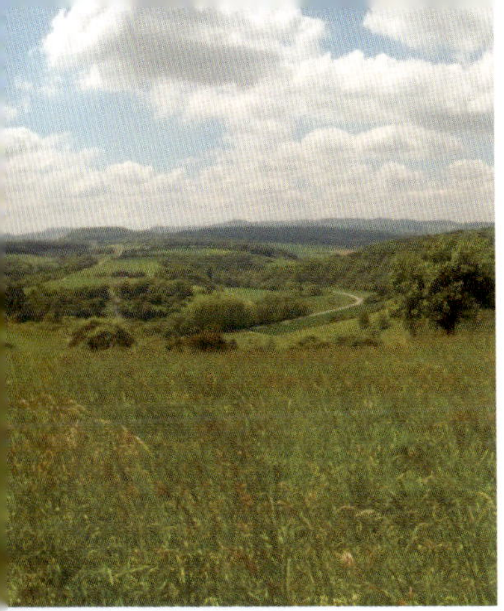

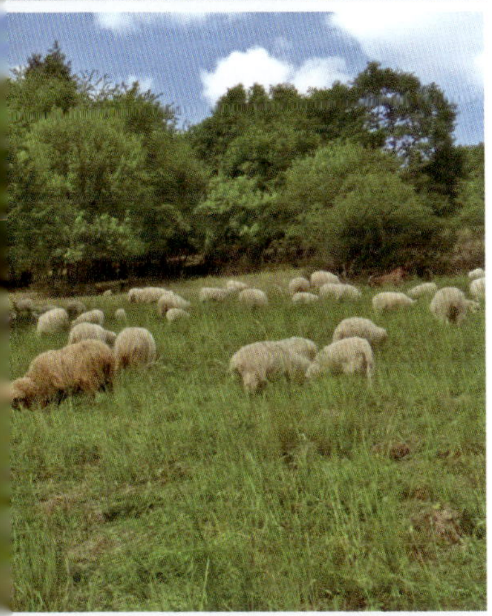

führt uns der Weg vom Ort weg und ansteigend durch die Wiesen. Nach einem kurzen Steilstück biegen wir links ab und wandern auf hangparallelem Grasweg weiter. Dabei haben wir das Vinxtbachtal perfekt im Blick, bis die Wiesen von Gehölzen verdrängt werden. An einer Weggabelung halten wir uns nach **8.4 km** rechts bergan und treffen wenig später an einer einladenden Bank mit schöner Aussicht ins Tal ein. Wir passieren ein großes Privatgelände und wechseln mal wieder in den Wald. Als auf einer kleinen Kuppe von rechts ein Weg einmündet, laufen wir geradeaus, und erstmals auf der heutigen Tour begleiten uns Nadelgehölze. Doch bald rückt wieder der gewohnte Laubmischwald in den Vordergrund.

An einer markanten Weggabelung wenden wir uns nach rechts bergan und steigen stramm hinauf an den Waldrand. Dort geht es zur nahen K 48, die wir am Rand eines Steinbruchareals queren. Wir passieren eine kleine Schutzhütte nebst Sinnesbank, bevor wir durch eine alte, etwas verwachsene Baumallee nach Nordosten wandern. Am Rand ausgedehnter Pferdeweiden und in Sichtweite des Marienhofs biegen wir an einer Kreuzung scharf rechts ab. Bald weicht der Wald zurück, und wir queren offene Felder. Danach geht es erneut zwischen Wald und Flur leicht bergan, bis wir nach **10.5 km** die wenigen Häuser von Wallers erreichen. Hier biegen wir links ab und dürfen erneut durch eine ehrwürdige Baumallee wandern. An deren Ende entlässt uns die Rundtour unvermittelt in die Felder, wo es eine weitere riesige Stromtrasse zu unterqueren gilt.

Rasch laufen wir zum gegenüberliegenden Waldrand. Dort wird es spannend, denn nach **11.1 km** treten wir durch eine Gittertür in ein Wildgehege **(5)** ein, das von Rehwild

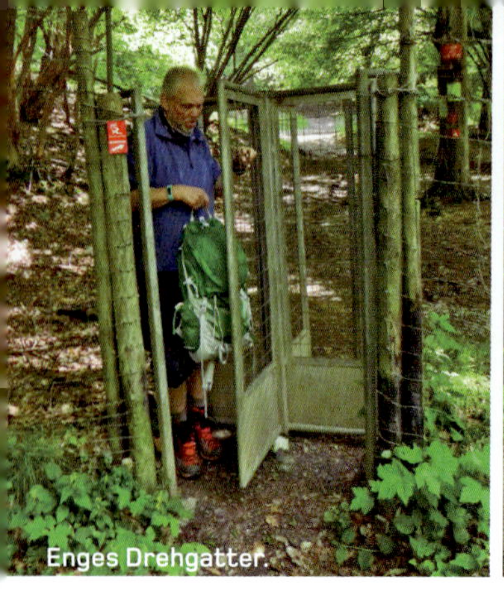

Enges Drehgatter.

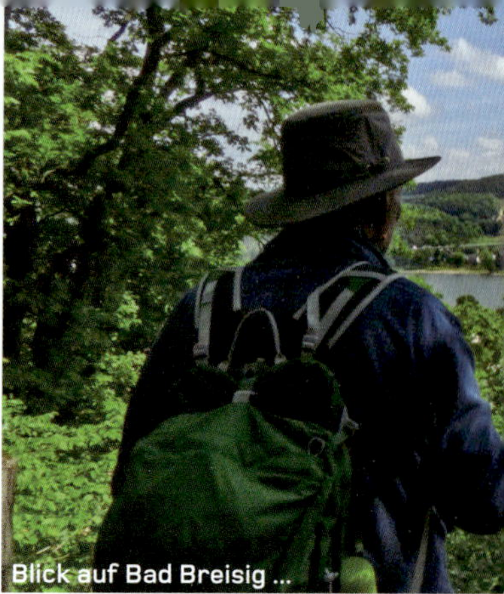

Blick auf Bad Breisig ...

bevölkert ist. Vom Wild bekommt man allerdings aufgrund der Weitläufigkeit meist nichts mit. Wir folgen dem verschlungenen Weg durch den Hochwald, und bald senkt sich die Tour deutlich ins Frankenbachtal ab. Um dort das Gehege wieder zu verlassen, muss man durch ein sehr enges Drehkreuz. Selbst einen normalen Wanderrucksack muss man abnehmen, um durchzukommen ...

Hat man diese Hürde glücklich gemeistert, wendet man sich nach links, quert den Frankenbach und anschließend die K 47. Danach folgen wir dem ansteigenden Wirtschaftsweg durch das Heiligental bergan. Nach einigen Fischbecken passieren wir auch noch ein Gehöft, bevor wir mit enger Rechtskurve in urigen Laubmischwald gelangen. Schritt für Schritt gewinnen wir Höhe und treffen nach einigen Schlenkern schließlich an der Zufahrt zur Mönchsheide ein. Wir laufen rechts und biegen erst an der Zufahrt zum Gutshof, nahe einer Sinnesbank, links ab. Nun haben wir die Landebahn des Segelflugplatzes perfekt im Blick. Am Wochenende herrscht hier reger Flugbetrieb.

Nach **13.1 km** stehen wir vor dem Gutshof Mönchsheide **(6)**, der außer Mo. & Di. zur Einkehr lockt. Der Weg führt am Gebäude vorbei und trifft am Waldrand auf einen Zuweg zum RheinBurgenWeg, der nur wenig entfernt verläuft. Wir wenden uns nach rechts und wandern nun in Begleitung des Märchenwegs am Waldrand entlang zum nahen Wanderparkplatz nebst Schutzhütte. Gemeinsam mit dem Märchenweg wenden wir uns an der Straßenkurve links in den Wald. Höhenparallel stromern wir durch den Wald, immer wieder gibt es Neues zu ent-

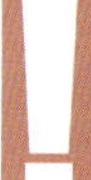

Dieser Parkplatz eignet sich ebenfalls als Einstieg in die Tour.

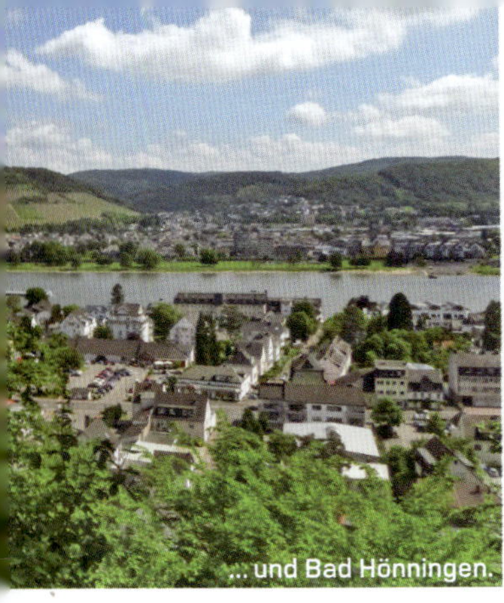
... und Bad Hönningen.

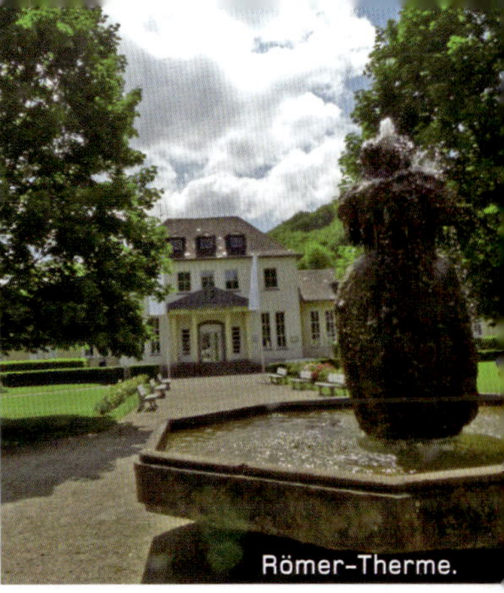
Römer-Therme.

decken, denn der Pfad schlängelt sich wildromantisch entlang der Hangkante. Mal sind wir im Hochwald, dann erhaschen wir durch Unterholz kurze Einblicke ins Tal. An einer Weggabelung laufen wir halb links weiter, passieren einen Wall im Wald und treffen nach **15 km** an der Eifelblickhütte **(7)** auf den RheinBurgenWeg, der uns nun bis zum Ende begleiten wird. Bevor wir den Endspurt beginnen, sammeln wir auf der gemütlichen Sinnesbank Kräfte und genießen den Ausblick über das Frankenbachtal.

Anschließend bringt uns der urige Pfad zu einem Sendemast, wo wir rechts auf einen Waldweg abbiegen. Wir wandern nun leicht abwärts und erreichen wenig später eine erste Tafel zur Keltensiedlung auf dem „Hahn", wie diese Bergkuppe heißt. Vorbei an einem Wallrelikt folgen wir dem Pfad bis zum Aussichtspunkt an der Hangkante **(8)**. Von der urbequemen Schaukelbank aus wird uns nach **15.6 km** auch klar, welch strategisch günstige Lage die Kelten für ihre Fliehburg gewählt hatten, denn vor uns fällt der Hang steil zum Rheintal ab. Fantastisch ist auch der Blick, der sich uns auf den Rhein, Schloss Arenfels und Bad Breisig bietet. Bei gutem Wetter erspähen wir sogar die Berge des Siebengebirges, allen voran der charakteristische Drachenfels.

Nach ausgiebigem Ausblick meistern wir auf steilem Serpentinenpfad den Abstieg ins Tal und bekommen dabei weitere tolle Ausblicke geboten. Schließlich endet unser Pfad, und wir treffen an der Vogelsangstraße in Bad Breisig ein. Wir queren die Straße und laufen nach rechts. Wenig später queren wir die Bachstraße und biegen links in die Backesgasse ab. Dieser folgen wir, vorbei an einem kleinen Verkehrskreisel, bis zum Park der Römer-Therme. Hier **(1)** schließt sich nach **16.8 km** der Kreis dieser kurzweiligen Tour durchs Breisiger Ländchen.

INFOS

Romantischer Rhein Tourismus GmbH
An der Königsbach 8, 56075 Koblenz
0261/97384722
■ Tourist-Information Bad Breisig, Tourismus- & Wirtschaftsförderungs GmbH, Koblenzer Str. 39 (im Kurpark), 53498 Bad Breisig 02633/4563-0
www.bad-breisig.de

Gutshof Mönchsheide,
Mönchsheide, 53498 Bad Breisig,
02633/200200 Mo. & Di. Ruhetag
www.gutshof-moenchsheide.de
■ Hotel & Restaurant Quellenhof, Albert-Mertes-Str. 23, 53498 Bad Breisig
02633/45510
www.quellenhof-badbreisig.de
■ Wirtshaus Zum weißen Roß, Zehner Str. 19, 53498 Bad Breisig
02633/9135 Mo. Ruhetag
www.weissesross-badbreisig.de

Hotel Zur Mühle,
Koblenzer Str. 15, 53498 Bad Breisig
02633/2006-0
www.zurmuehlebreisig.deHotel
■ Rhein-Residenz,
Rheinufer 1, 53498 Bad Breisig
02633/473526
www.rhein-residenz.de
■ Rhein-Hotel 4 Jahreszeiten,
Rheinstr. 11, 53498 Bad Breisig
02633/6070 www.breisig.de

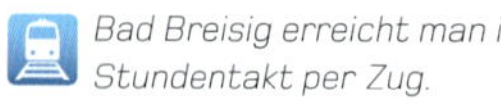

Bad Breisig erreicht man im Stundentakt per Zug.

City Taxi, 02633/9494 oder 5338 oder 9432

Direkt am Einstieg zum Wanderweg bietet an der Brunnenstraße die Römer-Therme wohltuende Erholung im warmen Nass. Neben dem Bad im angenehm warmen Mineralwasser, das man auch im Außenbecken zu jeder Jahreszeit genießen kann, locken auch zahlreiche Wellnessangebote; Infos unter:
02633/480710
www.roemerthermen.de

Besonders für die kleinen Nachwuchswanderer stellt der Märchenwanderweg in Bad Breisig ein spannendes Ziel dar. Der mittelschwere, ca. 8.5 km lange Rundkurs führt bis hinauf zur Mönchsheide und bindet auch den Märchenwald (Eintritt kostenpflichtig) mit in die Strecke ein.
www.bad-breisig.de

Die Runde „Breisiger Ländchen“ verläuft häufig auf naturbelassenen Wegen, die bei nasser Witterung rutschig sein können. Das untere Drehtor des Wildgeheges ist mit großem Rucksack nur sehr schwer zu passieren. Es gibt keine Umgehungsmöglichkeit.

Die Wegstrecke ist für Hunde geeignet. Allerdings ist das strikte Leinengebot im Bereich des Friedwalds, einiger Wildruhezonen und im Wildgehege unbedingt einzuhalten. Achtung: Das untere Drehtor des Wildgeheges ist sehr eng und kann von großen Hunden nicht passiert werden. Eine Umgehung des Wildgeheges ist nicht möglich.

Springendes Wasser

Bad Breisig steht für eine enorm quellenreiche Region, denn nicht nur der Geyrsprudel, der die Römer-Therme speist und im frühen 20. Jahrhundert erbohrt wurde, bringt kostbares Nass aus der Tiefe. Allerdings ist der nach dem Reichsfreiherrn Maximilian von Geyr benannte Sprudel die einzige noch heute genutzte warme Thermalquelle in der Gegend. Was nicht bedeutet, dass es keine weiteren wirtschaftlich bedeutenden Quellen gäbe. Eine davon ist beispielsweise die Rhodiusmineralquelle, deren schmackhaftes Wasser heute ein gefragter Durstlöscher ist. In Bad Tönisstein sprudelt es gleich mehrfach: Während im Trinkpavillon die Angelika- und Kurfürstenquelle zu Tage tritt, wird praktisch nebenan das bekannte Tönissteiner Sprudelwasser abgefüllt. Wer all diesen Wässern direkt auf die Spur kommen möchte, der wandert am besten die anspruchsvolle, knapp 25 km lange Runde auf dem „Quellenweg" ab, dessen Strecke sich manchmal auch mit dem Vulkanexpress abkürzen lässt.

Nähere Informationen: www.bad-breisig.de

15 Apollinaris-Schleife

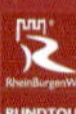

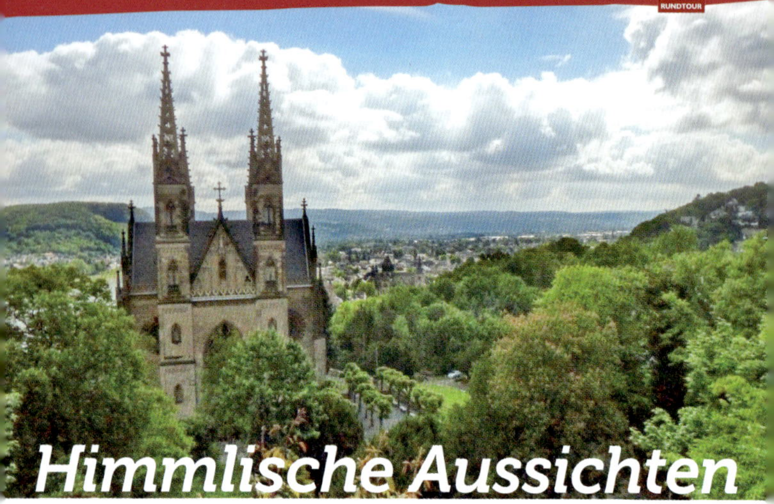

Himmlische Aussichten

- **Start/Ziel:** Remagen, Parkplatz Apollinarisberg
- **Gesamtlänge:** 12.8 km
- **Gesamtzeit:** 4 Std.
- **Kalorien:** ♀ 888 ♂ 1043
- **Tour Download**: RSX6T12

- **Anfahrt:** Entlang des Rheins gelangt man auf der B 9 nach Remagen. Dort folgt man der Ausschilderung zur Apollinariskirche. Am Wanderparkplatz Ecke „Apollinarisberg/Birresdorfer Straße" kann man unmittelbar am Weg parken.

10.8 | 42.5 % | 46.7 %

scan to go®

- **Parken:**
  - Parkplatz Apollinarisberg N50° 34' 53.3' • E7° 13' 14.3''
  - Parkplatz Lützelbacherhof N50° 34' 17.2' • E7° 13' 38.9''

- **Wegpunkte:**

P1: Parkplatz Apollinarisberg 32 U 373966 5604680
P2: Apollinariskirche 32 U 374023 5604735
P3: Waldteich 32 U 373339 5604899
P4: Schutzhütte Auf Scheid 32 U 371037 5604024
P5: Schutzhütte Heidewiese 32 U 374447 5602986
P6: Parkplatz Lützelbacherhof 32 U 374419 5603538
P7: Aussicht Rheintal 32 U 373851 5603647

■ Höchster Punkt: 231 m ■ Steigung/Gefälle: 305 m

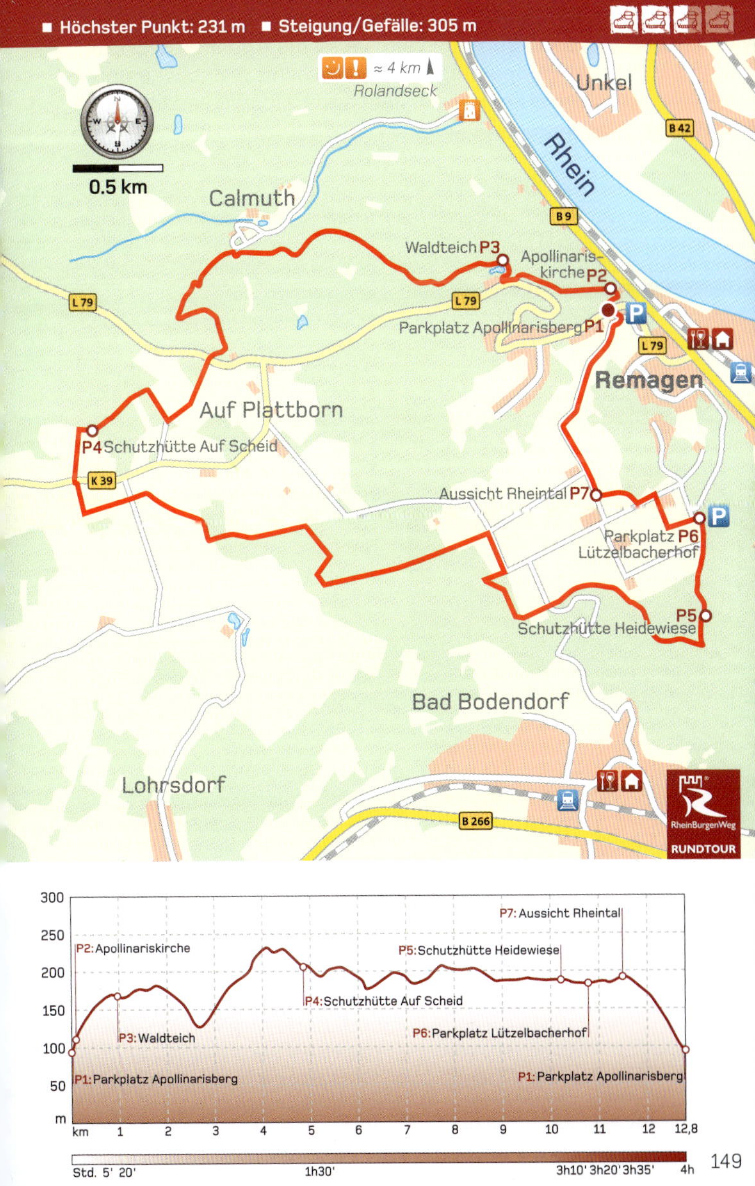

Mit himmlischem Beistand erkunden wir heute die Umgebung von Remagen, denn zum Auftakt lockt die Apollinariskirche, bevor wir tolle Waldpassagen und herrliche Weitblicke genießen dürfen. Vorbei an einer idyllischen Heidewiese klingt die Tour mit grandiosen Blicken ins Siebengebirge aus.

An der Kreuzung Apollinarisberg/ Birresdorfer Sraße **(1)** beginnen wir am Wanderparklatz die Tour auf der Apollinaris-Schleife. Nach kurzer Orientierung auf der Karte des Portals wenden wir uns der Straße Apollinarisberg zu und erobern die ersten Höhenmeter des Tages. Nach nur **100 m** stehen wir dann auf dem Platz vor der beeindruckenden Apollinariskirche **(2)**.

! Ein Blick ins Innere der bedeutenden Wallfahrtskirche lohnt sich unbedingt.

Nachdem wir uns solchermaßen geistige Stärkung verschafft haben, kann uns auch der stramme Anstieg hinauf zur Statue des heiligen Franziskus nicht schrecken. Gemeinsam mit dem RheinBurgen-Weg meistern wir das Steilstück und genießen dann von der kleinen Aussichtskanzel beim heiligen Franz einen sagenhaften Ausblick auf die Apollinariskirche, Remagen und das Rheintal.

Anschließend folgen wir dem nun nur noch moderat ansteigenden Weg durch den Wald bergan. Wir treffen unweit der L 79 auf einen Forstweg und wenden uns mit diesem nach links. Wenig später müssen wir knapp 100 m auf dem Bankett der Straße nach rechts zum Parkplatz am nahen Waldschlösschen laufen. Dort angelangt, schicken uns die Logos aber sogleich wieder rechts auf einen Naturweg. Dieser führt uns zu einem idyllischen Waldteich, den wir bald pfadig umrunden. Nach **1 km** lädt dann am Ufer auch eine Bank **(3)** zum Verweilen an diesem verträumten Ort ein.

Nur mühsam reißen wir uns vom Waldsee los und wandern pfadig durch den Wald. Bald endet der Pfad an einem breiten Forstweg. Hier verabschiedet sich der RheinBurgenWeg nach rechts, während wir links dem Weg durch den hohen Laubmischwald folgen.

Einige Wegeinmündungen und Kreuzungen überstehen wir dank guter Markierung ohne Schwierigkeiten. Generell führt uns die Apollinaris-Schleife ohne große Richtungswechsel leicht abwärts durch den teilweise himmelhoch gewachsenen Wald. Besonders hohe Exemplare uralter Buchen begeistern uns, während wir uns dem Taubentalbach stetig annähern. Mit einem kleinen Rechts-Versatz treffen wir schließlich nach **2.7 km** im Talgrund ein. Sofort wendet sich unser Weg wieder bergan. Wir biegen links auf einen breiten Wirtschaftsweg ab, der uns gemächlich aufwärts durch den Wald führt. Mit einigen Kurven gewinnen wir Schritt für Schritt an Höhe. Als erste Geräusche der nahen L 79 an unsere Ohren dringen, dürfen wir den abrupten Abzweig nach rechts auf einen Pfad nicht verpassen. Der führt uns geschwungen noch einige Meter bergan, bis wir nach **3.8 km** die Straße aufmerksam queren.

Auf der anderen Seite setzt sich die Tour am Waldrand entlang auf einem Feldweg fort. Auf einer Kuppe knickt der Weg leicht nach rechts ab. Hier lohnt sich ein Blick zurück zum Rheintal. Wir wandern leicht bergan zum Waldrand, wenden uns dort nach rechts und treten erst an einer Linkskurve in den schummrigen Wald ein. Im Gegensatz zum Hochwald am Taubentalbach umgibt uns hier gedrungen gewachsener Stockschlagwald. Den wohl auch uralten Bäumen sieht man den vor etlichen Jahrzehnten zuletzt durchgeführten Stockschlag noch deutlich an, denn oft sind es bizarre Mehrfachstämme, die ein dichtes Blätterdach über uns aufspannen. Solchermaßen kurzweilig begleitet, erreichen wir den Waldrand und wenden uns dort nach rechts. Nur wenige Schritte später lädt uns nach **4.9 km** die Schutzhütte „Auf Scheid" **(4)** zur Vesperpause ein.

Erholt setzen wir die Tour fort und folgen dem Waldrand noch ein kurzes Stück, bevor wir uns an einer Bank links der offenen Flur zuwenden. Wir laufen durch eine Senke und queren wenig später die

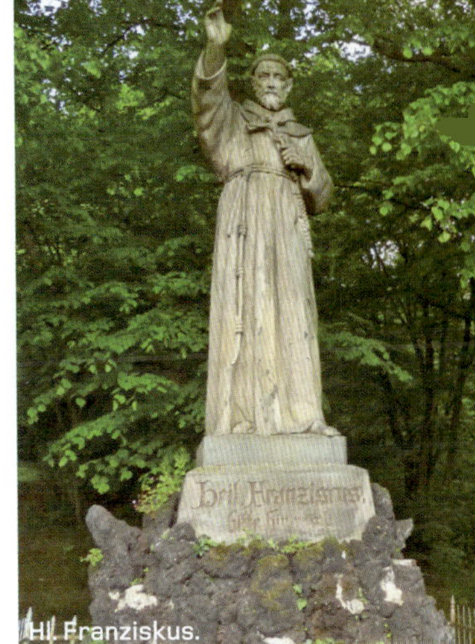
Hl. Franziskus.

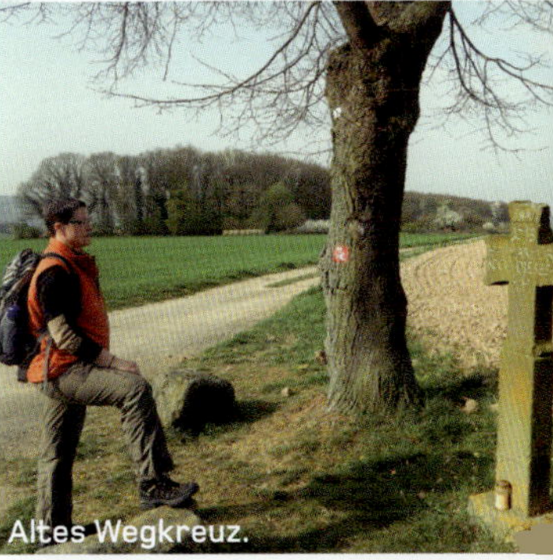
Altes Wegkreuz.

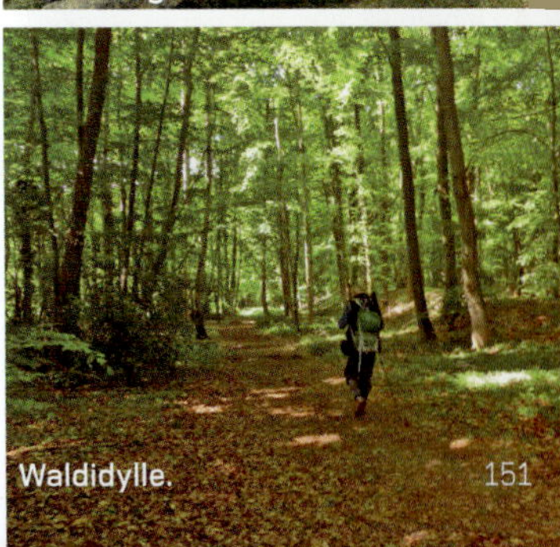
Waldidylle.

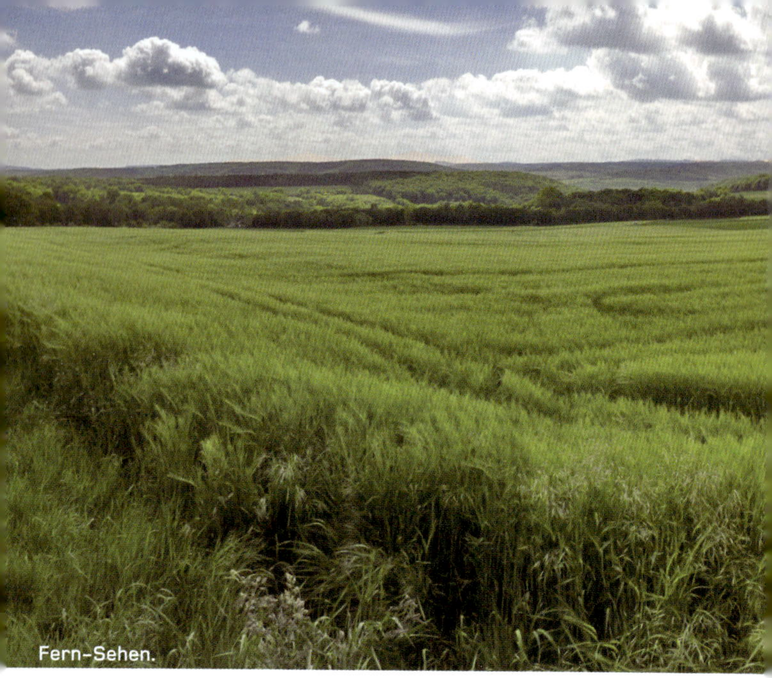

Fern-Sehen.

K 39. Auf der anderen Straßenseite setzen wir den sanften Aufstieg auf einem Feldweg fort. Als wir auf einen Querweg treffen, wandern wir links weiter. Bald öffnet sich rechter Hand ein toller Blick Richtung Vulkaneifel.

An einem Steinkreuz nebst Bank queren wir einen Asphaltweg und tauchen in ein kleines Wäldchen ein. Bald haben wir dieses durchquert und genießen vom Weg weite Blicke über Felder und Wiesen. Eine üppige Hecke begleitet uns zur Linken, während sich die Apollinaris-Schleife gemächlich absenkt.
Nach **6.1 km** wird das „Fern-Sehen" beendet, denn wir tauchen mal wieder in den Wald ein. Nach kurzem Abstieg treffen wir auf einen breiten Weg, dem wir links leicht ansteigend folgen. Bald flacht der Weg wieder ab und linker Hand, von Hecken halb verdeckt, breiten sich die Weiden einer Straußenfarm aus. Vom exotischen Federvieh erspähen wir allerdings nicht viel. Schließlich erreichen wir einen Wegweiser, an dem links der Zuweg zur Straußenfarm abbiegt. Wir wenden uns an dieser Stelle nach rechts in den Wald und freuen uns, als sich der befestigte Weg zum weichen, federnden Waldweg mausert.

Einige Wendungen gestalten die Strecke recht kurzweilig, bis sich

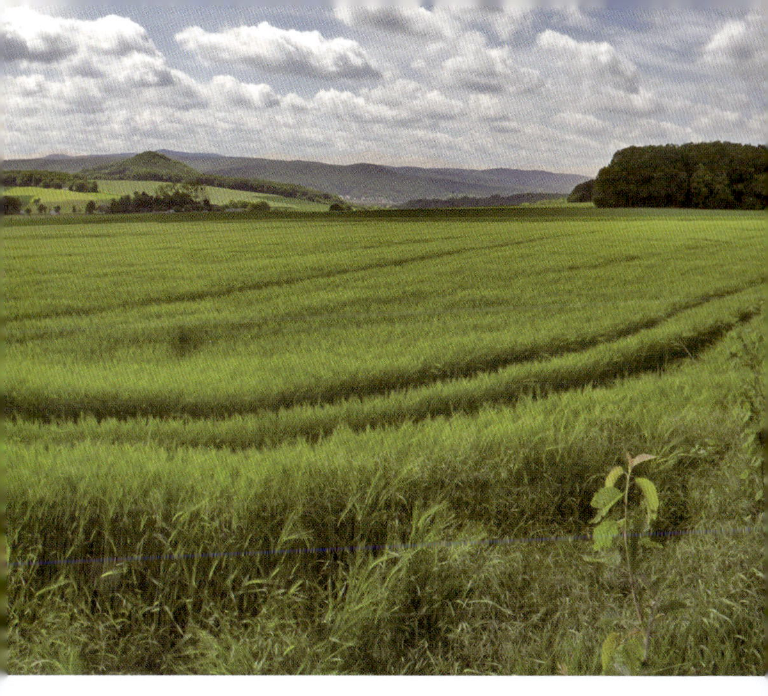

der Wald lichtet und wir am Rand einer Weihnachtsbaumplantage ankommen. Die Apollinaris-Schleife verläuft zwischen Waldrand und Plantage, die einen würzigen Duft verströmt. An einem Querweg endet die Tannenzucht, und wir müssen uns etwas anstrengen, denn unser Weg steigt geradeaus bergan. Dabei verändert sich die Vegetation: Statt Buche und Co übernehmen kurzzeitig Nadelbäume die Regie und verleihen diesem Abschnitt ein leicht mediterranes Flair. Als wir eine Anhöhe erreichen, drängen dann wieder Eichen und Buchen in den Vordergrund.
Wir passieren ein Holzlager und verlassen wenig später den Wald. Weit schweift der Blick über wogende Felder, und als wir nach **8.2 km** auf einen Asphaltweg stoßen, liegt das Basaltplateau der Erpeler Ley auf der rechten Rheinseite in Augenhöhe vor uns. Wir laufen rechts weiter und sind erleichtert, als wir in einer Kurve rechts von der Straße wegbiegen dürfen und auf breitem Forstweg wieder in den Wald wandern, wo uns ein scharfer Knick nach links erwartet.

Nach **8.8 km** verlassen wir den Wald und dürfen mal mitten durch die Felder, meist jedoch am Waldrand entlang Richtung Rheintal wandern. Wir erreichen den Zaun des Büschmarhofs und wenden uns nach

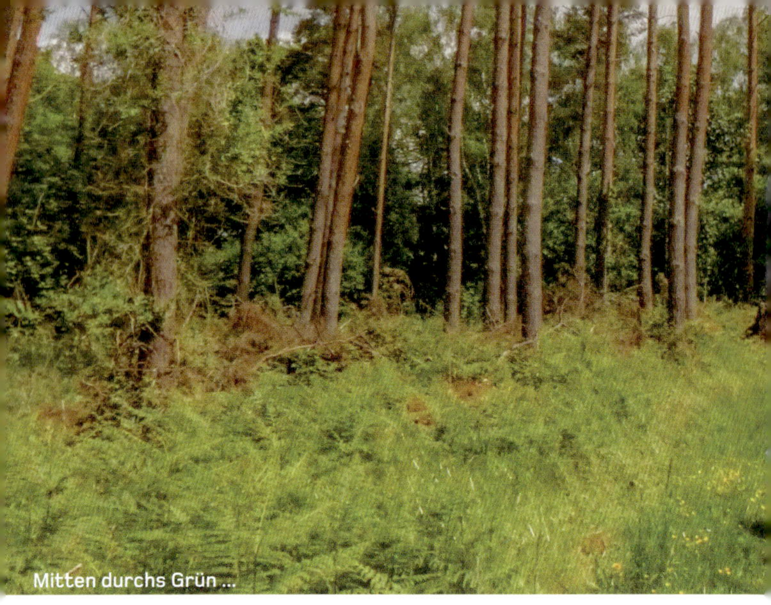
Mitten durchs Grün ...

rechts. Nun ist erhöhte Aufmerksamkeit gefordert, denn kaum sind wir um eine Linkskurve gelaufen, biegt die Apollinaris-Schleife scharf rechts pfadig in den Wald ab. Unser Pfad trifft einen Waldweg, der uns im Bogen rechts an die Hangkante führt. Einen ersten Querweg lassen wir unbeachtet und wandern geradeaus weiter, bis wir nach **10 km** an einer Bank und dem Wegweiser „Ahrplatte" auf das bereits bekannte Logo des RheinBurgen-Wegs stoßen. Gemeinsam führen uns die Logos auf geschwungenem Pfad zur nahen Heidewiese, wo eine weitere Schutzhütte **(5)** zur Pause bereitsteht. Infotafeln steuern Wissenswertes zur ungewöhnlichen Heideflora bei, und wir genießen die Auszeit vom Alltag. Dann wandern wir über den federnden Wiesengrund und treffen am alten jüdischen Friedhof auf einen Forstweg. Der führt uns gerade aus dem Wald hinaus. Lange bleiben wir aber nicht auf dem breiten Wirtschaftsweg, denn wir dürfen auf einen parallelen Fußpfad wechseln, der auch an einigen Bänken vorbeiführt.

Nach **10.8 km** erreichen wir den Parkplatz am Lützelbacherhof **(6)**, wo wir uns wieder vom Rhein-BurgenWeg trennen. Wir biegen links ab und laufen an der Hecke des Lützelbacherhofs entlang, bis wir auf eine Zufahrtsstraße stoßen, der wir 100 m nach links folgen.

Dann dürfen wir wieder rechts abbiegen und dem Wandern auf weichem Gras frönen. Nach kurzem Anstieg erreichen wir die Verbindungsstraße zwischen Fron- und Kapellenhof und bleiben angesichts der grandiosen Aussicht aufs Rheintal (7) bewundernd stehen. Doch auch als wir zum Kapellenhof laufen, begleitet uns das Panorama. Wir passieren den Hof und lassen uns von einem Feldweg sanft durch die Felder abwärtsführen. An einem Querweg biegen wir rechts ab, und wenig später schließt sich das Blätterdach des Stadtwalds über uns. Auf befestigtem Plattenweg geht es stetig bergab. Vorbei am Tierheim gelangen wir an den Ortsrand von Remagen. Mit einem letzten scharfen Linksknick führt uns die Apollinaris-Schleife wieder zum Parkplatz an der Birresdorfer Straße (1), wo diese aussichtsreiche und sehr kurzweilige Runde nach **12.8 km** zu Ende geht.

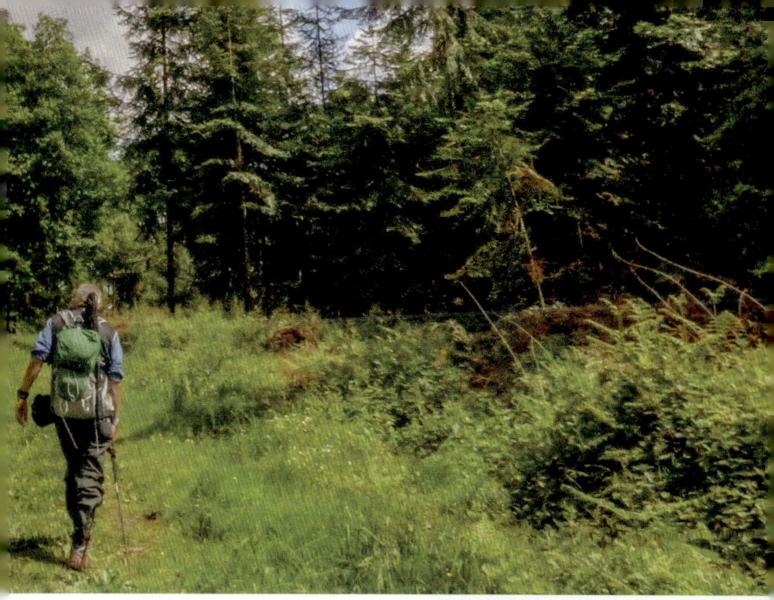

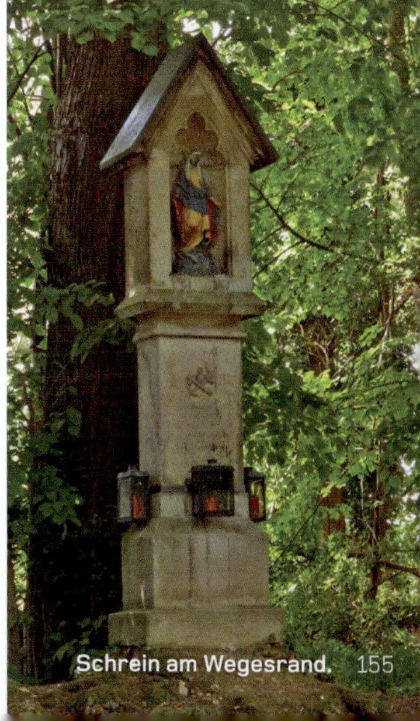

Schrein am Wegesrand.

INFOS

Romantischer Rhein Tourismus GmbH
An der Königsbach 8, 56075 Koblenz
0261/97384722
www.romantischer-rhein.de
▪ *Tourist-Information Remagen, Bachstr. 5, 53424 Remagen*
02642/201-87 www.remagen.de

Café Restaurant Schroeder's, Rheinpromenade 28, 53424 Remagen 02642/22626
www.schroeders-remagen.de
Mai-Okt.: tgl. 11–23 Uhr, Nov.-April: Mo. Ruhetag
▪ *Alter Hut, Bachstr. 6, 53424 Remagen*
02642/3391 Mo. Ruhetag

Hotel Restaurant Pinger, Geschwister-Scholl-Str. 1, 53424 Remagen 02642/9384-0
www.pingerHotels.de

Remagen hat einen Bahnhof und ist im Stundentakt per Bahn erreichbar.
www.mitelrheinbahn.de

Rhein-Ahr Taxi
02642/3737 oder 5050

Arp Museum: Das prachtvolle Jugendstilgebäude des alten Bahnhofs Rolandseck und der darüberliegende Neubau von Richard Meier beherbergen das renommierte Arp Museum. Mit wechselnden Ausstellungen ist Rolandseck ein verlockendes Ziel für Kulturfreunde.
Geöffnet: Di.–So., 11–18 Uhr
www.arpmuseum.org 02228/94250

Auf dem 35 Hektar großen Wildgehege werden neben Rot- und Damwild auch Wildschweine, Mufflons, Hochlandrinder, Esel und Ponys gehalten. Das weitläufige Gelände bietet zudem einen Spielplatz, einen Aussichtsturm und einen Grillplatz (bitte vorher reservieren). Wildpark Rolandseck, Am Kasselbach 4, 53424 Rolandseck 02228/433
www.wildpark-rolandseck.de
1. März bis 30. Nov., 10–18 Uhr, Mo. & Di. Ruhetag (an Feiertagen offen), kein Zutritt für Hunde

Die Apollinaris-Schleife nutzt neben befestigten Wegen auch häufig naturbelassene Strecken, die bei nasser Witterung matschig und rutschig sein können. Daher sind knöchelhohe Wanderstiefel und eventuell Wanderstöcke sinnvoll.

Die Wegstrecke ist für Hunde geeignet.

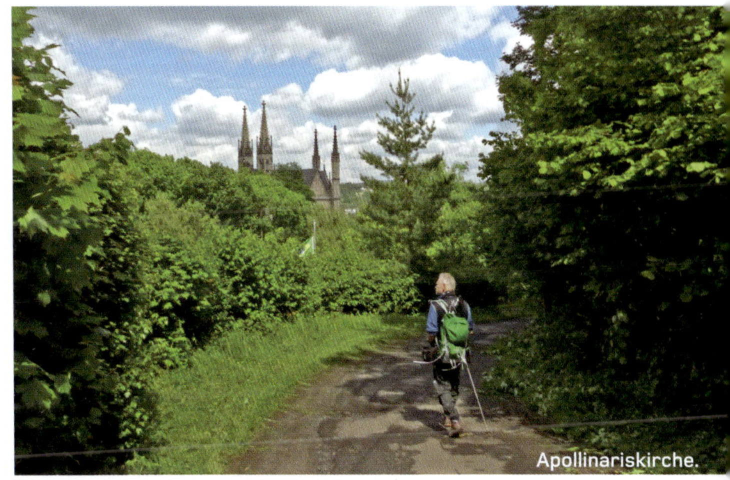
Apollinariskirche.

Bedeutendes Wallfahrtsziel

Mitte des 19. Jahrhunderts wurde die Apollinariskirche nach Plänen des Kölner Dombaumeisters Ernst-Friedrich Zwirner im Auftrag des Grafen Egon von Fürstenberg-Stammheim an der Stelle erbaut, wo vorher die mittelalterliche Martinskirche stand. Die Kirche gilt als der bedeutendste Sakralbau der Romantik im Rheintal. Im Inneren sind besonders die Fresken der sogenannten „Nazarener" sehenswert. Wichtigstes Kleinod ist aber die in der Krypta verwahrte Reliquienbüste des heiligen Apollinaris. Ihr zu Ehren findet jedes Jahr eine große Wallfahrt statt. Die Heiligenverehrung des Apollinaris an dieser Stelle begann bereits im 14. Jahrhundert, wodurch Berg und Kirche zu ihrem heutigen Namen gekommen sind.
1802 endete vorerst die lange Klostertradition auf dem Apollinarisberg. Erst nach der feierlichen Weihe der neuen Apollinariskirche 1857 lebte auch das Ordensleben, nun unter der Regie der Franziskaner, wieder auf. 1980 wurde der Apollinarisberg sogar zur Ausbildungsstätte junger Franziskaner. 2006 endet dann die Ära der Mönche. Seit 2007 lebt die „Gemeinschaft der gekreuzigten und auferstandenen Liebe" auf dem Apollinarisberg. Heute ist die Kirche eines der Wahrzeichen Remagens.
Ⓘ www.apollinariskirche-remagen.de

Steckbriefe

1 Traumpfad **Rheingoldbogen**

Von Brey aus steigt der Weg durch Gehölze in freie, aussichtsreiche Flur an. Rund um den Jakobsberg folgen idyllische Waldpassagen, bevor wir die Hangkante erreichen und uns die berühmte Bopparder Rheinschleife mit ihren bekannten Weinlagen zu Füßen liegt. Kurzweilig geht es durch Reben und Hecken zurück nach Brey. Die Tour erfordert normale Kondition und wirkt am schönstem im Herbst, wenn das Weinlaub rotgolden leuchtet.

Start/Ziel: Ortsmitte Brey
Gesamtlänge: 12.5 km
Gesamtzeit: 3 Std. 45 Min
Steigung/Gefälle: 257 m

Parkplätze in Brey:
Dorfplatz N50° 16′ 22.9″ • E7° 37′ 41.5″
Friedhof N50° 16′ 11.2″ • E7° 37′ 43.8″
Schwierigkeit:

2 Traumpfad **Wolfsdelle**

Vom historischen Marktplatz Rhens führt die Tour hinauf zum Königsstuhl, wo Rhein und Marksburg im Blickfeld liegen. Anschließend setzt sich der Aufstieg kurzweilig durch Wald und Flur fort. Nach Querung des Mühlbachtals erobern wir das Plateau am Kriesenkopf und genießen von dort grandiose Weitblicke. Die Tour ist ideal für Familien und Einsteiger sowie alle, die eine moderate, aussichtsreiche Halbtagestour suchen.

Start/Ziel: Marktplatz Rhens
Gesamtlänge: 10.7 km
Gesamtzeit: 3 Std. 15 Min
Steigung/Gefälle: 306 m

Parkplatz in Rhens:
Bramleystraße
N50° 16′ 50.2″ • E7° 36′ 55.7
Schwierigkeit:

3 Traumpfad **Waldschluchtenweg**

Gleich nach dem Start begeistert das Wechselspiel aus Wald und Wasser, das den gesamten Weg prägt. Nach sanftem Aufstieg entlang des Hillscheider Bachs erobern wir auf teils strammem Anstieg den „Kathedralenwald" und steigen dann ins Feisternachttal ab. Kurz nach der Bembermühle statten wir dem Limes einen Besuch ab. Die Tour eignet sich gut für Einsteiger und Familien und wirkt im Frühjahr und Herbst am schönsten.

Start/Ziel: Parkplatz Feisternachttal
Gesamtlänge: 11.4 km
Gesamtzeit: 3 Std. 30 Min
Steigung/Gefälle: 279 m

Parkplatz Feisternachttal:
L 309 N50° 24′ 16.2″ • E7° 38′ 45.4″
Schwierigkeit:

Weitere Premium-Rundwege am Rhein

Traumpfad **Saynsteig** 4

Fürstlich startet die Tour und schwingt sich vom Schloss in Sayn hinauf zur Burg Sayn. Über die Oskarhöhe wandern wir meist durch herrlichen Buchenwald bis Stromberg und steigen ins Brexbachtal ab. Idyllisch folgt der Pfad dem Bach, bevor es sehr steil hinauf zum Römerturm geht. Über die Hochfläche erreichen wir die Hangkante und steigen wieder nach Sayn ab. Die Tour erfordert sehr gute Kondition und Trittsicherheit.

Start/Ziel: Schloss Sayn
Gesamtlänge: 15.6 km
Gesamtzeit: 5 Std.
Steigung/Gefälle: 487 m

Parkplatz in Sayn:
L 306 N50° 26′ 49.1″ • E7° 35′ 18.1″

Schwierigkeit:

Traumpfad **Höhlen- und Schluchtensteig** 5

Von Wassenach laufen wir ins Pönterbachtal hinab, folgen kurz dem Bach, bevor wir auf teils steilen Pfaden die Hangflanke des Brohlbachtals erobern. Nach dem Abstieg zum Jägerheim wird es abenteuerlich, denn wir wandern durch beeindruckende Trasshöhlen. Anschließend geht es durch die wildromantische Wolfsschlucht. Die Tour ist bei Eis und Schnee nicht begehbar und erfordert gute Kondition und Trittsicherheit.

Start/Ziel: Parkplatz Bergwege
Gesamtlänge: 12 km
Gesamtzeit: 3 Std. 45 Min
Steigung/Gefälle: 322 m

Parkplatz Bergwege:
K 57 N50° 26′ 13.5″ • E7° 17′ 52.2″
Schwierigkeit:

Traumpfad **Streuobstwiesenweg** 6

Besonders zur Obstbaumblüte lohnt sich die Tour auf diesem Rundkurs, der am Sportplatz Kärlich startet und uns durch Obstplantagen nach Kettig führt. Verschlungene Pfade bringen uns zum Kettiger Bach. Nach sanft ansteigender Talpassage erklimmen wir das Hochplateau, wo grandiose Ausblicke und spannende Erlebnisstationen für Kurzweil sorgen.

Start/Ziel: Parkplatz Sportplatz
Gesamtlänge: 8.8 km
Gesamtzeit: 2 Std. 40 Min
Steigung/Gefälle: 230 m

Parkplatz Sportplatz Kärlich:
N50° 23′ 23.5″ • E7° 28′ 24.3″
Schwierigkeit:

Detaillierte Infos zu allen Wegen in der Traumpfade Jubiläumsausgabe, www.ideemediashop.de

Register

A

B

S

T

V

W

Z

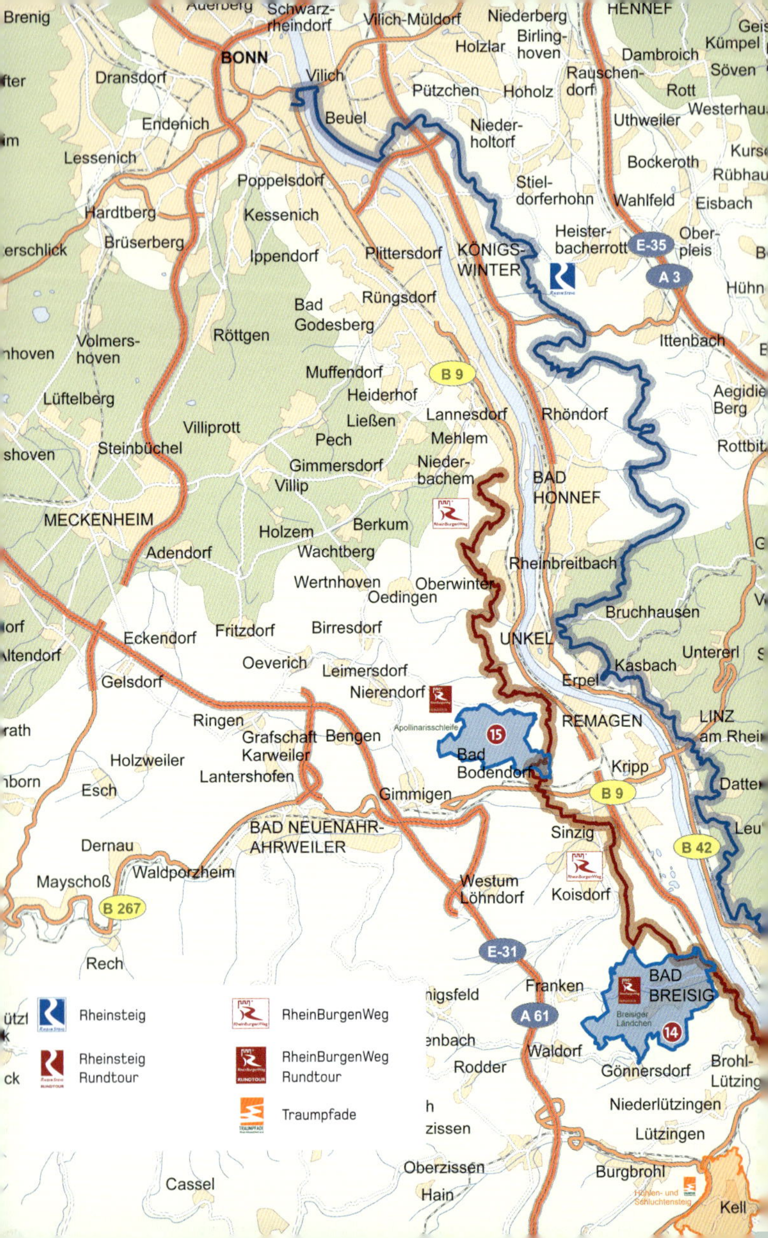

BONN
KÖNIGSWINTER
BAD HONNEF
UNKEL
REMAGEN
LINZ am Rhein
MECKENHEIM
BAD NEUENAHR-AHRWEILER
BAD BREISIG
Apollinarisschleife
Breisiger Ländchen
Höhlen- und Schluchtensteig
Rheinsteig
RheinBurgenWeg
Rheinsteig Rundtour
RheinBurgenWeg Rundtour
Traumpfade

Die Rheinschleifen

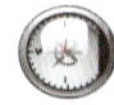

Die Premium-Rundtouren am Rheinsteig und am RheinBurgenWeg sind mit den Logos Rheinsteig Rundtour, RheinBurgenWeg Rundtour und Traumschleifen RheinBurgenWeg gekennzeichnet. Die Traumpfade sind mit orangefarbigen Schildern markiert.

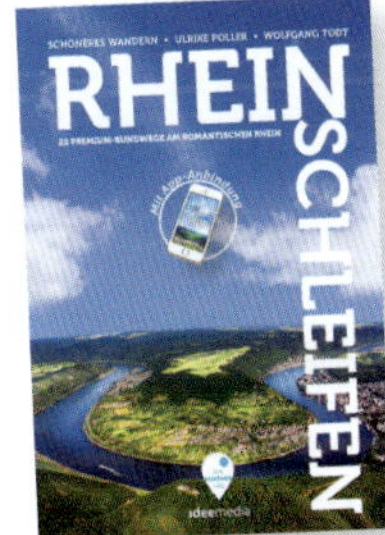

Die Rundtouren im Überblick

Nr.	Tour	Länge
1	Rauenthaler Spange	8.7 km
2	Rhein-Nahe-Schleife	20.8 km
3	Baumgeister Tour	15.7 km
4a	Schellengang	11.2 km
4b	St. Oswald Schleife	10.9 km
5	Stahlberg-Schleife	13.0 km
6	Schwede-Bure-Tour	12.1 km
7	Loreley Extratour	14.8 km
8	Rheingold	10.7 km
9	Fünfseenblick	10.5 km
10	Marienberg	12.0 km
11	Elfenlay	10.8 km
12	Mittelrhein Klettersteig	5.1 km
13	Fürstenweg	10.8 km
14	Breisiger Ländchen	16.8 km
15	Apollinaris-Schleife	12.8 km

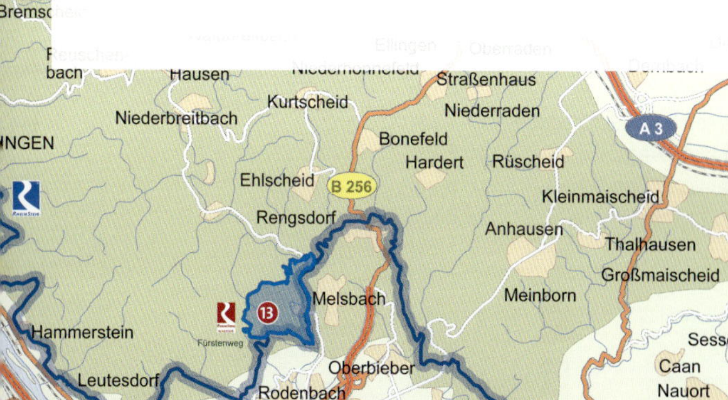

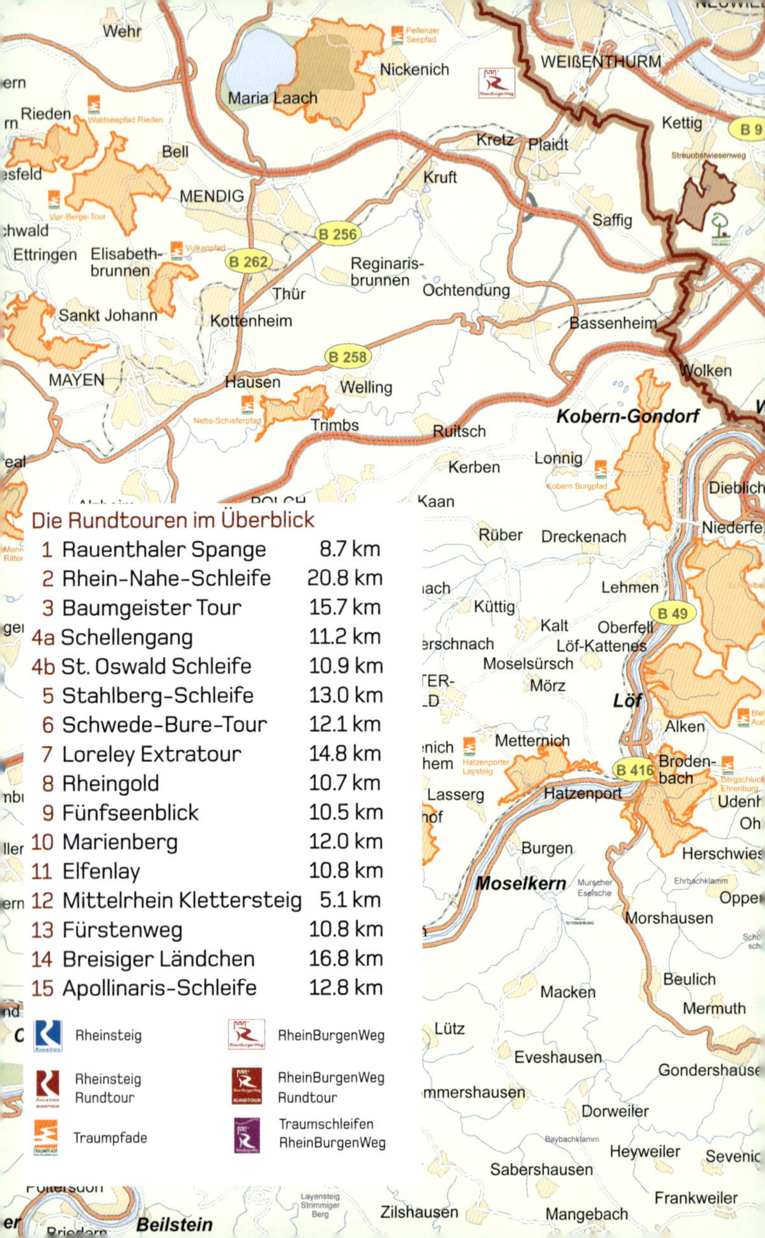

Die Rundtouren im Überblick
1 Rauenthaler Spange 8.7 km
2 Rhein-Nahe-Schleife 20.8 km
3 Baumgeister Tour 15.7 km
4a Schellengang 11.2 km
4b St. Oswald Schleife 10.9 km
5 Stahlberg-Schleife 13.0 km
6 Schwede-Bure-Tour 12.1 km
7 Loreley Extratour 14.8 km
8 Rheingold 10.7 km
9 Fünfseenblick 10.5 km
10 Marienberg 12.0 km
11 Elfenlay 10.8 km
12 Mittelrhein Klettersteig 5.1 km
13 Fürstenweg 10.8 km
14 Breisiger Ländchen 16.8 km
15 Apollinaris-Schleife 12.8 km
Rheinsteig
RheinBurgenWeg
Rheinsteig Rundtour
RheinBurgenWeg Rundtour
Traumpfade
Traumschleifen RheinBurgenWeg
Wehr
Maria Laach
Pellenzer Seepfad
Nickenich
WEIßENTHURM
Rieden
Waldseepfad Rieden
Bell
Kettig
B 9
Streuobstwiesenweg
Kretz
Plaidt
Kruft
MENDIG
Vier-Berge-Tour
Saffig
B 256
Ettringen
Elisabeth-brunnen
Vulkanpfad
B 262
Reginaris-brunnen
Ochtendung
Thür
Sankt Johann
Kottenheim
Bassenheim
B 258
MAYEN
Hausen
Welling
Wolken
Nette-Schieferpfad
Trimbs
Kobern-Gondorf
Ruitsch
Lonnig
Kerben
Kobern Burgpfad
Dieblich
Kaan
Rüber
Dreckenach
Lehmen
Küttig
B 49
Kalt
Oberfell
Löf-Kattenes
Moselsürsch
Mörz
Löf
Alken
Metternich
Hatzenporter Laysteig
B 416
Broden-bach
Bergschluchten Ehrenburg
Lasserg
Hatzenport
Burgen
Herschwiesen
Moselkern
Murscher Eselsche
Ehrbachklamm
Morshausen
Beulich
Macken
Mermuth
Lütz
Eveshausen
Gondershausen
Dorweiler
Baybachklamm
Heyweiler
Sabershausen
Layensteig Strimmiger Berg
Zilshausen
Mangebach
Frankweiler
Beilstein

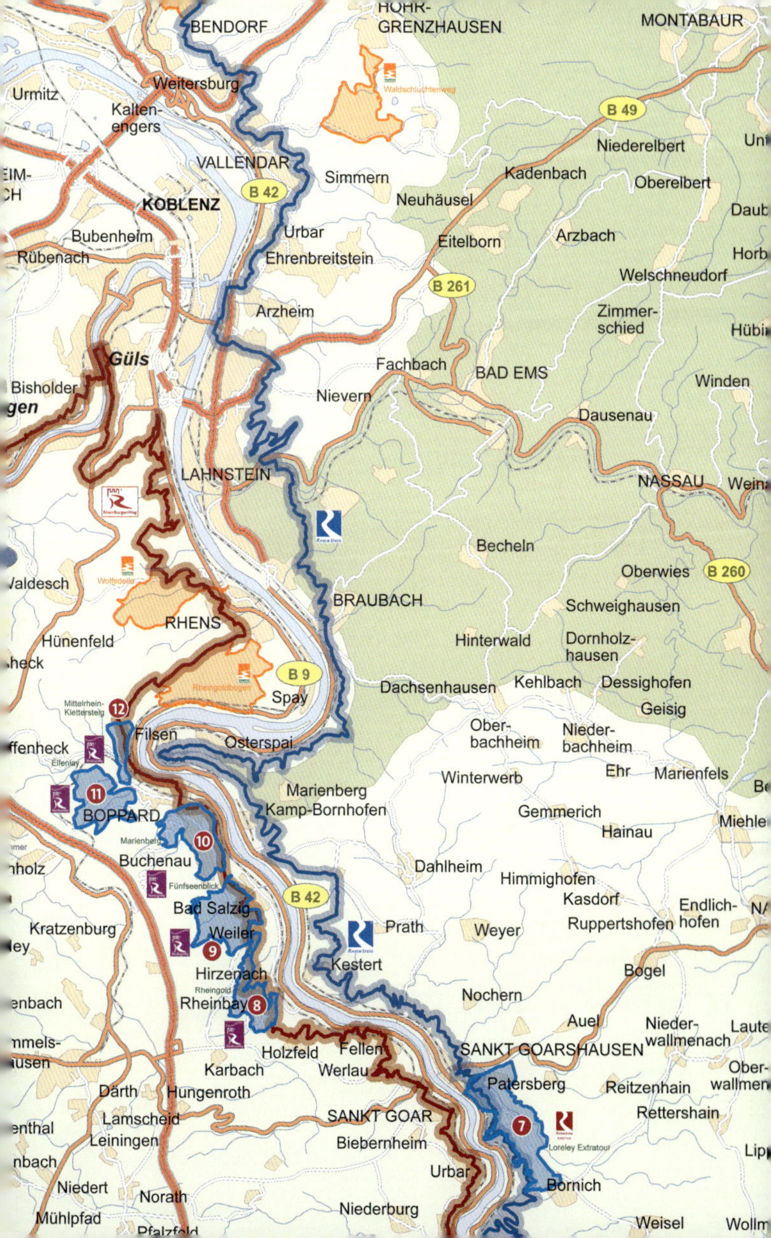
BENDORF
HÖHR-
GRENZHAUSEN
MONTABAUR
Waldschluchtenweg
Urmitz
Weitersburg
Kalten-
engers
B 49
Niederelbert
VALLENDAR
Simmern
Kadenbach
Oberelbert
B 42
Neuhäusel
KOBLENZ
Bubenheim
Urbar
Eitelborn
Arzbach
Rübenach
Ehrenbreitstein
Welschneudorf
B 261
Arzheim
Zimmer-
schied
Güls
Fachbach
BAD EMS
Bisholder
Nievern
Winden
Dausenau
LAHNSTEIN
NASSAU
Becheln
Oberwies
B 260
Wolfsdelle
BRAUBACH
Schweighausen
RHENS
Hünenfeld
Hinterwald
Dornholz-
hausen
B 9
Rheingoldbogen
Spay
Dachsenhausen
Kehlbach
Dessighofen
Geisig
Mittelrhein-
Klettersteig
Filsen
Osterspai
Ober-
bachheim
Nieder-
bachheim
Ehr
Marienfels
Winterwerb
Marienberg
Kamp-Bornhofen
BOPPARD
Gemmerich
Hainau
Marienberg
Buchenau
Dahlheim
Himmighofen
Kasdorf
Fünfseenblick
Bad Salzig
B 42
Endlich-
hofen
Kratzenburg
Weiler
Prath
Weyer
Ruppertshofen
Kestert
Bogel
Hirzenach
Rheingold-
Rheinbay
Nochern
Auel
Nieder-
wallmenach
Holzfeld
Fellen
SANKT GOARSHAUSEN
Karbach
Werlau
Patersberg
Reitzenhain
Därth
Hungenroth
Rettershain
Lamscheid
SANKT GOAR
Leiningen
Biebernheim
Loreley Extratour
Urbar
Niedert
Bornich
Norath
Mühlpfad
Niederburg
Weisel
Pfalzfeld

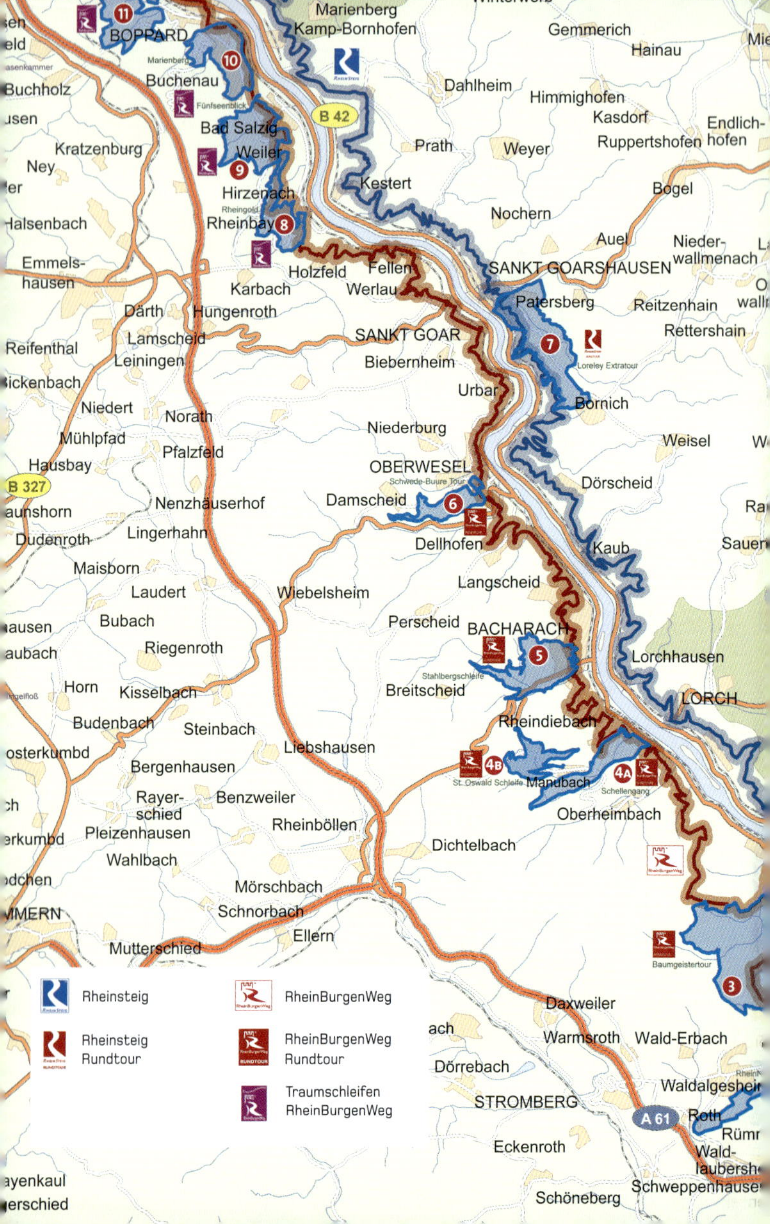

Winterwerb
Marienberg
Kamp-Bornhofen
Gemmerich
Hainau
BOPPARD
Marienberg
Buchenau
Fünfseenblick
Buchholz
Dahlheim
Himmighofen
Kasdorf
Endlich-
hofen
Ruppertshofen
B 42
Bad Salzig
Weiler
Kratzenburg
Ney
Prath
Weyer
Kestert
Hirzenach
Rheingold
Rheinbay
Bogel
Nochern
Halsenbach
Auel
Nieder-
wallmenach
Emmels-
hausen
Holzfeld
Fellen
Werlau
Karbach
SANKT GOARSHAUSEN
Patersberg
Reitzenhain
Rettershain
Därth
Hungenroth
Lamscheid
Leiningen
Reifenthal
SANKT GOAR
Biebernheim
Loreley Extratour
Urbar
Bornich
Niedert
Norath
Niederburg
Mühlpfad
Pfalzfeld
Weisel
Hausbay
OBERWESEL
Schwede-Buure Tour
B 327
Dörscheid
Damscheid
Nenzhäuserhof
Lingerhahn
Dudenroth
Dellhofen
Kaub
Maisborn
Laudert
Langscheid
Wiebelsheim
Bubach
Perscheid
BACHARACH
Riegenroth
Lorchhausen
Stahlbergschleife
Horn
Kisselbach
Breitscheid
LORCH
Budenbach
Steinbach
Rheindiebach
Liebshausen
Bergenhausen
St. Oswald Schleife
Manubach
Schellengang
Rayer-
schied
Benzweiler
Oberheimbach
Pleizenhausen
Rheinböllen
Wahlbach
Dichtelbach
Mörschbach
Schnorbach
Ellern
Mutterschied
Baumgeistertour
Rheinsteig
RheinBurgenWeg
Rheinsteig
Rundtour
RheinBurgenWeg
Rundtour
Traumschleifen
RheinBurgenWeg
Daxweiler
Warmsroth
Wald-Erbach
Dörrebach
STROMBERG
A 61
Roth
Eckenroth
Wald-
Schöneberg
1
2
3
4A
4B
5
6
7
8
9
10
11

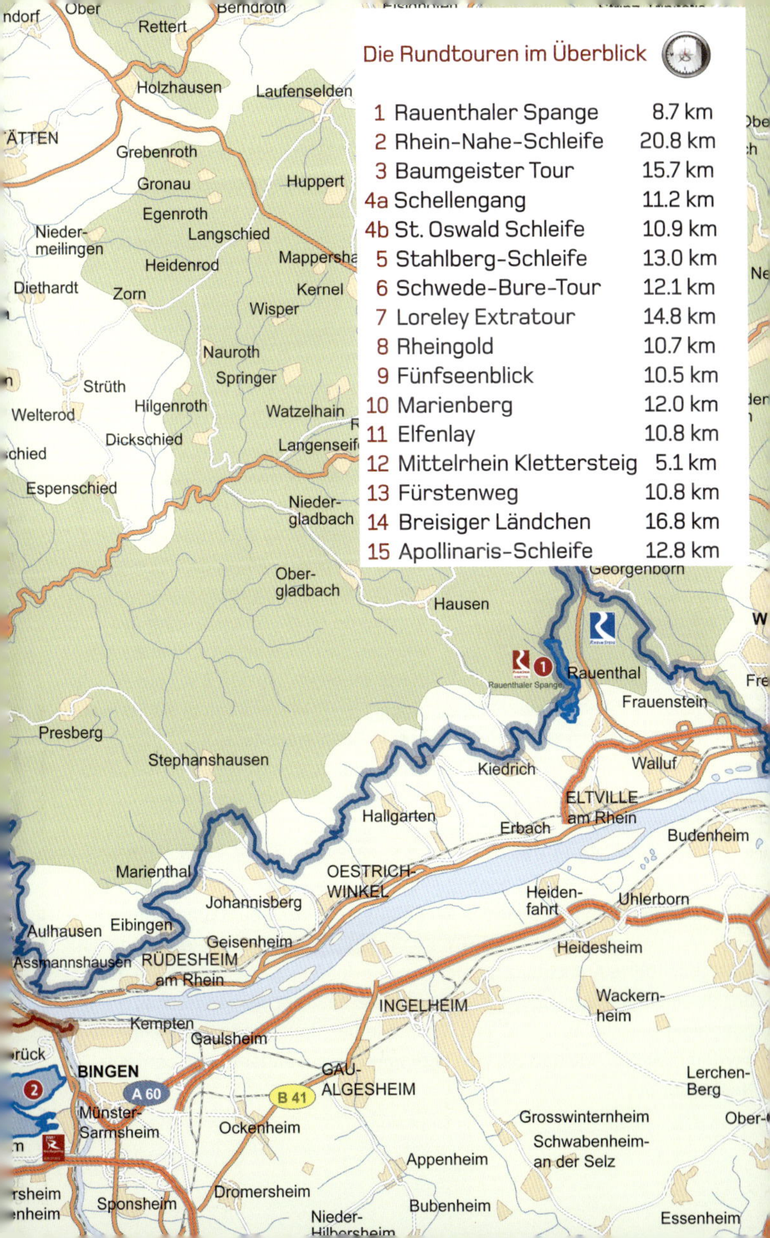
Die Rundtouren im Überblick
1 Rauenthaler Spange 8.7 km
2 Rhein-Nahe-Schleife 20.8 km
3 Baumgeister Tour 15.7 km
4a Schellengang 11.2 km
4b St. Oswald Schleife 10.9 km
5 Stahlberg-Schleife 13.0 km
6 Schwede-Bure-Tour 12.1 km
7 Loreley Extratour 14.8 km
8 Rheingold 10.7 km
9 Fünfseenblick 10.5 km
10 Marienberg 12.0 km
11 Elfenlay 10.8 km
12 Mittelrhein Klettersteig 5.1 km
13 Fürstenweg 10.8 km
14 Breisiger Ländchen 16.8 km
15 Apollinaris-Schleife 12.8 km
Rettert
Holzhausen
Laufenselden
Grebenroth
Gronau
Huppert
Egenroth
Langschied
Nieder-
meilingen
Heidenrod
Diethardt
Zorn
Kernel
Wisper
Nauroth
Springer
Strüth
Hilgenroth
Welterod
Watzelhain
Dickschied
Espenschied
Nieder-
gladbach
Ober-
gladbach
Hausen
Rauenthal
Rauenthaler Spange
Frauenstein
Presberg
Stephanshausen
Kiedrich
Walluf
ELTVILLE
am Rhein
Hallgarten
Erbach
Budenheim
Marienthal
OESTRICH-
WINKEL
Heiden-
fahrt
Uhlerborn
Johannisberg
Aulhausen
Eibingen
Geisenheim
Heidesheim
Assmannshausen
RÜDESHEIM
am Rhein
INGELHEIM
Wackern-
heim
Kempten
Gaulsheim
BINGEN
A 60
B 41
GAU-
ALGESHEIM
Lerchen-
Berg
Münster-
Sarmsheim
Ockenheim
Grosswinternheim
Schwabenheim-
an der Selz
Appenheim
Sponsheim
Dromersheim
Bubenheim
Nieder-
Essenheim

GPS: So Funktioniert's

EINFACH HIMMLISCH GEFÜHRT

Besitzer von GPS-Navigationsgeräten (Outdoor-Geräte oder Smartphones) kommen nie vom Weg ab und wissen immer, wo sie gerade sind: In allen Rad- und Wanderführern des ideemedia-Verlags finden Sie die Rad-, Wander- und Erlebnisrouten für Outdoor-Navigationsgeräte. Die Touren liegen im weit verbreiteten *gpx-Format vor.

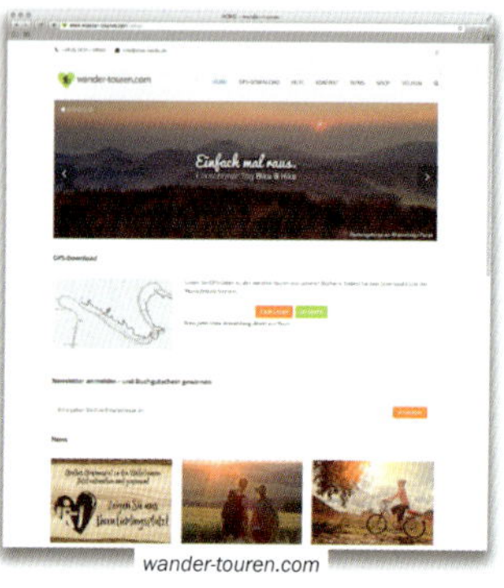

wander-touren.com

Mit dem kostenlosen Programm BaseCamp von Garmin ist es möglich, die Tracks anzusehen, zu bearbeiten und direkt auf Garmin-Geräte zu laden. Dieses Programm kann auch ohne die zusätzlich zu kaufende Karte eingesetzt werden, bietet dann aber nur eine globale Karte ohne Details. BaseCamp läuft zudem auch auf Apple Computern. Alle anderen Hersteller von Outdoor-GPS-Geräten bieten ebenfalls kostenlose Programme an. Allerdings müssen Sie meistens auch eine digitale Karte erwerben, um den Track am PC und auf Outdoor-Geräten auf der Karte zu sehen. Für PC-Nutzer ist auch die Software MagicMaps Tour Explorer empfehlenswert. In OpenStreetMaps oder Google Maps können die Daten mit Hilfe eines GPX Viewer angezeigt werden. Diese Kartenansicht können Sie für unterwegs zum persönlichen Gebrauch ausdrucken.

DIREKT ZUM PREMIUM-TRACK: SO FUNKTIONIERT ES

Zum Download der Routen benötigen Sie entsprechende Tour-Codes. Diese finden Sie unter anderem jeweils am Anfang der einzelnen Kapitel oder am Ende. Auf der Internetseite **www.wander-touren.com** geben Sie den Code ein. Eine gesonderte Anmeldung ist nicht mehr erforderlich. Sie bestätigen mit der Downloadanfrage, dass Sie im Besitz des entsprechenden Buches (Print oder elektronische Ausgabe) sind. Wenn Sie per Mail über Updates informiert werden möchten, melden Sie sich bitte unter www.wander-touren.com zum Newsletter an.

▶ GPX-DATEN AUF OUTDOOR-NAVIS LADEN

Als Buchbesitzer können Sie die Daten als Datei im weit verbreiteten *gpx-Format als Einzeltour laden und danach auf Ihrem PC ablegen. In einzelnen Fällen können die Daten hinter den Codes auch gebündelt als *.zip-Datei verpackt vorliegen, die Sie vor der weiteren Verwendung entpacken müssen.

Als Nächstes müssen Sie die gewünschte Tour auf Ihr Navigationsgerät übertragen. Für die meisten GPS-Outdoor-Geräte ziehen Sie einfach den Track von Ihrem Desktop nach Verbinden des GPS-Geräts mit dem Computer in das GPS-Verzeichnis Ihres Outdoor-Geräts, das Sie als Laufwerk auf dem Desktop sehen. Sollte Ihr GPS-Gerät ein besonderes Format verlangen, so können Sie den Track mit der Software RouteConverter in fast jedes Format konvertieren. RouteConverter ist ein kostenloses GPS-Werkzeug, um Routen, Tracks und Wegpunkte anzuzeigen, zu bearbeiten und zu konvertieren. Es läuft sowohl auf PC als auch auf Apple Computern. Zur Übertragung der Tour-Daten können Sie auch die Ihrem Kartenprogramm oder Ihrem Navigationsgerät beigelegte Software nutzen. Bei Problemen mit der Übertragung der Daten auf Ihr Navigationssystem wenden Sie sich bitte an Ihren Hersteller oder Lieferanten. Sollte der von Ihnen verwendete Internet-Browser den Daten-Download blockieren, kontrollieren Sie bitte Ihre Sicherheitseinstellungen und beachten die Angaben des Anbieters.

▶ GPS FÜR SMARTPHONES/IPHONES

GPS-Daten auf ein Smartphone zu laden, ist inzwischen recht einfach und funktioniert mit mehreren Apps sowohl für iPhones als auch für Android-Geräte. Unser Tipp: Laden Sie sich verschiedene Apps auf Ihr Gerät und testen Sie, mit welcher Software Ihr Gerät fehlerfrei arbeitet. Laden Sie nun von www.wander-touren.com den *.gpx-Track herunter und öffnen ihn mit einem geeigneten Programm. Meist schlägt das Betriebssystem eine Auswahl geeigneter Programme vor. Probleme kann es evtl. mit den Karten geben, wenn diese unterwegs über das Netz geladen werden müssen. Von Netzproblemen abgesehen, kann das zu hohen Downloadkosten führen.

GPS: So Funktioniert's

▸ GRATIS-APP traumtouren: SCANNEN, LADEN, LOSLEGEN

Wesentlich einfacher geht es mit der neuen App „traumtouren", die Sie für Smartphones und Tablet-PCs als kostenlose Basis-Version über GooglePlay (Android) und iTunes App-Store (iOS) laden können. Via Tour-Code oder über das Scannen des QR-Codes aus der App heraus können Sie dann schnell, einfach und bequem die komplette Tour auf Ihr Smartphone oder Tablet übertragen. Neben der Wegstrecke erhalten Sie zusätzliche Kurzinfos, sehen (bei bestehender Mobilfunk- bzw. Satellitenverbindung) Ihren aktuellen Standort und können der vorgeschlagenen Route folgen. Die App ist auf einfache Bedienbarkeit ausgelegt und auf die wesentlichen Funktionen für unterwegs reduziert. Bedenken Sie bitte: Je nach Mobilfunkvertrag können für die Nutzung der Verbindung Kosten anfallen. Die App ist nicht Bestandteil des Buchkaufs, die Verfügbarkeit ist nicht garantiert. Bitte beachten Sie die gesonderten Nutzungsbedingungen. Eine ausführliche Anleitung zur Bedienung der App finden Sie auf **www.wander-touren.com/www/app-hilfe**.

Bitte beachten: Wenn Sie den QR-Code nicht aus der App herausscannen, öffnet sich Google Maps, und es wird Ihnen der Startpunkt der Tour angezeigt.

▸ ALLGEMEINE HINWEISE

Alle Daten wurden auf Fehlerfreiheit geprüft und werden bei Änderungen der Wegführung nach Verfügbarkeit aktualisiert. ideemedia übernimmt keine Haftung für mögliche Abweichungen, Vollständigkeit, Verfügbarkeit und Einsatz auf allen Navigations-Modellen. Sollte ein Gerät das Laden von GPS-Daten nicht ermöglichen, so wenden Sie sich in diesem Fall bitte an den Hersteller. Die Nutzung der Tour-Downloads ist nur Buchbesitzern zur privaten Verwendung gestattet, eine Weitergabe an Dritte sowie das Vervielfältigen auf Datenträgern jeder Art ist untersagt. Kommerzielle Nutzung ist nur nach schriftlicher Vereinbarung mit ideemedia gestattet. Idee, Konzeption und Daten sind urheberrechtlich geschützt. Die Daten enthalten einen Sicherheitscode. Eine Vervielfältigung zur Verteilung oder Verlinkung ist strikt untersagt und kann bei Missbrauch zu Schadenersatzforderungen führen.

▸ PREMIUM-GPS: WAS IST DAS?

Im Gegensatz zu vielen anderen Anbietern im Print- und Online-Bereich greifen wir nicht auf die Standard-Daten von kostenlosen Internetportalen, privaten oder öffentlichen Anbietern zurück, sondern ermitteln die Daten vor Ort und aktualisieren diese im Regelfall, wenn uns gravierende Änderungen bekannt werden. Um es Kunden so komfortabel wie möglich zu machen, bieten wir Ihnen, neben den *.gpx-Daten, die Nutzung der App traumtouren. Die Arbeit ist aufwendig und kostenintensiv – und daher bitten wir um Verständnis, dass wir diese aufbereiteten Daten in vollem Umfang nur unseren Kunden zur Verfügung stellen.

▸ GPS-DATEN VERARBEITEN: NICHT OHNE ÜBUNG

Trotz enormer Fortschritte in der Gerätebedienung ist es für Laien immer noch nicht völlig unkompliziert, die Daten auch richtig nutzen zu können. Da es sich bei den *.gpx-Daten um ein kostenfreies Zusatzangebot zu unseren Printprodukten handelt, können wir keine Unterstützung für GPS-Geräte, GPS-Software oder Kartengrundlagen leisten. Bitte wenden Sie sich dazu an Ihren Hersteller oder Lieferanten und arbeiten Sie sich gründlich in die Möglichkeiten der GPS-Nutzung ein. Verlassen Sie sich auch bei Ihren Touren nicht ausschließlich auf Ihr GPS-Gerät, Empfangsprobleme in engen Schluchten oder hohen Wäldern, Batterie- oder Softwareprobleme sind nicht unbekannt. Wir empfehlen aus Erfahrung die zusätzliche Mitnahme von Buch und Karten.

▸ PROBLEME MIT .GPX-DATEIEN BEI MANCHEN PROGRAMMEN UND APPS

Wenn Sie sich unsere Touren einfach und bequem auf dem Smartphone anzeigen lassen möchten, empfehlen wir Ihnen unsere App „traumtouren“, da Ihnen hier alle wichtigen Infos und alle vorhandenen Tracks zur Tour einfach und schnell angezeigt werden.

Leider kommt es ab und an vor, dass andere Programme oder Apps Probleme mit den von uns bereitgestellten umfangreichen .gpx-Daten haben. Da wir unsere .gpx-Daten häufig mit zusätzlichen Informationen zu Zuwegen, Abwegen und Varianten ausstatten, enthalten unsere Daten häufig mehrere Tracks. Einige Apps und Programme wie bspw. Komoot können jedoch nur einen Track pro .gpx-Datei darstellen. Befinden sich mehrere Tracks in einer Datei wird bei diesen automatisch der erste für die Darstellung ausgewählt und angezeigt. Die anderen Tracks können nicht ausgewählt oder angezeigt werden, weshalb manche Touren zu kurz oder unvollständig erscheinen. Kunden, die eine solche App oder ein solches Programm zur Navigation nutzen, empfehlen wir die .gpx-Datei mit dem Programm RouteConverter zu öffnen. Dieses Programm gibt es (auch für Mac) zum kostenfreien Download im Internet. Hier werden Ihnen nun alle Tracks angezeigt, die in der heruntergeladenen .gpx-Datei enthalten sind. Über dieses Programm können Sie die Tracks nun bearbeiten, separieren und sogar auch in anderen gewünschten Formaten abspeichern. So können Sie die gewünschte Route von den anderen isolieren und abspeichern und schließlich auch mit Programmen und Apps öffnen, die zuvor den gewünschten Track nicht anzeigen konnten.

KARTEN IM BUCH

Bei längeren Strecken ist eine Kartendarstellung mit detailliertem Maßstab im besonders beliebten Pocketformat leider nicht möglich. Die übersichtlichen und aufgeräumten Karten dienen vor allem der kompletten Streckendarstellung mit den wichtigsten Stationen. Sie erleichtern eine erste Orientierung, die sowohl durch die detaillierte Beschreibung ergänzt wird als auch durch die Anbindung an die kostenfreie App traumtouren, die auf nahezu allen Smartphones läuft. Für Navigationsgeräte, zur Karten-Darstellung und zum Ausdrucken via PC steht der Download der GPX-Daten zur Verfügung. Mit wenig Aufwand und vielen online angebotenen Programmen (sogen. GPX-Viewer) können damit (u.a. auch über Google Maps oder Open Street Map) Kartendarstellungen ausgedruckt werden. Autoren und Verlag haben sich daher konsequent dazu entschieden, diese bequeme, einfache und moderne Form der Darstellung und Navigation zu wählen. Die in der gedruckten Übersichts-Karte und im Text herausgestellten P-Punkte (Point of Interest) sind nicht als Beschilderung zu verstehen, sondern bezeichnen besondere Streckenpunkte topografischer Art, erleichtern die Orientierung bei Abzweigungen oder bezeichnen Sehenswürdigkeiten, bei denen sich ein Halt lohnt.

Impressum

Herausgeber: Uwe Schöllkopf (ideemedia GmbH)
Autoren: Ulrike Poller und Wolfgang Todt
Redaktion: Uwe Schöllkopf
Redaktionelle Mitarbeit: Janina Kröner, Anna Ley
Grafik / DTP / Produktion: Julia Klein, Irene Wall, Spiridon Giannakis, Dominik Molz
Verlag: ideemedia GmbH, Karbachstr. 22, D-56567 Neuwied
Telefon: 02631/9996-0 • Telefax: 02631/9996-55 • E-Mail: info@idee-media.de
Karten & Höhenprofile: KGS Kartografie Schlaich/ideemedia

Internet:
www.ideemediashop.de • www.wander-touren.com • www.facebook.de/ideemediaverlag

Alle Angaben wurden nach bestem Wissen recherchiert und sorgfältig überprüft. Sollten sich dennoch Fehler eingeschlichen haben, bitten wir um Entschuldigung und Benachrichtigung.
Für Fehler übernimmt der Verlag keine Haftung. Aktuelle Änderungen, Downloads und Updates zum Buch finden Sie unter **www.wander-touren.com**

Die Deutsche Bibliothek – CIP – Einheitsaufnahme: ISBN 978-3-942779-53-1

Titelbild: Uwe Schöllkopf
Fotos: Ulrike Poller, Wolfgang Todt / Uwe Schöllkopf / Romantischer Rhein Tourismus / Touristinfo Bad Breisig / Boppard Touristik / iStockphoto - typhoonski / Ortsgemeinde Manubach

Autoren

Ulrike Poller studierte in ihrer Heimatstadt Würzburg Mineralogie und promovierte in der Schweiz über das Silvretta Massiv. 1995 kam sie als Wissenschaftlerin ans Max-Planck-Institut für Chemie in Mainz, wo sie zusammen mit Wolfgang Todt Altersbestimmungen durchführte.

Wolfgang Todt, aufgewachsen in Heidelberg, studierte Physik und Geologie. Von 1980 bis 2005 leitete er am Max-Planck-Institut für Chemie in Mainz die Arbeitsgruppe für Geochronologie.

Wolfgang Todt und Ulrike Poller sind verheiratet. Gemeinsam bemühen sie sich heute, die Qualität von Wanderwegen zu verbessern. Infos unter: **www.schoeneres-wandern.de**

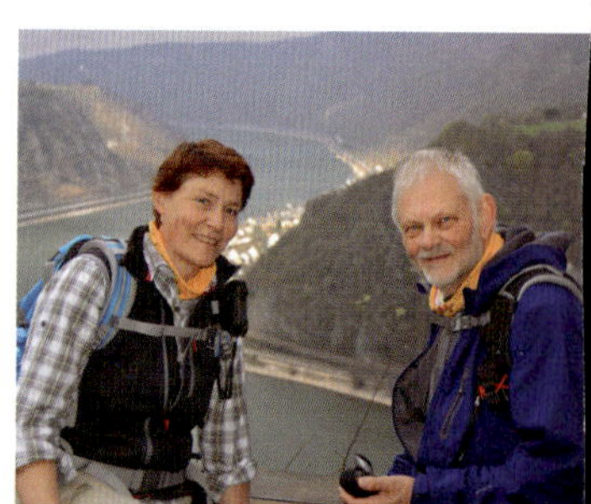